汉译世界学术名著丛书

圣西门选集

第二卷

董果良 译

商务印书馆
创于1897 The Commercial Press

ŒUVRES
DE
SAINT-SIMON

TOME II

Réimpression anastaltique

1966

据法国1966年版《圣西门全集》第2卷译出

昂利·圣西门

汉译世界学术名著丛书
出版说明

我馆历来重视移译世界各国学术名著。从五十年代起,更致力于翻译出版马克思主义诞生以前的古典学术著作,同时适当介绍当代具有定评的各派代表作品。幸赖著译界鼎力襄助,三十年来印行不下三百余种。我们确信只有用人类创造的全部知识财富来丰富自己的头脑,才能够建成现代化的社会主义社会。这些书籍所蕴藏的思想财富和学术价值,为学人所熟知,毋需赘述。这些译本过去以单行本印行,难见系统,汇编为丛书,才能相得益彰,蔚为大观,既便于研读查考,又利于文化积累。为此,我们从1981年着手分辑刊行。限于目前印制能力,每年刊行五十种。今后在积累单本著作的基础上将陆续汇印。由于采用原纸型,译文未能重新校订,体例也不完全统一,凡是原来译本可用的序跋,都一仍其旧,个别序跋予以订正或删除。读书界完全懂得要用正确的分析态度去研读这些著作,汲取其对我有用的精华,剔除其不合时宜的糟粕,这一点也无需我们多说。希望海内外读书界、著译界给我们批评、建议,帮助我们把这套丛书出好。

商务印书馆编辑部

1983年5月

目　次

致工人先生们的一封信[1]

先生们！

我为自己的著作提出的主要任务，在于尽可能改善你们的处境。我现在没有任何官职，也没有任何权力。因此，我只能有一种办法来为你们造福，这就是向你们提出一些善意的忠告。我敦请你们向农业界、工业界和商业界的主要领袖们提出如下的建议：

致农业界、工业界和商业界的主要领袖先生们

你们富，我们穷；你们劳心，我们劳力。你们和我们之间存在的这两个主要差别，使我们成为而且也应当成为你们的下属。

先生们！因为你们是我们的领袖，所以我们应当将我们准备呈禀国君的请愿书递交给你们，把我们即将进行的事情告诉你们，顺请你们把我们向你们诉说的一切转呈陛下。亨利四世曾经希望，政府应当竭力使我们每周都能吃到炖鸡。以这位明君的后裔而自豪的当今波旁王朝，一定能够实现这

---

① 《致工人先生们的一封信》和后面的《无产阶级》两篇文章，最初于 1821 年以题名为《论实业体系第二部分摘要》(手稿的档案编号为 B. N. R2652)的小册子形式由波尔特曼书店出版，后来收在 E. 丹徒编辑的《圣西门佚文集》里。译文所据的原文，载 1966 年法文版《圣西门全集》第 6 卷。——译者注

位国王的愿望。

先生们!

我们的淳朴良知,足以使我们看出:法兰西民族的国事被管理得很糟,他们的资源被利用得很坏,他们的活动被领导得很差。或者更正确点说,我们看到法兰西民族被错误的领导弄得瘫痪了。

我们的淳朴良知,还足以使我们看到国家将会容易富强起来,变成一个比以前幸福得多和强大得多的国家。这个良知也足以使我们找到应当用来达到这一伟大目标的手段。

先生们!

我们可以在十年之内将法国国土的价值增加一倍。为此,要开垦荒地,排干沼泽地带,开辟新的道路,改善现有的道路,架设便利交通的桥梁,开凿可供航运和灌溉的运河。

为实现全面改造法国国土的美好计划,并不缺乏资金。如果国家(只增加税收即可,而税收的增加乃是财富增长的必然结果)尽量让企业家在经营企业时获得利润,则资本将会源源而来。

也不缺乏人手。因为没有采取我们提出的措施,而这个措施又是唯一能够使人人从事生产的办法,所以有大量的农村劳力经常没有工作。现在,农业的日常工作,只在收获季节才把人手全部用上。收获季节一旦结束,只要有八分之一的农村人口参加劳动,就能做完翻地、选种、耙地、脱谷和饲养家畜等农活。因此,在加工业生产不用农村劳力的地区,便有大部分农业劳动力在一年的大部分时间内没有工作。我们可以准确无误地算出，有六百万农村劳力在农闲期间没有工作。[①]

先生们！请你们费心，注意我们方才所说的一切；请你们深思，考虑我们方才委托你们转呈的建议。这样，你们就不难发现：只要政府公开宣布，尽量让承揽以增值法国国土为目的的工程的企业家从包工中获得额外收益，这种企业就会急速建立起来，并热心营业和迅速成长。

你们还会发现，采取这项措施之后，你们和我们都会得到社会可以使我们双方享有的最大好处。这项措施将会增加你们的财富，使我们得到工作的机会和由此而来的舒适生活。

你们当中和我们当中从事农业的人，将会直接享用这项工作带来的好处。尽管这方面的好处对于从事工业和商业的人是间接的，但他们也不会受到亏待。因为农业方面的人手全年都将有工作可做，所以每月可由此多收入一亿两千万到一亿五千万法郎，从而每年的购买力可增加十五亿到十八亿法郎。工业和商业活动的这样大量增长，即使在英国至今也是没有见过的。

公共事务的现行管理机构，首先有如下的严重缺陷：行政管理官员及其下属的人数过多，他们使行政管理机构的费用达到巨大的数额，给全国人民带来了极其沉重的负担，但对他们并没有什么益处。

行政管理机构的这种缺陷，从另一方面来看更为严重。

① 我们并不是说六百万人在农闲期间无所事事，而是说有六百万人可在这个期间抽调出来，去做我们提议的工作，而不妨害农业生产。

这就是：行政管理官员出身的阶级无力管理好社会，他们出身的社会阶级的利益在许多方面都与我们生产阶级的利益相反。唯有我们出身的这个阶级的活动，完全是以提高民族的实力、康乐和幸福为目的的。

行政管理官员的成分不良造成的恶果，比起下级职员过多和尸位于最高官职的各行政管理部门的头目的薪俸过高引起的恶果大得无可比拟。

目前的行政管理费用，每年可以节省两亿法郎以上。我们可以准确无误地计算出来，如果行政管理机构由有能力的人组成，即由最热心于各种实业活动的人组成，则在整个国土和动产的管理方面，法国的这项经费节约每年将高达三十亿法郎。

一句话，目前的行政管理机构主要由贵族、法学家和军人控制。但是，这三个阶级完全坐食实业的产品。他们不仅没有能力领导生产者的活动，而且在许多方面串通一气，共同反对实业获得成功，因为实业获得成功之后，必将提高生产者的作用，而降低贵族、法学家和军人的作用。

先生们！我们出身的阶级直接遭受目前的不良行政管理所造成的恶果。大部分税款由我们这个阶级缴纳，但我们并没有得到好处。我们为无法挣钱谋生而痛苦。因此，我们自然要开动脑筋，设法解除我们所受的灾难。

先生们！这些恶果给我们工人带来的害处，要比给你们富人和能人带来的害处更直接和更严重，因为我们当中的绝大多数人，要在衣食住方面由此遭到很大的困难。因此，我们要主动设法解除我们的苦难，而只要公共事务得到适当的管理，我们的苦难显然就会立即解除。

现在，我们向你们提出如下的建议：

你们是我们的领袖；由于文明的进步，你们必将成为民族中的最重要、最有用和最有才能的人物。我们敦请你们恳求国王委托你们领导公共事务；我们敦请你们向陛下表示：你们有信心使法国每年受益三十亿法郎以上；你们有信心使我们每周吃到炖鸡；最后，你们还有信心铲除现有的一切乱党，以建立持久的安宁。要知道，只要容忍乱党继续挥霍国库的资金，想把国库的每分钱都弄到自己的腰包，乱党就会（人为地）继续存在下去。

先生们！我们委托你们代表我们提出这项请求。这项请求也是两千五百万法国人的请求。而且，这项请求符合一切正义原则，以改善民族的绝大多数人的命运为直接目的，所以我们应当祈望陛下重视这项请求。

工人先生们！

现在不利于改善你们的命运的唯一的一个比较重大的阻碍，是实业界的领袖们不相信自己能够管理公共事务。我要不断向他们赠阅我的著作，以使他们消除疑虑，改正他们对自己常犯的某些错误的看法。这些错误，无论是对他们，还是对你们，都是非常有害的。此致

工人先生们。

你们的最顺从仆人

昂利·圣西门鞠躬

黎塞留路34号

再启：

凡欲阅读这本小册子的实业家，可来我处索取，我将向他们和他们的朋友赠阅。

无 产 阶 级[1]

（初稿）

构成这个阶级的人们，感到自己的命运没有随着实证思想促成的进步而得到理所当然的相应的改善，而对于他们的权利实际上只是笼统地有所认识。如果有人问他们，他们也说不清用什么方法能够减轻他们处境的苦难，但他们又确实有一个极其正确的认识，以为议会可使他们获得从未有过的无限幸福的物质生活和政治生活。

他们有两种彼此极不相同的不满。他们感到的第一个不满，是方才我说过的直接不满。他们感到的第二个不满，是我即将解释的间接不满。

有一种团结感或结伙感，使他们如愿以偿地把实业阶级的全体成员彼此联系起来，以致裴兰、特尔瑙或格罗斯·达维依埃先生的工厂的低级工人都自认他们是这些工厂主的伙伴，就像图伦和孔代[2]的部队的士兵自称他们是这两位将军的兄弟一样。因此，

---

① 这是圣西门的一部未完成的作品，大约写于1821年，同《致工人先生们的一封信》一起，以题名为《论实业体系第二部分摘要》的小册子形式发表。译文所据的原文，载1966年法文版《圣西门全集》第6卷。——译者注

② 图伦，昂利·德·拉·多韦尔尼（Turenne，Henri de la d'Auvergne，1611—1675年）子爵，近代法国著名的将领和战略家，曾参加过三十年战争。

孔代，路易二世·德·波旁（Condé，Louis II de Bourbon，1621—1686年）法国著名的将领，参加过三十年战争。——译者注

实业阶级首领们的地位已比以前大有改善，他们比大革命以前更受人们尊重了。他们的财产，即他们的动产，已因实施选举法而使其中的某些人升为贵族；而实业阶级中的尚无任何成就的成员，看到他们的领袖变成伯爵或男爵，从而进入了封建阶级，就必然愤愤不平。在法国大革命以前，构成实业阶级的基本群众的非熟练工人，尚有办法维持自己的生计，因为他们那时同银行家、商人和工厂主有共同的利益。而在今天，这些非熟练工人已被实业阶级中的一切有实力的人士所抛弃，所以他们必然愤恨目前的政治形势。

总之，我们认为非熟练工人在许多方面都表示愤恨，而目前他们最愤恨的是：他们没有工作，他们坐待饿死。

有没有办法平息构成法国人民的基本群众的非熟练工人的愤恨情绪呢？有没有办法满足他们的正当要求呢？有，这就是采取措施，保证他们就业，而就业措施首先要求设置一笔巨额基金。筹集所需基金的唯一办法，就是缩减政府的其他开支，而首先是缩减那些金额大的开支。比如，维持军队的开支，就无疑是一项金额大的开支。因此，解散军队，便是使人民满意、幸福和防止他们铤而走险的第一项措施。①

至今，总是用武力去镇压和防止他们破坏社会秩序。其实，只用武力措施所需的一半费用，就足以使无产者心向政府。至于因政治动乱而重新引起的内乱，政府也不难把它平息下去。请你们为使法国人民更加幸福而努力吧！请你们以最有效的办法保证法国人民休养生息而努力吧！

---

① 军事部支出的全部经费，对整个国家都是有损无益的，如把这些钱用于穷人阶级就业，同时把工作安排得合情合理，更主要的是让人们知道就业安排符合于他们的个人利益，就会使国家的收入增加。

以促进欧洲社会改组为目的的哲学、科学和诗学研究[①]

前 言

在我的哲学研究中，我将介绍关于新社会组织体系的思想。这个思想是教化发展的现状所要求的。

在我的诗学著作中，我将设法激发所有人的感情，特别是激发艺术家的感情，去应用我的哲学研究中提出的原则。

最后，在我的科学研究中，我将科学地，即有系统地研究新社会组织体制下的生产活动，并提出一套办法促使生产资料产生最优异和最有利的成果。

我应当从讲明我的研究程序开始。现在，我就来介绍我要研究的问题的若干基本论点。

三十多年以来，无论是在法国，还是在英国和整个欧洲，凡是

---

① 这篇文章（手稿的档案编号为 B. N. 8R7084）和后面的《致塞纳省生产者选民先生们的两封信》（手稿的档案编号为 B. N. 8Lb483372）与《生产者的政治利益》（手稿的档案编号为 B. N. R2650）三篇文章，最初于 1822 年以题名为《论实业体系第三部分摘要》的小册子形式出版，但丹徒所编的佚文集未收。译文所据的原文，载 1966 年法文版《圣西门全集》第 6 卷。——译者注

养成了判断科学、道德和政治上的是非的能力的人，都一致认为当前的革命绝不是法国所特有的，而是西欧一切国家所共有的。

他们都认为，这个革命起因于文明的进步，从而导致了现行制度的必然变革，因为现行的制度是在人们的经验有限和他们的知识还没有以所观察的事实为依据的时代产生的。

最后，他们还一致断定，解除当前危机的唯一办法，在于建立一个以新的实证原则和已被证明的公认事实为基础的社会组织体制，而修修补补旧的原则已经不能满足社会的现实需要了。

简而言之，长期以来，学者只对道德和政治上应当如何如何表述了他们的观点，而对这方面的社会需要却还没有谈出他们的意见。因此，我即将发表的著作，便以开辟这个新领域为目的。

今天，我暂时只发表我的哲学研究。我认为，在向公众介绍我的其余两项研究之前，应使公众能对我的基本思想作出初步的判断。我准备尽早发表我的科学研究和政治研究。

然后，我将研究代议制问题，考察什么是代议制的真正特点和优缺点。我将要指出，这种制度可提供一套办法，以便由旧的社会制度和平地、不知不觉地过渡到教化和文明的现状所要求的制度。

我将证明这个制度是公共福利所不可缺少的条件，国王会运用这个制度赋予他的全部威信去不断提高那些以自己的工作对民族中的大多数人作出直接贡献的人的政治地位。我还将从另一方面证明，以避免政治动乱为最重要目的的代议制，应当使自己成为一种革命的制度。

最后，在结束我的这组研究的时候，我将介绍一些措施，以使各族人民和他们的国王免遭因目前错误地和守旧地运用代议制而带来的不幸。

如果热心于公益事业并在社会上享有声望的人士愿意同我通力协作,则这些措施一定能够获得成功。

哲学研究、科学研究和诗学研究

在这些研究里,我将向你们讲述道德、政治和社会组织,向你们概述你们目前所遭到的危机的来源和唯一起因,以及克服这一危机的方法。我由介绍若干前提性的基本观点开始。

道德的目的在于将人类组成社会,使每个人有最大可能将自己的精神力量和物质力量最有益地贡献于社会和大多数同胞。

政治只应当是道德在公共事务管理方面的应用。

因此,应当把道德视为关于社会组织的科学理论,而把政治视为这种科学的实践。

至今,人们在政治上是听任因循守旧的摆布,在道德上是依靠模仿成规,所以在建立自己的社会组织方面只能摸索着前进。

要使道德能够成为实证科学,要使政治能够以道德为指南,要使人类能够建立稳定的社会组织,即能够建立直接满足大多数人的利益的社会组织,必须具备两个基本条件。

其中的第一个条件是:人们应当控制自己的幻想,降低自己的奢望,使形而上学失去其绝大部分威信。简而言之,就是要使实证知识得到足够的发展,使理性获得足够的力量,并叫人们把这种力量更多地用于他们的科学创造和实业活动,而少用于他们的宗教信仰、祷告和其他宗教实践,以使他们的命运得到改善。

现在,这第一个条件已在西欧全部完成。

它是由各国的君主完成的。这些君主表明，他们愿意依靠自己和群臣制定的有效措施去结束现实的危机，而不指望神学权力和神职人员的力量去改进社会组织，因为通过神圣同盟的建立，他们已把教皇的作用，甚至把各派教会的作用置于从属的地位。

各国人民的这种意向，表现得尤为坚定。

假如有一些工厂主和一些传教士今天同时来到同一个地点，前者建议人们到工厂去劳动，后者号召信徒潜心于祷告和宗教实践，则身强力壮的人将会成群结队涌向前者，而后者的拥护者不会对社会创造任何价值。

至于第二个条件，其内容如下：

要使居民群众，即绝大多数工人有足够的能力在社会中自己处理本身的事情。

现在，西欧的工人，特别是法国的工人，已显然具备这种能力。

至于从事农业的工人，在出售国有土地的当时，也有若干事例证明他们有这种能力，而且这种事例后来日益增多。

成千上万的普通农民突然变成了大量土地的持有者，而且一般说来，他们在管理自己的财产方面很有才智。

在整个西欧，各行各业的工人都在自行支配自己的工资收入。他们具备了足以处理好自己的一切需要的预见能力，其中大多数人已能领导一些重要的实业活动。这就证明，在居民群众当中，已相当普遍地涌现出有能力从事最实用的有益工作的人士。

现在把这段导论总结于下：人类至今采用过的社会组织，只是也只能是暂时性的，因为大多数居民长期以来都处于无知而需要监护的状态。

教化的进步，使西欧居民的这种状况发生了全面变化。现在他们唯一能够接受的制度，即唯一能在西欧居民中长久存在的制度，是一种能够直接满足大多数居民的利益的制度。

法国人、英国人、比利时人、荷兰人、丹麦人、瑞典人、德国人、意大利人、西班牙人和葡萄牙人，不管是君主还是人民，我的这部著作就是献给你们的。

你们的共同利益远远超过你们之间彼此敌对的利益，我要向你们讲的只是你们的共同利益。

你们都深陷在危机之中。这个危机在道德和政治方面对于社会组织的基础的打击，均超过于自基督教建立以来社会组织的基础所受到的任何打击。

这个危机的真正原因是什么呢？这是我要阐述的第一个问题。

这个危机的原因是教化的进步。西欧目前的文化水平，已使它的居民可以组织得直接有利于大多数成员。大多数人极欲改善自己命运的愿望，即这些多数人由于感到自己有力量而迫切要求改善自己命运的愿望，必然引起我们所说的危机。

应当考察的第二个问题是：结束这个危机的办法是什么呢？

唯一可行的办法，显然在于建立一个符合教化的发展状况的社会体系；只要关于符合教化的发展状况的社会制度的思想还未产生，危机也显然要极其严重地延续下去。

西欧人！你们从自己的祖先继承下来的原则，已不再符合你们的教化现状和你们的需要。只要以改善人类命运为目的的社会组织体系尚未建立起来，你们在前进中就没有目标，你们就只能摸索着前进。

我即将开始这项工作，也就是说，我即将为新体系奠定基础。

下面是我向实证道德和实证政治的拥护者们提供的信条。

实证道德的创立者的信条

我认为，道德的一般目的在于：从物质上改善人类的物质生活，从精神上改进人类的智力活动。因此，为使道德变成实证道德，道德家必须对可以为人们造福的一切发表他们的意见。

我认为，可以让人们吃得好、住得好和穿得好的国家，再加上可以让人们随意四处旅行，就是一个让人们在物质方面感到十分幸福的国家。

我认为，如果在上述的这样国家里，人们的智力得到了广泛的发展，以致使他们能够欣赏艺术、知道支配自然现象的规律和掌握改造自然的方法，而且他们在精神方面受到了关怀，则他们的幸福就是最美满的。

因此我又认为，实证主义的道德家们，主要应当探索组织社会的方法，以使社会倾注最大的热心让其成员获得上述两条所明确提到的精神幸福和物质幸福。

最后我认为，道德家应当动员下述三种力量去达到这个伟大的目标。

一、鼓励从事艺术工作并谙于引导人们想象的人去激发社会成员在实证的精神方面和物质方面争取普遍的幸福；

二、促使学者致力于国民教育工作，让他们通过教学传播关于支配自然现象的规律和可以按照人们的意志改造自然的方法的知识，特别是让他们证明，可使个人获得最大幸福的办法是尽量为他人造福；

三、最后，应当使实业活动的领袖们相信，无论同学者和艺术家合作来为他们大家共同造福，还是同他们经常联合来为他们各自造福，都将对他们大有好处。

实证政治的创立者的信条

我认为，实业的财产应当是授予税收表决权的主要依据。

我认为，在所有的社会成员当中，实业财产的持有者最关心维护公共秩序、保持政治安定和管理好公有财产。

我认为，实业的所有者是唯一的已被事实和公众确认有管理能力的社会成员。

我认为，富有的实业家由于在工人的日常工作中指导工人，而成为主要是由工人构成的人民的领袖，并由此成为劳动人民的直接领袖和天然领袖。从道德、正义和良知方面来讲，只有劳动人民可以拥有政治权利。

我认为，在权利平等达到可能达到的最高水平的社会里，将会把税收表决权主要赋予实业的所有者。

这是因为当实业的所有者在表决税收方面比其他公民负起更重要的责任时，他们必然受到更高度的尊重。但是，实际的经验表明，在初期的实业企业的领袖当中，有些人往往是以普通工人的身份开始他们的活动的。可见，属于社会下等阶级的公民，也经常可以升到社会的前列，而在不是根据才能而是根据土地所有权取得表决税收的主要权利的社会制度下，他们是绝不能达到这个地位的。

我认为，政权应由两个阶级分掌：一个阶级以管理社会的精神福利为目的；另一个阶级则调整社会的物质福利。

物理科学和数学方面的学者，应同艺术家①联合起来，负责国民教育和以改进社会成员的集体智慧与个人智慧为目的的一切工作。

农场主、工厂主和商人，主要应当负责主管社会的物质福利。

世俗权力和精神权力应当彼此独立，但在财产方面例外；在这方面，精神权力应当从属于世俗权力。

法国人、英国人、比利时人、荷兰人、丹麦人、瑞典人、德国人、意大利人、西班牙人和葡萄牙人，不管是君主还是人民！

我应当向你们尽量说清我在本文中请你们注意的几个观点。为了达到这一目的，我要用简单的几句话把这几个观点概括如下。

我首先要向你们说：

根据你们的教化现状，你们可以把社会组织得直接为大多数人造福。

我接着要向你们说：

应当把精神权力交给有真才实学的学者和他们所联合的艺术家。农场主和工厂主应当联合商人主要负责领导世俗权力。

我现在向你们谈一谈执行办法：

显而易见，第一项办法应当是使人们知道我建议建立的体系的基础。我力求在这篇文章中达到这第一个目的。

---

① 诗歌是第一位的艺术，而一般文学应被视为诗歌的补充。

作为第二项办法，我致力于建立一个以传播作为新体系的基础的各项原则为宗旨的自由学会。

因此，我从现在声明：凡愿意接受上面宣布的信条的人，均可成为本会的会员。

身为艺术家的会员，应当运用他们的才智去激发全体社会成员起来改善自己的命运。

参加本会的学者，应当提出一套办法来直接改善西欧的伟大民族的大多数人的命运。

同艺术家和学者通力合作的实业界领袖，应当运用他们对社会群众的一切影响，使群众知道支持这一创举与他们的利益息息相关。

这一创举的本质与建立基督教的本质相同。它以改善社会的下等阶级的命运为直接目的，以便使所有的人不管他们现在处于什么等级和什么地位都能以幸福为一般宗旨。

实证道德和实证政治的创立人，将和初期的基督教徒一样，绝不使用暴力。他们对人只采取说服和证明的办法。

致塞纳省生产者选民先生们的两封信[1]

第一封信

先生们!

你们要下定决心,把你们的票投给生产者,即投给你们的伙伴。

你们可选出十二名代表,你们几乎全可由工厂主、商人和银行家当中选出他们。这是公开显示实业界的政治观点的第一次选举;这是你们为了自己的利益而创造的第一次选举,而你们的利益也就是民族的真正利益;最后,这也是你们在正确的领导下结束革命的第一次选举。

这一决心明确地证明,你们从来没有像现在这样清楚地认识到自己的力量、权利和才能。

这样,你们最后就将走向幸福的道路,不过你们还不懂得在这条道路上迅猛前进。请你们尽快提高信心,决意开始运用自己的力量、权利和政治才能。这就是你们能为自己的利益、民族的利益

---

① 参看上一篇文章的解题注(第 9 页)。译文所据的原文,载 1966 年法文版《圣西门全集》第 6 卷。——译者注

和国王的利益所要做的最大努力。

先生们！我来考察一下地产和动产，考察一下大土地所有者和工厂作坊所有者。我认为，这是我能提供的最便于你们提高上述信心的办法。

查理大帝曾亲自了解自己菜园的蔬菜和自己草场的干草的出售情况。一些大领主都曾种过地，他们曾是乡村工作的主要领导人。他们也饲养过家畜。他们的妻子儿女自己制造当时所能生产的布帛，自己缝制家属的衣着。在这个时期，大土地所有者同时也是动产、农场和工厂的所有者。他们既是人民日常生活的指导者，又是行政管理和公共事务的领导者。一句话，在世俗方面，他们是最有势力和最有钱的人。

公社摆脱领主的统治而解放以后，产生了一个新兴的财产所有者阶级，即动产所有者阶级。这些新兴的财产所有者，从生产当中养成了自己的专业技能。他们不遗余力地改进实业的一切部门；他们尤其致力于简化管理工作，尽量节省管理费用。但是，他们至今只限于将自己的管理才能直接用于他们自己的企业，尚未试图把这种才能应用于公共事务的治理。

先生们！我来向你们阐述一项大家都十分清楚，特别是你们更加清楚的原理：

只有从事生产活动，才能使人养成实用的管理才能。

你们只要根据这个原理去判断事物，就能知道我敦促你们相信自己在管理方面拥有政治才能的主张是非常有根据的。现在，以略微改变的形式，把我方才向你们所说的再重复一下，因为我认为这种重复是我能促使你们完全相信这一点的最有效办法。

从征服(这是大领地所有制的极不道德的野蛮行径)高卢到公社解放,大领地的所有者曾是以生产为目的的各种活动的最高领导者。这样,他们也就必然负责领导公共事务,因为他们在管理方面最有才能。

公社解放以后,大土地所有者相继放弃了生产活动,不再住在乡间;其中最有钱的人成了宫廷的官宦,二流的财主也把主要的住所设在城市里。享乐成了他们的几乎唯一的营生。他们必然丧失自己的管理才能,而他们的领地面积的不断缩小,便完全证明他们已在管理方面没有能力了。领地面积之所以缩小,是由于他们开销太大而不断举债,而为了清偿债务,就不得不变卖大部分土地。结果,产生了一个很畸形的现象:现在对公共事务的管理起着主要影响的,仍然是这帮人。

至于你们,由于你们的财产不断增加,而证明你们是有管理才能的。在今天,你们最有能力管理好国家的财产,也是同样明显的。因此,我有理由向你们说,而且有理由向你们重复:你们应当加速发挥自己的一切才能和作用,以促使国王选任你们为他的管理公有财产的主要助手的时刻早日来临。此致

敬礼!

第二封信

先生们!

在当前的政治形势下,从巴黎可以看到整个法国,从法国可以看到整个欧洲。你们能对事件的进程发生的影响是无限的。只要你们采取正确的行动计划,并坚定地把它执行下去,你们就能迅速

而顺利地结束目前的社会危机，使社会恢复安宁和信心，最后建立起符合教化现状的事物秩序。你们已在这个光荣的事业上迈出了第一步，只要你们继续在这方面全力以赴，就一定会达到这一伟大的道德、哲学和政治目的。

先生们！政治分成两个部分，即由立法系统和行政系统构成。如果你们能够清楚了解我们这个时代应当建立的这两系统的状况，则你们关于这个问题的观点就将很快变成绝大多数法国人的观点，随后变成绝大多数欧洲人的观点；舆论是群众的主宰，它将很快结束折磨了我们三十多年的动乱。

我首先向你们谈一谈行政系统，因为这个系统对你们最有直接关系，因为你们在这方面的政治才能高于公民中的其他任何阶级。

先生们！生产者阶级最有能力管理行政，只有他们对这种工作具有真正的才能。

现在，我来研究一下怎样才能完成公有财产的现行管理体制的改革。你们最近所做的选择，证明你们已经接受多年来我一再请你们注意的这个真理。现在，你们只须习惯于运用这一原理，只须考虑采纳这一原理之后会产生什么成果。我来简单考察一下这一改革必然给社会带来的好处。

从许多方面来说，公有财产都要求由生产者进行全面管理。

我把这一点再重复一遍：首先，生产者最能管理好公有财产。

其次，生产者最关心节约。这就是说，他们希望税收能够最少，而且能够把它用得最省（他们自己的工作很忙，无暇在政府中担任高薪职务），因为无论如何他们总要承担公共的费用，而这种费用绝不能变成他们的收益。

第三，他们将在社会上占据的优势，可促进文明取得它可能达到的最大进步。由于他们所受的训练和由此养成的日常生活习惯，以及出于他们自身的利益，生产者阶级是最爱好和平的阶级。因此，裁减和完全废除常备军，将是这个阶级占据优势之后的必然结果。

取消常备军后，可大量节省公共费用的开支。

大量减少宫廷费用，将是生产者阶级获得优势之后必然产生的另一节约成果。当生产者阶级中的主要人士变成仅次于国王的最重要人物之后，国王陛下就可以大量裁减宫廷的文职官员，因为为国王私人服务的人员将不再作为官员而存在，不再是群众眼中的最有用的大人物。

比我方才所说的这些好处还大的另一个好处，是由此将会完全消除引起普遍革命的一切原因。社会的基本群众从社会组成以来就提出的而现在仍未间断追求的目的，将指日可以实现。可能存在的最充分的平等，也将由此建立起来：所有的人，不管他们的出身如何，都可以名列除了王位之外的各行各业的前茅，但他们只能通过造福于同胞的劳动来达到这一点。因此，只要作出一项纯属道德方面的规定，就可以满足人们追求平等的意向。

值得一提的另一个好处，是当实干胜过空谈以后，社会就会摆脱政治上的诡计。

至于公有财产的新管理体制，将会非常简单和非常容易地建立起来。由一些主要的生产者（人数不宜过多）组成一个隶属于国王的最高管理委员会。这个委员会要每年开会一次，会期必须严格规定，以便向政府提出上年度国家预算委托他们管理的经费的结算报告，编制下年度国家预算的草案。

现在，我来举出两项措施，以使你们可以实行管理体制的这种改革，把现在仍然保有封建性质的王权转变为实业性质的王权。

先生们，这两项措施非常简单，它们是：

一、你们要非常热烈地希望和坚定不移地要求最卓越的生产者担负起主管公有财产的职责；

二、你们要在一切场合表示你们的这种希望，让同你们有关系的一切生产者，不管他们现在是在法国还是在外国，都知道你们方面的这个政治愿望。

目前的政治局势，正像我在这封信的开头向你们所说的那样，从巴黎可以看到整个法国，从法国可以看到整个欧洲。可见，你们可以对欧洲的所有生产者产生巨大的影响，他们也会毫不迟疑地接受你们宣布的政治观点，因为这种观点也将像在你们这里那样完全符合他们的利益、他们国王的利益以及他们国家的绝大多数人的利益。

现在，如果你们下些工夫，拿这个生产者阶级的力量同其他各阶级联合起来的力量对比，仔细研究一下真才实学学者和艺术家是生产者的天然同盟的问题，你们就会知道什么东西也抵制不了你们将要表达的希望和意愿。

先生们！我指给你们的办法，一定会立见成效。这项办法不需要使用任何暴力手段，因为在人数、财力和能力相差二十倍的两部分人之间是不可能有斗争的。此致

敬礼！

生产者的政治利益[①]

塞纳省的一位生产者同《论实业体系》作者的对话

生产者：请您向我们指出实施办法，这样才能保证您的创议获得成功。如果您还没有想出这种办法，如果您觉得现在还不能明确向我们指出这种办法，那么，这将有损于您作为一位社会秩序改革家而出现在公众面前和受人重视，因为对于一个新政治体系来说，具有重要意义的，是使人们清楚地了解它的实施办法。

至于您想叫我们相信自己有能力主管公有财产的问题，那您对此可以完全放心。只要您一揭发至今把持全国生产的人全是一些损公肥私的野心家，他们没有能力管理生产，而在为自己寻找安乐窝方面却大有办法，这样我们就会十分容易和迅速增强自己的信心。

因此，请您向我们说明实施办法，详细解释怎样才能使生产者阶级达到最受社会尊敬和重视的高度。

我认为您在两封信的末尾就这个问题向我们介绍的观点不够

① 参看《以促进欧洲社会改组为目的的哲学、科学和诗学研究》的解题注（第 9 页）。译文所据的原文，载 1966 年法文版《圣西门全集》第 6 卷。——译者注

明确，我认为您没有充分发挥这些观点，我还认为您在这里的做法是本末倒置。您敦请塞纳省选民鼓起勇气，您要求他们鼓励法国和欧洲的全体生产者去对公有财产的管理发生主要影响。我请您在这里注意，通情达理的人士，在没有看清这个事业有获得成功的可能性以前，他们是不会为此而鼓起勇气的。

至于我本人，则认为：为使生产者能够显著改进他们的社会存在，还需具备一个不可缺少的先决条件，即他们要在下议院里占据多数；另外，还要有充分的时间，才能把这个条件创造出来。您还有别的办法吗？如果有，就请赶快向我们指出。

作者：先生，您的严密叙述，使我无懈可击。您这样严肃地对待我，使我也得到以同样的态度来对待您的权利。因此，我要严肃认真地回答我促使您提出的问题。

先生，如果国王愿意，他不是可以在不违背宪章的任何条款的情况下立即组成最高管理委员会吗？他可以指派一些最卓越的生产者组成这个委员会；他可以每年召集这个委员会开会一次，会议的期限必须充裕，以便使委员们能向政府汇报工作和制定下年度国家预算草案；最后，他还可以同委员们一起发布公告，或以自己的名义直接公告委员会的工作。

这样的规定必然会使主要的生产者立即成为国家的主要人物，从而使生产者阶级居于所有阶级的首位，不是确切无疑的吗？

生产者：我承认这两项规定都是正确的。

作者：那么，在您看来，困难主要在于：

促使国王委托主要的生产者管理公有财产。

看来，根据您的叙述，不能认为生产者只有一种办法可以改善他们的社会存在和使他们在下议院占据多数，而且必须好好驳斥这种见解，因为凡是从自己的立场出发去保卫生产者的政治权利的人都有这种见解。

最后，根据您的叙述，您承认我已找到办法使生产者摆脱目前的困难处境，走上改善自己地位的道路。

但是，先生，不幸的是，而且是很大的不幸，生产者还没有足够的政治毅力，他们不敢正视面临的困难。

在目前形势下，只有人格伟大的卓越生产者可以在短时期内促成将会保证国王平安和国家繁荣的转变。

生产者：小雨可息大风。请您不要这样急躁。我同意，有一条捷途可使生产者在下议院占据多数，以取得他们有权占有的社会地位。我同意，只要国王下一道命令，就可以产生这个结果。但是，请您告诉我，您认为生产者能够促使国王下这道命令吗？您要知道，国王同生产者没有任何直接联系，他既不了解生产者的才能，又不了解生产者的权利，他被宫廷官宦、大臣、政治顾问、贵族等等权贵和极欲延续目前的有利于自己控制生产者的制度的一切阶级所包围。我同意，您向我们指出的这条新道路比我们现在沿着前往目的地的道路捷径。但是，我认为这条道行不通，而您的发现也没有用处。

作者：如果主要的生产者已被委托主管公有财产，而全体生产者又能够信心百倍地把他们所拥有的全部和平力量用去促使国王发布公共的利益所要求的命令，则国王的平安和国家的繁荣就会完全得到保证。最有益和最直接的生产者，即农场主、工厂主和商人，在全人口中与其余人口之比虽为一比十，但他们有学者和艺术家作为他们的天然同盟军，所以不必怀疑：他们如果联合起来向国王表示忠心，证明他们对王权的支持远远超过贵族阶级，则不难说服国王陛下，使他就这个问题发布命令。看来，困难主要在于：

找出办法使全体生产者联合起来，一致要求国王就这个问题发布命令。

生产者：我同意您说的，但您还得向我们指出，我们要用什么办法促使全体农场主、工厂主和商人联合起来向国王提出这种请求。

作者：从巴黎可以看到整个法国，从法国可以看到整个欧洲。你们不久前选出的塞纳省代表能够领导这一伟大政治运动，并有一切必要的办法使这一事业获得成功。只要他们所做的努力达到你们选举他们时所付出的努力的四分之一，他们就有资格获得人类慈善家的称号。

生产者：这样的话，您就要向当选的塞纳省代表提出……

作者：我现在就来向他们介绍他们目前应当采取的行动计划的主要条款。先生，劳您读一读下面的信。

给塞纳省代表先生们的信

先生们！

如果你们采用我向你们提出的两项办法，你们就会十分光荣地完成你们的使命。我觉得我可以把这两项办法的理由讲得十分充足，以致你们对它们的效用不会再有任何怀疑。

在旧制度下，贵族根据世袭原则享有管理公有财产的权利，但他们在管理公有财产当中自然要为自己谋利，而损害平民的利益。

人民所以起来造反，首先是因为反对这种制度。

应当让法国人民首先明白，每一个法国人都有资格管理国家财产。

这实际上就是革命所奉行的第一个原则。

采纳这一原则，已给公共事务带来极大好处，使人们放弃了因循守旧的习惯，清除了影响实业发展的障碍，为国家开辟了走向繁荣的道路。

但是，三十多年来的经验证明，实行这一原则之后，还未能扫除一切弊端，甚至这个原则还带来了一种新的不良风气。

这就是出现了一些党派，它们以抢占行政管理官职而肥私为目的。这些党派虽然一再易名，并随着环境的变迁而改变其成员的成分；但从革命爆发以来，它们连一分钟也没有停止过活动，甚至活动得更加积极。我们预计它们将永远存在下去，因为它们的存在是规定全体法国人都有资格管理国库这个原则的直接结果。①

塞纳省的选民无疑是全法国的，甚至是整个欧洲的最有教养的选民团。他们已在努力革除这些弊端，并认为达到这个目的的最好办法的基本原则，是任用下述这样的人来管理公有财产：一方面，他们的个人利益与国家利益非常一致；另一方面，他们最能以实际行动证明自己有能力管理公有财产。

① 由此产生的另一个弊端，是追求管理公有财产官职的人数不断增加。由于事物有趋于平均的一般倾向，这种职位的数目也就随着追求者的人数增加而增加。已经设立了许多新的职位，除了满足大量的追求者的要求以外，新设的职位别无其他目的。因此，管理费用大大增加了生产者的负担。

简而言之，先生们，塞纳省的选民在选举你们的时候已经表明他们的认为最卓越的生产者应当主管国库的观点，并要求你们在政治界大力推行这个最有影响的观点。

先生们，你们应当采取的第一个措施，是公布符合你们的选民的委托的政治信条。你们务必在政治信条中写进下述的赞词：

“主要的生产者是最能管理好公有财产的公民，他们最关心公有财产的完整和增长。因此，应当主要委托他们来负责这项工作。”

先生们，我现在向你们讲一讲你们应当采取的第二个措施。这第二个措施以保证第一个措施获得成功为目的。

先生们，请你们向生产者广泛募款，并且宣布：

一、你们要自己参加管理这项由捐款所建立的基金；

二、要用这项基金酬谢有助于形成舆论的人们的劳动，即酬谢使人们普遍认为最卓越的生产者应当主管公有财产的学者、艺术家和文学家的劳动。

请你们直接并通过你们的交往敦请法国的，甚至美国的全体生产者来资助这项事业，使其获得成功，并将全部捐款交到你们手中。

先生们，这样一来，你们就会成为欧洲解放的真正奠基人，就会像印刷工人富兰克林对美国所做的贡献那样对欧洲做出贡献。

先生们，你们不要被我的建议吓倒，你们在审议我的建议时可以看出，这些建议与宪章的任何条款、现行的任何法律、根据教化的现状所能提出的任何建议均不抵触。

你们也可以看出，这些建议既符合国王的利益，又符合绝大多数人民的利益。最后，你们还可以看出，这些建议将直接有助于保证社会免受一切暴力行动的破坏，因为这些建议的目的是使和平人士当权。

这封信到此结束。我认为不必再作更多的发挥，只是还想对诸位先生说：当编制国家预算这项重要工作交由最关心节约和社会安定的人士去办理以后，最完善的安宁秩序就将在社会上建立起来，最完美的君主立宪制度就将得到可靠的保证以反对野心家的阴谋活动，此致

敬礼！

昂利·圣西门上

再启：

先生们，你们这些代表的成分，最有利于指导社会政治观点方面应当发生的改进工作。

你们当中有九位出身于生产者阶级，其余的三名同僚：一位是原来的公有财产管理官员，一位是军人，一位是法学家。因此，生产者的观点将在你们提出的改革建议中占绝对优势，而且这项建议也不会损害至今领导革命的阶级所取得的文明成就。

你们这些代表的成分，还有另一个优势，即你们当中有十个人是前进的，只有两个人是倒退的，但现在处于急速转变时期的社会，犹如一辆车在大坡上往下滑，它将对试图倒退的这两个车轮发生强大的带动作用。

先生们，我还有一件事情要做，即想使你们当中的还没有同我往来过的人了解我的身世。

我已经六十岁了。

从法国大革命开始以后，我从来没有离开过法国。

1789年以后，我就没有担任过任何官职，我现在什么职位也没有，而且也不想去做官。

我决心为生产者服务，我要为改善生产者的社会存在而奋斗终生。

论波旁王朝和斯图亚特王朝[①]

我至今一直认为，而且将来永远认为，提醒国王注意他可能遭到的危险，是所有法国人的义务。我在 1814 年就已承担起这项义务[②]，而在今天仍在执行着它。我的意见在 1814 年未被听取，结果酿成巨大的灾难。在目前条件下，这种灾难是不是使这项义务变得更加重大了呢？我承认，我希望这项义务永远大于我之所愿。

1814 年 10 月，我看到全国掀起了普遍不满的浪潮[③]。我把当时流传的一些议论精心地保存下来，并由此得出如下的结论：

“政府在设法恢复其昔日的弊政，再建专横统治和重组旧的制度；它一直把自己看成是特权的化身，认为宫廷官宦、贵族和僧侣阶级是王权可能获得的最坚强的支柱；它不断加重人民的负担，以增设各种职位来安置其仆从；它优待天主教徒，因为它想让法国人接受消极服从的教义。它绝不设法扩大国民的实证教育，反而竭尽一切可能使人民受迷信的控制，把国民教育的领导权交给僧侣

---

① 圣西门的这篇文章，最初以一本小册子的形式发表于 1822 年 1 月，其内容大部分取材于他与梯也里合写的《论欧洲社会的改组》。译文所据的原文，载 1966 年法文版《圣西门全集》第 6 卷。——译者注

② 指圣西门在《论欧洲社会的改组》一文中发表的意见。——译者注

③ 指拿破仑战败后，欧洲各战胜国在维也纳召开会议，使法国从拿破仑的桎梏下解放出来，但又给它套上了俄、英、普、奥各国压迫的枷锁。——译者注

阶级。僧侣绝不是最有能力担任公共事务领导的人，而所以要委他们以这种重任，首先是因为他们是旧制度的狂热拥护者。

“我终于发现：人们都认为波旁王朝在法国所走的道路，正是斯图亚特王朝在英国走过的道路；凡是有民族感和稍微受过教育的人，都把路易十八的作为比作查理二世的作为，把御弟殿下的作为比作詹姆斯二世在其兄长在位时期的作为。”①

一句话，我对事实进行了细致的观察以后，确信：

（一）国王和王室正在受到危害；

（二）国王和王室遭到的危险，可从任听宫廷官宦、贵族和神甫摆布的内阁的活动中找到原因；

（三）这种危险的后果，是使广大人民群众参加反对宫廷官宦、贵族和神甫的斗争，而内阁却把这三类人看成是波旁王朝的支柱。

根据我在本文的开端宣布的原则，我应当提醒国王注意他所遭到的不幸，但我又强烈地感到，让国王注意一个人向他提供的意见是很困难的。

经过反复考虑，我认为最便当的办法，就是拿法国革命后发生的事情与英国革命后发生的事情相对比，以明确我的下述观点：波旁王朝应当提高警惕，以避免斯图亚特王朝所遭到的覆灭。

简单说来，这就是促使我在1814年发表的和在今天又加以对比的动机。

---

① 圣西门写这段话时正值路易十八在法国进行统治（1814—1815年3月；1815年6月—1824年）；路易十八死后，他的弟弟亚多亚伯爵即位，称查理十世（1824—1830年在位）。英王詹姆斯二世（1685—1688年在位），也是继承其兄查理二世（1660—1685年在位）而即位的。——译者注

我今天所以要重复这个对比，是因为波旁王朝目前遭到的危险，显然与1814年经历的和1815年百日王朝[1]期间熬过的危险完全一样。

王室今天的处境和它在1814年的处境的不同之处，在于今天的不幸似乎难于挽救。

《论欧洲社会的改组》第七章（这个小册子发表于1814年10月）摘要对比

对比法国革命和英国革命

一眼就可以看出，法国革命和英国革命的相似之处，在于两国革命的特点是一样的，并且每个国家后来都发挥了这个特点。两国革命的差异来自各有自己特点的两国社会的差异；一个国家的革命是由基督教传布的平等的激情所引起，另一个国家的革命是由哲学主张的平等的激情所引起。

第 一 期

教化的进步把旧社会秩序的缺点完全暴露出来，使人感到有必要建立新的组织。希望进行这一种造福人类的改革的思想，激动了所有的人。国王、大人物和人民，都愿意支持这一改革。人们只有一个目的、一个志向和一个希望，那就是使人人幸福。人们下定决心，不管要付出任何代价，都要使个人利益服从全体的利益。

---

① 指拿破仑于1815年3月20日由厄尔巴岛重返巴黎后，直到路易十八在联军的武力支持下回到巴黎时止在法国所建立的暂时统治。——译者注

第　二　期

美景消失了，人们在牺牲面前却步，越往远看，越感到前途渺茫。人们后悔自己过于鲁莽，对于公益事业的那股炽热的、激动的、盲目的热情逐渐冷却下来，而渐渐为深思熟虑所代替。人们计算了得失，许多人怀念起昔日的秩序，他们竭力取消改革所获得的成就，并开始反对自己的老伙伴。改革家们到被他们鼓动起来的小市民中去寻找支持，到他们所建立起来的平民社会里去寻找支持。

第　三　期

一切权力都被愚昧无知的阶级所掌握，所以政府的工作管理得很不好。出现了无政府状态，内战和饥荒造成了普遍不幸。

第　四　期

社会的秩序混乱到了极点，精疲力竭的人们企图恢复秩序和甘愿再受统治。个人专制似乎并不比平民专制惹人讨厌。不管什么人，只要他敢于统治，就一定被接受。在群众起来的时候，一个大胆的野心家克伦威尔[①]，一个具有坚强意志而又为公众所需要的强者波拿巴，把政权夺到平民手里，而实际上是弄到他们自己手

---

① 克伦威尔，奥利弗（Cromwel Oliver，1599—1658 年），17 世纪英国资产阶级革命家，独立派的领导人。他在 1649 年把英王查理一世交付法庭处死后，于当年 5 月宣布成立共和国。在 1653—1658 年间建立独裁统治，自任护国公。恩格斯说他是“一身兼有罗伯斯庇尔和拿破仑的形象”。——译者注

里。由于只有武力才能镇压愚昧无知者掌握的权力，所以一种全靠战争建立起来的统治，便在民主的无政府状态的废墟上冒了出来。

第　五　期

在几次动乱之后恢复了平静。一部分思想健全的人民希望发起的改革，正在顺利地进行，而全民族也终于看到不想经过痛苦和动荡而达到的社会秩序。

以上就是英国革命和法国革命的简史。我让读者去仔细检查我对英国革命所作的这种分析；至于法国革命，它怎么在我们中间进行了五十多年而没有给人们留下值得纪念的东西，没有使人们记得国民议会的美景良辰、立法会议的狂欢气氛和国民公会的激动场面呢？已被法国废除的暴政怎么还不被人们愤恨呢？谁看到路易十二的儿子和亨利四世的儿子重登他们父亲的宝座而不感到高兴呢？

这方面的事实数列跟数字数列一样。在两个数列的四个共项之后，均有无限的项[①]。比如，在把法国革命和英国革命看做两个数列时，在四个共项之后，均有一个相似的第五项，而法国革命的事实数列的第五项就是法国的现状。因此，我们可以有根据说，既然英国革命的事实数列有过第六项，则法国革命的事实数列也将有第六项。英国革命的事实数列的第六项，就是斯图亚特王朝的

---

① 为了防止数学家提出的各种不同意见，我在这里只想补充一点：尽管数列中的任何一项都应当与前四项有关，但我拿来对比的事实数列的每一项只与它的前一项有关，所以不必要求各项应当相等。

覆灭。

这样的灾祸，对于法国来说将是十分可怕的。但一些社会势力正把我们推向这样的后果。现在，我们绝不应该自欺，闭眼不看这个正在接近的来日。应当防止它，应当消除它，而这绝不是梦想和办不到的事。

结　　论

我现在来总结这项对比当中包括的观点和我在前言中提出的观点。

（一）现政府力图以宫廷官宦、贵族和神甫作为波旁王朝的支柱，因而正在使波旁王朝遭到类似斯图亚特王朝所遭到的灾祸；

（二）只要现政府决意把国王和王室的利益同无数的特权分子的利益联系在一起，波旁王朝现在遭到的紧急危险就不能立刻消除。

告法国人书

我的亲爱同胞们！

你们希望摆脱特权阶级对于你们的压迫，你们不愿意再受宫廷官宦、贵族和神甫的统治与盘剥；你们想促使国王把他的利益同你们的利益联系在一起，请他限制宫廷官宦、贵族和神甫的一切奢求。

你们的愿望符合于宗教、道德和正义的一切原则。你们可以心怀坦荡地委诸于你们的愿望。

为了达到你们的目的，只需要一种手段，即你们起来拥护不准许有特权存在并可以对特权进行法律制裁的社会组织体系。

对此，你们可能向我说：我们从来没有见过这种体系；而我可以向你们回答：我已设计出这种体系。此外，我也发现了不必打乱现有的社会体系而向可以满足你们的一切合理愿望的社会体系过渡的办法。我即将接着发表本书所应依据的观点。我的起点是宪章；而我的终点，则是最有利于道德、一切实证科学、艺术、农业、工业和商业的社会秩序。

续论波旁王朝和斯图亚特王朝[①]

上国王书

陛下：

在道德科学和政治科学方面，不久以前有一个伟大的发现。

这个发现对于我们认识社会组织的作用，不亚于万有引力对于我们认识宇宙体系的作用。

这个发现将给陛下提供一种手段，以按照我们民族的文明发展现况把民族组织起来，从而建立和平与安宁。

一部经过四十年孜孜不倦写成的著作，终于把这一发现扼要地记述出来。

促使我谈起我的著作的重要性的，完全不是我的自命不凡的感情，而是我在发现消除目前危机的方法时所体验到的愉快，以及我想请求陛下重视我的意见的强烈愿望，因为我确信采纳这条意见会给人民带来极大的好处。

首先，我拿旧社会组织体系来同我提议的体系相比较。其次，

---

① 《续论波旁王朝和斯图亚特王朝》，是继《论波旁王朝和斯图亚特王朝》出版后数日，于 1822 年 1 月出版的。译文所据的原文，载 1966 年法文版《圣西门全集》第 6 卷。——译者注

先单独谈一谈我提出的体系，随后谈一谈迄今一直作为社会组织的基础的观念。

我在本书的末尾提出一个结论，它十分明确地指出了为在法国和整个欧洲建立安宁的秩序所必须做到的事情。

崇敬伟大的科学发现，应当使国王感到极大愉快，以致我敢于向国王提出这个发现。

我在前一部著作《论波旁王朝和斯图亚特王朝》中，曾经敦请陛下注意迫使您注意的危险，而且在该书中我还明确地指出消除王室所遭到的灾难的方法。我的行为是善良的法国人和国王的忠实臣民的行为。国王的检察官先生们如果对我进行任何追究，那将是对国王的侮辱。

我的《论波旁王朝和斯图亚特王朝》一书被查禁了。我请求陛下下令撤销这一禁令。陛下，我始终是您的忠诚臣民。

昂利·圣西门谨呈

再禀者：我希望我在下面叙述自己对社会组织的观点时一再向同胞讲的话，不至于触怒陛下。陛下，我是您的臣民，但我也是一个法国公民，所以我认为自己在公民这个称号下有责任向我们的公民指出我认为可以缩减政府开支及其权力范围的方法。

论新旧政治体系

在道德能够成为实证科学以前，在政治能够受到道德指导以前，在人类能够得到巩固的社会组织以前，即在人类能够得到直接为大多数人造福而建立的社会组织以前，应当创造两个基本条件。

第一个条件是应当抑制人们的想象力，减少人们对于奇迹的偏好，消除形而上学的大部分影响。一句话，就是必须尽量发展实证知识，让理性获得足够的力量，以使人们为了改善自己的命运，开始越来越依靠科学知识和实业活动，而不求诸自己的信仰、祈祷和宗教实践。

现在，这第一个条件不仅在法国而且在整个欧洲都全部具备了。

这个条件是君主们完成的，因为几个巨大的强国结成神圣同盟以后，使教皇权力也像其他宗教的僧侣阶级一样，处于**从属的地位**了。君主们由此证明他们极想依靠自己的正确计划和群臣的正确建议去结束现实的危机，而不想依靠神学权力和神甫们的才能去改进社会组织。

各国人民的这种意向表现得尤为明显。

现在，如果让几位工业家和传教士同时到一个地方去，前者向人们介绍自己的活动，进行宣传，后者以自己的布道劝说信徒，则思想健全和最有能力的阶级将成批地涌向工业家，而传教士的拥护者在社会上将不能起任何作用和不能得到任何人的信任。

第二个条件如下。

要使居民群众，即大多数的实业经营者养成独立管理自己事务的足够能力。

毫无疑问，整个欧洲的实业经营者已经具备这种能力，而在法国尤其如此。

在出售国有土地的时候，从事种植业的劳动者已经无可置辩地证明了这一点。成千上万的普通短工忽然成为土地所有者，而他们当中的大部分人，一开始就以其聪明才智把自己的财产管理得很好。

在整个西欧，各国工人都随意同企业主缔结了协定，独立处理着自己的事务。可见，他们具备了为此所需要的知识和预见。此外，其中有许多人已达到能够领导重要的实业活动的地步。这证明居民群众一般都有能力从事实证性最强的有益劳动。

我用以下几句话来概括这几个基本论点：社会组织体系至今只能是暂时性的，因为大多数居民还处在无知状态和仍然需要监护。我把这种制度叫做旧体系。

人们的教化程度提高了，情况完全改变了。这种变革，特别是法国的卓越变革，引起了建立相应的制度的必要性。为了使这个制度能够巩固持久，就要把它建立得完全符合大多数人的利益。我把这种制度叫做新体系。

在旧体系下，一些主要措施的目的，是使政府拥有巨大的权力，巩固地建立上层阶级压制下层阶级的权力，这是由于大多数居民无知，以致很难维持社会秩序而造成的。

关于利用居民的力量去使群众精神愉快和生活舒适的各项措施，在这种制度下只能居于次要地位，因为当时的主要任务是建设社会，即教育群众。

在新体系下，与此完全相反，主要的措施都以制定明确的和配合得十分合理的工作计划为目的，而所计划的工作则都是社会为了改进它的全体成员在政治和道德方面的处境而实施的。为了维持社会秩序而采取的预防性措施，应被看成是次要的安排，因为在当时的文明状况下，维持社会秩序是非常容易的。有组织的分工将把人们紧密地联系在一起。在达到这个地步以后，每个人都同自己的邻人休戚相关。

社会组织体系这个说法十分庄严，它使许多人望而生畏。很多人觉得这是一个复杂而抽象的问题，以致他们对它不能有一个明确的认识。其实，社会组织体系只表明联合；而凡是确切知道应当怎样联合的人，都能非常正确地判断什么样的社会组织体系符合于事物的现状，符合于教化和文明的现状。只用几句话就可以证明我提出的这一点。

在关于联合的任何契约里，最重要的条款是明确规定联合的目的，而且应当把这个目的写在契约的标题里。这是适用于一切场合的规定，以致最无能的公证人在受托办理这项工作的时候都不能说出别的。在把人们联合成为民族共同体的时候，正如在成立一个生产火柴的联合组织时那样，十分需要作出这种规定。

当然啰！在任何时代，我们的社会组织体系都不是千篇一律的。如果研究一下旧体系和革命以来的一切宪法，包括宪章在内，就会看到构成法兰西民族的公民的联合的目的，在哪一部宪法上都没有明文规定。

从这个疏漏中，必然产生而且事实上已经产生使每一个领导政府的人都可以随意使用全民族的力量的现象。因此，法兰西相继看到：

受过严格教育和没有任何宗教偏见的善良的亨利①，热心地

① 指波旁王朝的创立者亨利四世（Henri IV，1589—1616 年在位），他对巩固法国的专制制度和发展法国的经济起过很大作用。他在 1589 年颁布南特敕令，准许信奉新教的人在法国享有与天主教徒完全相同的宗教权利和政治权利。但在他们的儿子路易十三执政期间，这项敕令就已经受到限制（剥夺了新教教徒的政治权利），而到他的孙子路易十四统治时期，便在 1685 年把它完全废除。——译者注

为民族中人数最多的阶级造福，并在他的朋友苏利[①]的辅佐下竭尽全力去实现他十分珍视的誓愿：每餐吃到炖鸡；

路易十三把宗教圣典变成国家的大事，依赖圣母来为整个民族造福，其实他本人才负有维护民族利益的使命；

路易十四同他的大臣卢夫阿[②]用博得他们二人欢心的战争耗尽国家的财源，并因修建凡尔赛宫而使国家完全破产；

摄政王[③]宁愿听枢机主教杜布阿[④]的意见，而不肯采纳像我的祖先圣西门公爵[⑤]这样一些正直之士的忠谏；

路易十五使宫廷的道德败坏到极点，他从鹿苑或杜巴丽[⑥]的客厅指挥国家大事。

即使是方才被我鉴定过操行的这些君主具有改进法国命运的纯洁理想和真诚愿望，国家的管理工作也毫无疑问会随着他们的兴趣、欲念和性格而变化。当然，如果民族联合的基础建立得恰如其分，那就永远也不会发生这种现象。

现在，我们来概述一下革命以后发生的事件。

---

① 苏利公爵(Sully，duc de，1560—1641年)，亨利四世童年时期的朋友，后来成为亨利四世的最亲近权臣。——译者注

② 卢夫阿，米歇尔(Louvois，Michel，1614—1691年)，路易十四的军事大臣。他改组军队，大大增加法国的军事力量，在镇压新教教徒(胡格诺)方面表现得极为残忍。——译者注

③ 指奥尔良公爵菲力浦(Philippe Orleans)，他在路易十五幼年时期主持法国的国家大事(1715—1723年)。——译者注

④ 杜布阿，吉约姆(Dubois Guillaume，1656—1723年)，奥尔良公爵菲力浦摄政时期的法国国务活动家，为人毫无节操，十分狡猾，没有任何道德观念。——译者注

⑤ 请参看《圣西门公爵回忆录》。——作者注

⑥ 杜巴丽(Dubarry)，巴黎的妓女，路易十五的情妇，曾对路易十五发生过很大影响。——译者注

制宪会议破坏了一切旧的东西,可是什么也没有建设。它作了很多形而上学的讨论,然而没有明确提出过一个应当作为社会组织的基础的观点。它大大削弱了王权的作用,但并没有废除已被它证明是没有益处的那些权力。它夺取了这种权力,而由自己行使。

国民公会改变了政体,并建立了共和国。但是,它没有明确规定它所成立的政府的权力,没有规定这个政府的权力范围,所以统治者这个时期对被统治者的统治甚于旧制度下的任何时期。

执政内阁把共和国政府的一切权力都集中在自己手里;五个执政官分掌一切权力,后来他们开始为这些权力发生内讧,互相争夺这块肥肉。

波拿巴力图再给民族套上枷锁,使它忘却自己在革命之初宣布的原则,把法兰西民族再度变成侵略的民族,并建立新的王朝、新的贵族和新的僧侣阶级。

最后,现政府用尽一切力量使全民族相信:维持宫廷官宦、贵族和僧侣的豪华与安逸生活,甘愿忍受这些寄生阶级的鄙视和侮辱,是自己唯一的幸福。

我的同胞们!我现在回来谈一谈我在本章开头提到的问题。这也就是我打算请你们注意的思想。

毫无疑问,你们必须事先具备两个主要条件,才能订出良好的社会契约。

第一个条件是:必须抑制自己的想象力,减少对于奇迹的偏爱,设法依靠自己的努力而不是仰仗自己的祈祷去改进自己的命运。

第二个条件是：必须使居民群众，即绝大部分实业经营者获得独立管理自己事务的足够能力。

毫无疑问，你们现在已经全部具备了这两个先决条件，所以在你们之间完全可以缔结良好的社会契约。

最后也毫无疑问，你们的社会契约的第一条应当尽可能明确地规定出你们的联合的主要目的。

我以一项重要声明来结束这一章。

我现在声明：我不能公然赞成革命开始以来所发生的一切，所以我把我国至今制定的一切宪法，包括宪章在内，都看做是一种实验。一个民族需要通过这种实验去发现一个可以符合于它的教化和文明状况的社会组织体系。

论新体系

一部准备清晰地叙述全体法国人的共同愿望以及满足这种愿望的方法的著作，将为新体系提供理论根据。

我的亲爱的同胞们，我想简单扼要地向你们介绍一下这部著作的主要思想。

我首先要向你们指出：显而易见，全体法国人都希望改进自己的精神状况和物质状况。

现在，我们来确切说明一个民族的精神幸福和物质幸福的概念。

你们会同意，人们生活在吃得最好、穿得最美、住得最好、能够随意旅行、到处都可以得到生活必需品和生活上的美好东西的国家里，在物质方面是最为幸福的。

你们也会同意，在这样的国家里，如果人们的智力发展水平很高，如果人们有鉴赏美术的能力，如果人们了解支配自然现象的规律和自然现象的变化方式，而且，如果人们都彼此善意相待，那么，他们精神方面的幸福也是最美满的。

现在，我们来研究研究应当用什么方法使法国人得到双重幸福，即在精神和物质方面都得到幸福。

为了得到这种幸福，必须尽可能大力鼓励和保护农业、工业和商业的活动。应当以私人利益为刺激去推动开凿运河、修筑道路和架设桥梁等事业，以及促进排水、开垦和灌溉等工作。不要打主意去捞取公益活动的收益，而应该把这种收益完全让给进行这种活动的个人。

至于民族的精神幸福，则应当让具有最强的实证性有益知识的学者去教育青年和人民。

法国人！

在我们的社会契约的第一条里明确指出我们的民族愿望和满足这种愿望的方法之后，就可以容易订出其余各条。其余各条要作为第一条的直接产物而由第一条引导出来。

因为我们民族已经清楚指出政府应当遵循的道路，所以专横的现象将会绝迹。

一切特权都将废除，而且也不能让它们恢复，这是因为：一个可能存在的完全平等的体系将会建立起来；在实证科学、艺术和实业方面最有才能的人，将在新体系下成为最受社会尊敬的人，成为受托管理国家大事的人，即一切才华出众的人，不管他们的家庭出身使他们处于什么地位，都将被这条原则性规定提到首位上来。

最后，一言以蔽之，我所建议的改革办法将使法国得到最大的政治利益，这就是使统治机构尽量精简，而工作费用尽量节省。

我要补充一点：一切开化的民族只要看到法国作出榜样和开辟出它们应当跟随的道路，就必然会采取我方才叙述的改革办法。

我再补充一点：采取这种改革办法的所有民族，必然去完成共同的事业，团结自己的力量去提高共同的幸福。

我用以下几句话来结束本章：法兰西民族现在是人类争取新的文明成就的先锋；亲爱的同胞们，让我们开创整个欧洲都感到需要的复兴的革命，以表示我们无愧于我们所占据的光荣地位！

论旧体系

法国人！

我要向你们说明的事情，乍一看来会使你们感到十分奇怪和非常可笑，因为它没有迎合你们的自尊心。

然而，我要向你们说明的事情，却是一个你们应当知道的真理，而且我们也应当密切注意它，以便使我们的伟大政治创举获得成功。因此，我应当毫不犹豫地把这个真理告诉你们。

我坚决认为：我们在革命中曾为自己规定了建立新社会组织的目的；尽管我们作了一切努力，可是我们既没有能够在实践方面，甚至也没有能够在理论方面，走出旧体系的范围。

让我们现在来考察一下事实。但在进行这种考察的时候，不要忘记新旧体系之间存在的差异。

在旧体系下，政府负责选定民族应当追求的活动目的；而在新体系下，规定这个目的乃是新体系自身的主要工作。在旧体系下，政府的权力是无限的，可以为所欲为；而新体系只赋予政府以非常明确和非常有限的权力。

我们先来概述一下曾受民族委托实行改革的公民们的行为，以及后来相继掌握了创制权的国家活动家的行为。

制宪会议规定了司法稽查制度。

国民公会制定了长裤党人掌权的制度。

波拿巴建立了军人专制。

而国王恩赐给民族的宪章，却使政府得到了把民族置于宫廷官宦、贵族和僧侣的压迫之下的各种手段！

但是，实行司法稽查制度，长裤党人掌权，实施军人专制，以及宫廷官宦、贵族和僧侣当政，都属于同一社会组织体系，即属于旧体系。在这种体系下，人人都先私后公，政府把支配民族力量的全权都据为己有。

亲爱的同胞们！

我向你们叙述的这一点，可使你们自己正确地判断目前的情况。

显而易见，特权阶层和非特权阶层之间的斗争不久就会重新爆发。这一斗争将具有什么性质呢？它的结局将会如何呢？我应当向你们详细说明这两个问题。

我十分注意地阅读和倾听了反对党至今发表和公布的一切言论，并由此得出结论：这个党还没有成熟到能够理解新社会组织体系的程度。

反对党采取了来自旧体系的原则，只能略微不同地再现我们已在革命时期看到过的局面。非特权阶层将把特权阶层赶出门外，而民族的领袖们，即那些在战场上成长起来的人，将急于恢复对自己有利的特权，以及其他等等。

要想摆脱这个恶性循环，只有一条出路，那就是按照上面的《论新体系》一章所叙述的原则着手改组社会。

结　论

正如我们说的，只有一个可以根除目前的政治危机的手段，这就是必须向全民族提供一个普遍改进法国人在精神方面和物质方面的命运的最重要措施的良好方案。

在这个方案得到大多数社会成员赞同的时候，它就成为宪法的第一条。

然后，必须提出关于国家管理的组织方案，以便处理这方面的工作，制止游手好闲的人破坏实业经营者的安宁。

当这第二个方案被社会成员赞同的时候，法兰西民族就可以按照它的教化和文明状况组织起来了。

我准备不久就发表一部比这本小册子的篇幅较多的著作，书名将叫《论社会契约》①。

我在这部新著中根据目前的情况提出一个观点，其目的在于根除目前发生的两党之间的混乱斗争，促进人们建立一个有威望的政党，即生产者政党。

生产者，一方面包括学者和艺术家，另一方面包括农民、工厂主和商人。他们是民族的真正骨干，但还没有完全发挥他们的政

① 即《实业家问答》的第三册，见本卷第126页题解注。——译者注

治积极性，而只有他们干预政治，才能使国王和民族避免威胁着他们的不幸。

法国人！

我们害怕无政府状态，因为不管正直人士的政治观点如何，这都是他们的最大灾难；不管没有道德的人的宗教信仰如何，这都是他们向来希望和今后仍然希望的状态。

我们尊重宪章，因为它现在仍然有效；但是我们也不讳言这个宪法不能具有任何巩固的性质，因为它把特权阶层置于生产者之上。

在建造一座桥梁的时候，先由构筑围堰开始，以便给桥墩工程打下基础；而当基础还没有竣工的时候，围堰一直是建筑物的最重要部分。我们应当把宪章看做是围堰，破坏它可能给生产者带来很大损失，同时也会给王室带来无法挽救的灾难。

我们尊重宪章，可是也要怀着热情，努力把符合于教化和文明状况的这种社会组织体系建立在理性的基础上。

我那部即将发表的论述社会契约的著作，将澄清读者在研究这一问题之后还会弄不清楚的一些问题。

实业家问答[①]

第一册

问：什么人是实业家？

答：实业家是从事生产或向各种社会成员提供一种或数种物质财富以满足他们的需要或生活爱好的人。可见，播种谷物或繁殖家禽和家畜的农民是实业家；马车制造匠、马蹄铁匠、制锁匠、细木工是实业家；制造鞋帽、麻布、呢绒和开司米的工厂主也是实业家；商人、货运马车夫和商船的海员同样是实业家。所有这些实业家联合起来，从事生产或向全体社会成员提供各种物质财富以满足他们的需要或生活爱好。他们构成三个大阶级，这三个阶级叫农民、工厂主和商人。

问：实业家应在社会上占有什么地位？

答：实业阶级应当占有首要地位，因为它是最重要的阶级；因

① 《实业家问答》是圣西门自杀未遂后所写的第一部作品。本书共分四册，第一册发表于1823年12月，第二、第三、第四册分别于1824年3月、4月和6月出版。译文所据的原文，载1966年法文版《圣西门全集》第4卷(第一、第二、第三册)和第5卷(第四册)。——译者注

为没有其他一切阶级，它也能存在下去，而其他任何阶级如果没有它，就不可能生存下去；因为它是依靠自己的力量，即靠亲身劳动而生存的。其他阶级都应当为它而工作，因为它们是由它创造出来的，而且是由它来维持它们的生存的。一句话，一切都是实业所为，所以一切也都应当为实业而为。

问：实业家目前在社会上占有什么地位？

答：目前的社会组织把实业阶级置于最末位。社会制度对次要劳动甚至对游手好闲的尊敬与重视，依然大大超过对最重要劳动，即对最直接的有益劳动的尊敬与重视。

问：本来应居首位的实业阶级现在为什么处于最末位呢？实际上应居首位的人为什么落到最末位呢？

答：我们将在本问答的有关部分说明这个问题。

问：实业家为了从他们现在所处的最低地位上升到他们应当占据的最高地位，可以采取什么样的行动呢？

答：我在本问答中就要说明他们为使自己的社会地位得到这样的改进而应当采取的行动。

问：那么，您着手撰述的著作的宗旨是什么？一句话，您在著述这部问答时为自己规定了什么目的？

答：我打算向实业家指出最能够提高他们的福利的方式，我打算让实业家学会为提高其社会地位而应当采用的一般方法。

问：您准备用什么方法来达到这个目的呢？

答：一方面，我要向实业家指出他们目前的社会地位的实际情况，向他们说明他们的地位具有完全从属的性质，亦即说明这个地位大大低于他们作为社会的最有能力和最有用处的阶级而应占有的地位。

另一方面，我要向他们指出他们为了最受尊敬和最受重视而应当走的道路。

问：那么说，您要在本问答中鼓动起义和造反吗？要知道，现在特别受到尊敬和重视的那些阶级绝对不会心甘情愿地放弃他们的既得利益。

答：我绝不鼓动起义和造反；恰恰相反，我要提出唯一能够阻止暴力行动的方法。暴力行动可能威胁社会，而实业力量如果仍对争权夺利的那些党派采取消极态度，社会就很难避免这种威胁。

不委托最卓越的实业家来管理公有财产，社会的安宁就无法持久。

问：请您向我们解释这一点，并向我们说明：为什么不委托最卓越的实业家来管理公有财产，社会的安宁就要受到威胁呢？

答：这个道理很简单，就是社会上最大多数人的一般政治意向在于：管理机构应尽量节省，管理机构应尽量精简，管理机构应由最能干的人组成和使社会的安宁完全有保证；而满足大多数人的这一切愿望的唯一方法，就是委托最卓越的实业家主管公有财产，因为最卓越的实业家对于维持社会的安宁，对于节省国家的开支，以及对于限制专横，都是最为关切的。最后，在全体社会成员中，他们最能证明自己拥有真正的行政管理才能，而他们的私人企业所获得的成就也已证明他们这方面的才能。

目前，社会的安宁受到威胁，因为政府的方针同全民族的十分明确的志向直接对立。我们的民族主要希望管理机构尽量节省，而政府也绝不该叫我们的民族多花钱；政府现在叫我们的民族出的钱大大多于大革命以前。在大革命以前，全民族被分成三个阶级，即贵族、资产者和实业家。当时，贵族管理国家，资产者和实业家向他们纳税。

现在，全民族只分成两个阶级了：发动革命并使革命有利于自己的资产者，取消了贵族享用公有财产的特权，从而使自己加入了统治者阶级，所以现在的实业家必须出钱维持贵族和资产者了。在大革命以前，全民族只纳五亿的税款，而现在却要纳十亿了，而且这十亿还不敷应用，政府经常要大量举债。

社会的安宁日益受到威胁，因为社会的负担必然不断加重。防止可能爆发的起义的唯一手段，就是委托最卓越的实业家管理公有财产，即委托他们编制国家预算。

问：您说的一切都非常好，特别有趣，具有重大的意义，可是您没有向我们直接说明我们想要知道的事情。我们请您向我们说明的问题是：能否不用暴力手段而取消贵族、军人、法学家和食利者掌管社会金融的大权呢？简而言之，能否不用暴力而从非实业阶级手里把这项大权移交给实业家呢？

答：暴力手段适用于推翻和破坏某种东西，而且也只能适用于这方面；而为了建设和创造，一句话，为了建立巩固的制度，只能采用和平手段。但是，授权最卓越的实业家总揽全民族的金融大权的行动，正是建设性行动，亦即是可以采取的最重要的政治措施。这项措施将是整个新社会大厦的基础，将使革命彻底完成和使民族摆脱一切新的动荡。最卓越的实业家将要无偿地履行编制国家预算的职责，所以将来志愿去做这项工作的人不会太多。实业家在编制国家预算的时候，将以节省国家行政开支为基础，所以他们要为官吏规定适度的薪俸。官吏的职位将不会太多,官吏的人数将要大大精减,希望当官的人也要减少,于是必然建立起一种有很多人有职无薪的制度,因为无事可做的富人,除此以外再没有别的方法可以获得人们的尊重。

如果人们研究一下实业家的性格和他们在大革命时期的行为,就会承认他们的本质是爱好和平的。进行革命的不是实业家,而是资产者,即非贵族出身的军人、非名门出身的法学家、非特权出身的食利者。目前,实业家在现有的政党中仍只起着次要的作用,他们既没有自己的政见,又没有自己的政党。他们偏左而不向右,因为资产阶级的权力欲对于平等思想的冒犯,不及贵族的权力欲对于平等思想的冒犯。但是,他们绝不迷恋自由思想,他们最喜欢安宁。自由党人在议院内外的头目们,都是一些将军、法学家和食利者。贵族和资产者企图把管理公有财产的权力抓在自己手里,主要是为了由此获得好处。大实业家们与此相反,他们想取得这项权力是为了尽量节约开支。

实业家知道得非常清楚,他们最有能力管理全民族的钱财,但是他们从未流露出这种思想,因为害怕立即扰乱安宁。他们耐心等待对此形成一种舆论,让真正的社会学说号召他们去执政。

根据上述,我可以断言实业家将只会采取或应用和平手段,即商量、证明和说服的手段来从贵族、军人、法学家、食利者和国家官吏手中接收管理公有财产的大权,然后交给自己人当中的最出类拔萃的人士。

问:我们姑且承认实业家不打算使用暴力从贵族和资产者手中把管理公有钱财的大权夺取过来,然后交给自己人当中的最出类拔萃的人士,但是还不能从实业家的和平愿望中得出结论,说这个社会阶级能够占据首要地位。我们请您说明一下:实业家要用什么方法才能使社会发生方才所说的根本变革呢?

答:实业家占全民族人数的二十五分之二十四,因此他们在人力方面占有优势。

他们生产一切财富,所以也拥有财力。他们在智力方面也占有优势,因为他们想出的计划对国家的繁荣富强起着最直接的促进作用。

最后,因为他们最有能力管理全民族的钱财,所以人的道德和神的道德都在号召最卓越的实业家去管理财政。

可见,实业家拥有一切必要的手段。他们拥有强有力的手段来改革社会组织,而这一改革将使他们由被统治阶级变为统治阶级。

问:团结就是力量。正是因为实业家不团结,他们才被贵族、军人、法学家、食利者和国家官吏所统治。毫无疑问,只要实业家团结起来,他们在一切重要方面所占的优势,就立即会使领导公共事务的大权转移到了他们的手里。毫无疑问,他们不必使用暴力去迫使其他阶级承认他们的优势,因为其余的每个阶级的力量,甚至是所有这些阶级合在一起的力量,都远不如实业家,而且实业家也不会使用暴力去夺取政权。但是,从事物的本性来说,实业家的团结就不存在重大的障碍吗?我们认为存在。我们的这种想法是以下述一个事实为根据的:尽管从一有社会开始,团结就对实业家有利,可是他们却一直让自己受非实业阶级的统治。

答:在法兰克人征服了高卢人,把高卢人的领土分给了自己人以后，他们同时成为这个国家的实业首领和军事首领。后来，实业阶级便逐渐同军人阶级分开，显示出自己的重要性，产生了自己的显然不同于军人领袖的领袖；不过只是到了现在，实业阶级才拥有足够的力量和手段使自己成为社会的第一个阶级。因此，你们如果根据实业家在十四个世纪当中一直是社会的下等阶级这一事实，就断言他们永远应当居于末位，而且现在也不能最受尊敬和重视，那将是不正确的。概述一下实业和实业家从我们法国社会成立起一直至今的政治成就，就会完全明白这一点。

问：我们着手的这项研究具有重大的意义：它一定会彻底改变政治方面的状况，赋予政治以全新的性质，改变我们的这一知识部门的本质。政治至今仍是一门臆测的科学，或者可以说，政治方面的言论和行为都是因循守旧的。

为完成这项研究，可用所观察到的事实，即用对十四个世纪的历史所作的一系列观察来证明这项研究的一切论断。因此，最好能使这项研究被人理解、判断和记忆。为了达到这个目的，我们建议您把概述分成四个部分或四个时代，这就是：

从法兰克人在高卢建国到第一次十字军东征；

从第一次十字军东征到路易十一；

从路易十一到路易十四即位执政；

从路易十四执政到信用制度的建立。

然后，请您从这一系列大量的事实中得出实业阶级的未来应当如何的结论。首先，我们要问您：从法兰克人在高卢建国到第一次十字军东征时期，实业取得了哪些成就，实业家发挥了什么重大作用？

答：从法兰克人在高卢建国到第一次十字军东征时期，完成了一个具有重大意义的政治过程。这一过程为文明从此以后获得的一切成就，从而也为实业的一切成就（因为实业的成就乃是一切成就当中的最重要成就）做好了准备。这一过程完成了胜利者和战败者的融合，使法兰克人和高卢人形成为法兰西民族。

实业后来获得的成就正是在这个时期就准备好了的，但是既得的成就没有一项值得记述。

成了民族的军事领袖的法兰克人，当时也领导民族的实业活动——全部土地几乎都属于他们所有。他们还把农业方面的动产据为已有，即把在农业中发生主要作用的高卢人固定在土地上，结果使他们变成了高等的役畜。

简陋农具的生产者也处于奴隶地位，从而也在法兰克人的支配下工作。最后，自用的衣料的生产由法兰克人妇女领导，她们在自己的城堡里监督这种物品的生产。在这个时期，手工业者虽然一直处于奴隶地位，但已经发生重要作用，并得以积蓄一些钱财而被他们小心保管起来。

问：从第一次十字军东征到路易十一即位期间发生了一些什么事情呢？实业的成就都是一些什么？这些成就取决于哪一些原因？

答：几次十字军东征耗费了贵族即法兰克人的大量金钱，可是他们的收入不足以偿付这笔开销。为了保证自己得到必要的款项，他们不得不向能够供给他们金钱的高卢人出售自由。

买到这种自由的高卢人，大部分是一些比别人有更多的机会和办法积累财富的手工业者。

法兰克人也向善于用各种方式攒钱的高卢人出卖土地。可见，十字军东征是形成不同于军人阶级的实业阶级的先决条件。

这个阶级的勤俭刻苦，后来在由最后一次十字军东征到路易十一即位期间，又提高了这个阶级的作用。

十字军东征也促进了实业活动的改进和发展：无论从实业活动范围的扩大方面来说，还是从实业活动种类的增加方面来说，都是如此。在东征亚洲时期破了产的贵族，给法兰西带回了骄奢淫逸和讲究排场的风气，特别是带回了喜爱精良武器的癖好。

男人讲究排场的风气，助长了妇女卖弄风情的行为；妇女学会卖弄风情以后，又养成了喜欢打扮的习惯。亚洲制造的美丽绸缎，刺激了妇女也想拥有这种物品的愿望。由此发生了对外贸易，由此开始了贵重武器的生产，最后还由此开始了各种奢侈品的制造，以供给业已养成爱好享受的习惯的人们使用。

结果，实业阶级到路易十一登极的时候，就已经同军人阶级截然不同了。这一阶级由三部分构成，即：拥有自己土地的高卢人，他们是种地人而不是军人；聚居在城市里的已经获得自由的手工业者；向法国输入亚洲绸缎和在国内贩卖法国制造品的商人。

问：从路易十一到路易十四执政期间实业又有哪些发展？什么原因促进了实业家的进展和强大？

答：到15世纪，王权的力量已比法兰克人占领高卢时期大大增加。在法兰克人占领高卢时，国王只是法兰克军队的统帅，他只有权任命这支军队的各部队的首领。

路易十一登极的时候，看到王权还是一个没有确定和巩固性质的非常不稳定的政治机构，看到最高政权仍然集体地掌握在诸侯手里，看到国王实际上不过是一个最有势力的诸侯而已，看到变成诸侯的部队领袖的后代保存着认为国王只是 Primus inter pares(群中之首)并且可以根据他们的意志选举和罢免的传统观念。最后，他还看到一个应当使他特别注意的事实：联合起来的诸侯在法兰西比国王拥有更大的力量和权势，而在封建制度下，除了使诸侯发生内讧并把某些极有势力的诸侯拉到自己方面之外，王权就别无其他办法来保持自己的最高权力。

路易十一想出了一个大胆的计划，这就是把全部最高权力集中到国王手里，废除法兰克人对高卢人的统治，摧毁封建制度，取消贵族体制，使自己成为高卢人的国王，而不只是做法兰克人的领袖。

为了使这一计划获得成功，他必须把自己的权力同具有足够的强大力量来支持他和保证他的创举成功的阶级的利益联系起来。因此，他和实业家结成了同盟。

实业家希望最高权力集中在国王的手里，因为这是清除法国由于最高权力分散而给国内贸易带来的危害的唯一手段。他们也想成为社会的第一阶级，以便满足他们的自尊心，获得创制法律的人可以得到的那种物质利益。法律一向是有利于它的创制人的。因此，实业家采纳了王权向他们提出的结盟建议，并且从此以后一直同王权结成了同盟。

因此，应当把路易十一看成是 15 世纪结成的王权同实业的反贵族同盟的奠基人，看成是法兰西国王同高卢人结成的反对法兰克人后裔的同盟的奠基人。

国王和大领主之间、实业活动领袖和贵族之间的这一斗争，持续了二百多年,一直到最高权力完全集中到王权手里,贵族不再指挥实业活动为止。但是,最后到路易十四统治时期,后来变成诸侯的最有势力领袖的后裔或继承人,开始钻营到国王的面前,为的是在宫中谋得一官半职。但是,人数最多的工人阶级终于从自己人当中提拔出了领导人,而不再由其他人来领导他们的劳动。他们自己提拔出来的人,由于办事干练或者走运,在某一实业生产方面变成了企业主。

观察一下实业家在反对贵族的这场斗争中所采取的直接行动,以及他们为清除贵族在和平劳动方面发生的影响而使用的方法,是很有意义的。这种观察将使我们看到贵族和实业家的政治风度之间的根本差异,看到法兰克人和高卢人的公民行为之间的根本差异。

从事农业的高卢人实业家,到贵族的城堡去求见贵族,并且如出一辙地向他们说:您的生活十分枯燥,住在乡间太孤独;为管理您的田园而操劳,不符合您的高尚的地位;请您把土地租给我们,您可以到城市里去过冬,夏天再回乡村来避暑,您只要享享清福就可以了;在城市里,我们在城里的工厂主兄弟会设法供给您最富丽堂皇的而且最舒适的家具,我们的商人兄弟在他们的店铺里为您摆着会使尊夫人着迷的上等绸缎,我们的资本家兄弟在您需款的时候会向您放款;夏天,您来到乡间城堡的时候,可以打猎消遣,而府上的太太小姐可以在花圃里种花取乐。

贵族被这些建议迷住了,接受了这些建议。从此以后,他们不再对国家的政治发生任何影响,因为他们不再领导人民的日常活动了。

我认为，在实业家进行的这次变革中有一点值得注意，那就是他们的行为的特点。这种特点同这个阶级形成以前的社会上流行的处事方式完全不同。

在实业家形成独立的集团以前，民族当中只有两个阶级，即发号施令的阶级和唯命是听的阶级。实业家表现出了新的特点。他们从确立自己的政治存在开始，就不喜欢发号施令，但也不愿意唯命是听。他们对上对下，都采取可使双方同意的处事方式。他们除了承认可使缔约双方的利益互相协调的结合以外，不承认其他任何权威。

如果您愿意的话，我现在就来研究一下从路易十四到信用制度建立这一世纪所发生的事情。

问：您太操之过急了。还有一个非常重要的问题有待说明。看来，路易十四在同实业家的联盟中取得好处和使大领主们侍奉其左右之后，便把实业家完全置诸脑后了；他一心想获得军人和征服者的伟大荣誉，建筑富丽堂皇的宫殿，在宫廷官宦的参加下挥霍工业活动的一切产品。您对这一点有什么可向我们说的呢？

答：当然，路易十四过于铺张浪费，非常欢喜穷兵黩武，但是我们绝不能由此得出他对实业没有做出巨大贡献的结论，因为柯尔培尔[①]正是遵照他的旨意向工厂主提供资金来修建大型工厂的，驰名的万罗贝纺织厂也是用国库资金修建的，这家工厂刺激了生产漂亮呢绒的一切活动。

---

① 柯尔培尔，让·巴蒂斯特(Colbert，Jean-Baptiste，1619—1683年)，法国国务活动家，在路易十四统治时代任法国财政总监(财政部长)，积极推行重商主义政策。——译者注

最后,正是他建立了实证科学活动同工业活动的联盟。他设立了科学院,把协助和促进实业活动获得成功作为一项专门任务交给了科学院。

请允许我把这个概述作得尽量简短扼要。因此,我请您不要叫我深入细节,以便转而直接研究实业从路易十四执政到建立信用制度期间所获得的成就,以及实业家在这个时期的势力增长。

问:我同意您的意见,但是请您说明实业家怎样能够在路易十四统治时期从依然深深依赖于贵族的社会地位发展到可与其他一切非实业阶级相抗衡的地步呢?换句话说,就是请您说明现在的昂坦路敢于同圣日耳曼区[①]对抗是怎样发生的呢?

答:在18世纪以前,农民、工厂主和商人还是一些孤立的集团。从路易十四统治的末期开始,这三大实业部门的实业家通过一个新实业部门的建立,在财政和政治方面联合起来。这个新实业部门的自身利益同全体实业家的共同利益完全一致,它的建立使实业家获得了建立信用制度的手段。

缜密地考察实业家团体在财政和政治方面的发展是极其重要的。一知道这种团体的组织方式,就可以正确而清晰地看到实业家为了改善自己的社会地位现在应当做些什么。因此,请您特别注意听一听我就要向您讲的话。

路易十四对生产和商业的庇护,使这两个实业部门得到了巨

① 昂坦路(La chaussée d'Antin)是巴黎的一条繁华的街道。在圣西门那个时候,住在这里的主要是大金融家,街道两旁有豪华的旅馆和大商店。

圣日耳曼区(Le faubourg Saint-Germain)是巴黎的一个街区,这里有无数豪华的古老贵族宅院。——译者注

大的发展。但是,这个德政也产生了一个缺点:由于大厂主和大商人的营业范围特别广泛,所以他们在许多方面要有大量的收入和支出,这便使他们在互相偿付账款方面耗费了大量的时间。

需要产生了办法。不久以后,形成了一个新实业部门,即建立了银行业。从事银行业的新实业家去找工厂主和商人,向他们说:

"你们为了结付收支账目浪费了许多时间,受到了很大损失。我们向你们建议,把这项工作委托给我们来办理。既然我们要把这项工作当做自己的唯一业务并且要承办这方面的一切业务,所以由我们来代办你们的收支账目,会比你们自己办理要节省很多钱。这样一来,现金的实际支付等等,将会大大减少。"

银行家的建议被全体商人和工厂主所采纳,所以从此以后,货币的流通全被银行家所控制。

银行家马上承办了大批的信贷业务,这是货币流通全被他们控制的必然结果。

银行家为从自己的信贷业务中取得好处,便对商人和工厂主索取放款利息。

商人和工厂主利用大量的借款,可以扩充自己的营业和生产更多的财富。

最后,银行的建立对实业和社会产生的一般后果,就是大大增加了奢侈品的生产,同时也增加了对这种产品的需求。从此以后,实业阶级掌握的财力开始超过其余一切阶级的总和,甚至超过政府。

实业家在发展自己的能力、影响和实际力量方面取得了很大的成功,而非实业阶级却在各个方面每况愈下,但王权仍同以前一样，依然从这些阶级当中选拔管理公有财产的人员。

公有财政管理不当，引起了赤字逐年增加，终于在 1817 年，国库空虚得使它的非实业家出身的管理人找不到任何办法来摆脱困境和清偿国王所欠的外债。国王的这种债务是财政管理不良的结果，这种不良管理触发了革命，后来又使王国陷入无政府状态，直到法兰西民族依附于外国，这种状况才告结束。

在这种情况下，银行家向政府建议，借给它以它所需要的款项，但他们同时提出了以下两个条件：

第一，要求政府完全放弃至今仍在实行的野蛮的财政措施；政府永远不得宣布破产；政府应当采取实业家的办事方式，即采取忠诚的办事方式；政府必须付清一切债务，而不管这些债务是怎样产生的。

第二，必须使这种借款按照银行家和政府双方同意的条款办理，借款的条件应当由银行家和有关大臣商定，就像办理一般私人之间的借款一样。

银行家的建议被采纳了。从此产生了国家借款制度，这种制度使王权比以前任何时期都更加巩固了。

我事先答应过您，要对于实业从法兰克人在高卢建国直到今天获得的成就和实业家在此期间的强大发展作一概述。现在，这一概述就到这里结束。

问：现在您还需要说明一下您根据这个概述对未来所作的结论，您还应当让我们知道实业家的未来命运将会如何。或者更确切点说，您还要明确指出实业家应当沿着什么样的道路前进，才能使他们成为社会上的第一阶级，才能促使王权把管理公有财产的工作委托给他们当中最出类拔萃的人士。请您把这个问题说得更明确一些。

答:请您注意,如果直接满足您的愿望,如果我们从讨论过去立即转而讨论未来,那么我们就要在方法上犯错误。事物的伟大秩序在过去和未来之间隔着一个现在,所以我们在讨论未来之前,应当暂时谈一谈现在。

好吧,我们就来略谈一下现代的政治局势。

高卢人的后裔完全摆脱了压在他们身上的人身奴役制度,他们在和平劳动方面发挥了积极作用,他们已作为实业家组织起来,他们保持的军事力量只为了防御外敌侵略和维护国内秩序,即只为了尊重私有财产的需要。高卢人的后裔即实业家们创造了金钱势力,这种力量统治了一切。他们所以能够掌握这种力量,不仅是因为他们拥有比法兰克人的后裔多得无比的大量金钱,而且因为他们可以通过自己的放款控制法国的几乎全部货币流通。因此,高卢人成了最有实力的社会成员。

但是,政府仍然掌握在法兰克人的后裔手里:法兰克人的后裔管理着公有财产,保持着从祖先手里继承下来的领导权。因此,现代的社会出现一个极其反常的现象:实质上是实业性质的民族,却有一个实质上是封建性质的政府。

问:我们发现您的描述有些过于夸张。当然,政府比整个民族更具有封建性质,但是政府的封建精神也变得同实业阶级的精神、风尚和习惯相吻合了。实业阶级在今天已是民族的主体,要是您愿意的话,说它就是整个民族也未尝不可。我们的意见就是如此,您以为如何?

答:您以为统治阶级已经适应于民族,这就犯了一个重大的错误。这种适应是不可能存在的,因为这是违反自然的常理。一种制度,也像创造这种制度的人一样,是可以改变的,但它不能失去其本性,它的最初的特性是不能够完全消失的。任何一个社会,如果它拥有几种不同的制度,允许两个互相对立的原则同时并存,那么不管这个社会是大还是小,都要处于紊乱状态。生活在法国境内的居民的现况就是如此。这些居民的被统治的部分即被管理的部分,以实业原则作为自己行为的指导原则;他们只想服从于调节缔约双方利益的协定,认为公有财产的管理应当符合大多数人的利益;他们厌恶特权,厌恶因出身而得到的权利,只是王权除外。一句话,他们极想建立一种尽可能完全平等的制度。但是,目前领导政府的法兰克人后裔,总是看重自己的来自征服的权利。他们觉得,应当按照他们的利益来管理民族。他们的政治观点,不外是关于划分两个阶级的简单得令人吃惊的观念。这两个阶级一个是发号施令的阶级,另一个是唯命是听的阶级。

问:您没有注意一个事实,即在贵族和实业家之间还存在一个中间阶级。这是一个有用的阶级,可以作为社会的真正联系环节,把封建原则同实业原则联结起来。您对这个阶级是怎样看的?

答:您所作的划分,从形而上学观点来看是非常好的,但是我们完全不想研究形而上学,而是打算同它进行斗争。这部著作的目的,是用事实来代替形而上学的议论。因此,我们打算概述一下您认为那样有用的这个中间阶级的形成过程、存在状态和最近时期的活动。

很长时期以来,法兰克人一直亲自审理自己臣民的争讼,而没有求助于任何博学之士。但是，在社会关系日益发展和复杂化以后，在实施了成文法以后，以不会写自己名字为荣的法兰克人的后裔已经无力再管理司法工作了，于是形成了一个法学家集团。诸侯们请这些法学家当顾问，他们在开庭时随身带着法学家，同他们商讨应当解决的诉讼问题。后来，他们就完全不管自己臣民的争讼问题了。法学家开始独立开庭，代表法兰克人的后裔审理案件。中间阶级的一部分人就是这样产生的。

在发明火药以前，从事军职的人即法兰克人的后裔，是军队的主要成员。而在发明火药以后，火枪和大炮变成了军队的主力。这时，工兵、炮兵和步兵主要已是高卢人的后裔，但军队的指挥权仍一直保持在法兰克人后裔的手里。中间阶级的另一部分人就是这样产生的。

最初，全部国土都被法兰克人所割据。当时最高权力是同地产联系在一起的。当法兰克人后裔参加十字军东征，不得不出售一部分土地以换取必要的金钱的时候，他们同时也就出让了自己的一部分主权，因为不管他们怎样努力要把主权同卖出的土地分开，但由于封建关系已经渗透到全国的各个领域，以至于新的土地所有者虽然是平民出身，可是仍然变成了小贵族。中间阶级的第三部分人就是这样产生的。

首先可以认为，构成中间阶级的这三部分人，都是由法兰克人后裔制造和促成的。其次我们看到，当他们获得了权力以后，便开始按照自己的最初本性行事。现在，我们首先来研究一下他们从产生到 1789 年期间是怎样行动的。

法学家、平民出身的军人和原来既不属于贵族又不属于农民的土地所有者，一般执行了保护人民、反对法兰克人后裔的无理要求和特权的职责。

中间阶级在1789年觉得自己的力量已经强大得足以摆脱法兰克人后裔的统治，所以决定鼓励人民群众起来反对贵族。这个阶级成功地利用人民的力量屠杀了一部分法兰克人后裔，迫使没被杀掉的那一部分法兰克人后裔逃往国外。中间阶级当时成了第一阶级，所以研究一下他们在取得最高权力以后的行为是非常有趣的。他们的行为如下：

他们从自己人当中选出一个资产者当了国王，他们对在革命中起过主要作用的一些人赐以公爵、侯爵、伯爵、男爵等封号，他们为新贵族规定了长子继承制。简而言之，他们为了自己的利益恢复了封建制度。

中间阶级的行为就是这样，而您却认为它的存在对于实业家非常有利。当然，资产阶级对于实业家也有过功劳；但在目前，它已和贵族一样，开始压迫实业阶级了。资产者目前在社会上的存在，同小贵族的存在一样。实业家关心的事情，是同时摆脱法兰克人后裔和中间阶级对他们的专横统治。中间阶级被贵族创造和形成以后，一直企图建立封建秩序来为自己服务。实业阶级除了需要在路易十一时期同王权建立的那种同盟以外，不应当再结成其他任何同盟。他们应当把自己的一切力量同王权联合起来去建立实业制度，即建立一个可使最卓越的实业家成为国家的第一阶级和掌握公有财产的制度。

问：您说得过于果断、过于绝对、过于偏执了。您希望只有一个实业家阶级，但这是完全不能实现的，因为实业家本身也需要军人、法学家等。您能够证明您的说法是正确的和反驳我们对您提出的异议吗？

答：建立一种制度，就是形成一个在本性上是果断、绝对和偏执的见解。这就是我们对您的反对意见的第一部分的回答。其次，您说我们好像只希望社会上存在一个阶级，即存在实业家阶级。您说错了，我们所希望的，或毋宁说是文明的进步所希望的，是让实业阶级在一切阶级当中居首，使其他阶级都服从于它。

在愚昧无知的时代，民族活动的主要方向是军事，而实业居于次要地位。在这个时期，一切社会阶级都要服从于军人阶级。这个时代的社会组织实际上就是这样，而当时的社会组织如果没有果断、绝对和偏执的性质，就会成为不良的组织。随着文明的进步，法国人的活动在一些重要方面具有了实业性质。可见，实业阶级应当在一切阶级当中居首，而其余的阶级则应当服从于它。当然，实业家也需要军队。当然，他们也需要法院。当然，不能强迫财产所有者把他们的资本投入实业，但在文明的目前状况下，再由军人、法学家和游手好闲的财主操纵公有财产的管理大权，那也是反常的。

问：请您停一下！您对这一点解释得过多了。请您就问题的本质来讨论问题，您忘记了我们现在讨论的主题是明确目前的政治局势的性质。请您概括一下您对于这个问题的看法。

答：现在，我用一句话来作出您所需要的概括：**目前时代是过渡时代**。

问：我们来讨论未来吧。请您向我们说明一下实业家的政治命运最后将会如何？

答:实业家将成为社会的第一阶级;最卓越的实业家将无偿地担负管理公有财产的职责,他们将制定法令和规定其他阶级各自应居的地位,他们将按照每个阶级对于实业的贡献的大小而给予每个阶级以不同的评价。当前革命的必然结局,将来只会如此。在达到这个结果的时候,社会的安宁将会完全有了保证,国家的繁荣昌盛将以最快的速度得到发展,人们将会享有只有人的本性才敢想望的各种个人幸福和公共幸福。我对于实业家和社会的未来的看法就是如此。下面是这种看法所依据的论点:

第一,对社会历史所作的这段概述,向我们证明了实业阶级的势力不断壮大,而其他阶级则不断丧失自己的势力。由此我们可以得出结论:实业阶级最后一定会成为最有势力的阶级。

第二,简单的良知使所有的人产生如下的想法:人们经常要为改善自己的命运而努力,他们一直追求的最终目的,是建立一种使从事最有益劳动的阶级受到最大尊重的社会制度。社会最终必然达到这一目的。

第三,劳动是一切美德的源泉,最有益的劳动应当最受尊重。因此,神的道德和人的道德,都号召实业阶级在社会上要起主要的作用。

第四,社会是由个人构成的,社会智慧的发展只不过是个人智慧在更大范围内的发展。如果考察一下个人受教育的过程,我们就会发现:在小学中教师的身教活动对儿童的影响最大;到了高一级的学校以后,这种影响便减弱了,而言教活动开始起着越来越重要的作用。对于社会的教育,也可以这样说。在社会产生的初期,军事活动,即封建活动应当占有最重要的地位;然后,这种活动应当不断缩小，而行政管理活动则应该不断具有越来越大的意义；最后，行政管理权必然要压倒军权。军人和法学家最后要服从最善于搞行政管理的人员，因为文明社会只需要行政管理工作；因为在文明社会里，法律的力量和强迫人们服从法律的武力，只应对那些企图破坏管理制度的人使用。指导社会力量的观点，应当由最能管理行政工作的人来确定。我们看到，最卓越的实业家们已经证明他们在这方面最有能力，因为他们已借助这种能力争得了地位，而且最后将必然担负起领导社会公益工作的职责。

问：我们认为您的证明令人满意，我们接受您对于实业家的政治前途的看法。现在，让我们开始直接考察主要问题。至今我们对于这个主要问题所说的一切，只是解决这一问题的前提和准备。这一问题解决后，我们便剩下一些次要的问题了。最后，这一个主要问题对于实业家也是最有直接利害关系的。

请您解释您已证明必然发生的根本变革将会怎样进行？请您说明实业家为了上升到社会的首要地位必须做些什么？请您说明应当使实业家达到这个结果的事业将会怎样完成？请您说明这一事业将会怎样进行？最主要的是，请您指出哪些有胆识的人敢于去做这项事业？

答：我对您提出的问题的回答将是十分明确和肯定的。我就是要承担这项事业的普通勇士，我要把实业家提升到受人尊敬和重视的第一级。

我还要说，我编著这《实业家问答》第一册的事实，就是这项事业的开端。

问：这证明您是一个要进行变革的人，这个变革一定要把实业家置于社会的首位。从这个意义上说，您的回答是十分肯定的。我们现在还没有考察您的事业是否经过周密考虑，您是否能够领导如此宏伟的事业。您还要向我们介绍介绍您的详细计划以及您打算采取的步骤，而更主要的是您拥有多少资金来供这项事业使用，因为实业家不会对财务上考虑不周和计划不当的事业有任何兴趣。

而且我们承认，您把这项事业变成您的私人事业，这使我们感到极大的愉快。

当然，大家来办的事情，终归要变成无主的事情。个人利益是能够指导公共利益的唯一动因。困难在于寻找一种可以使个人利益同公共利益一致的结合方式。我们认为不应当更多地叙述原则方面的问题了，因为我们现在谈论的是个别事实，即您的事业。因此，我们请您回答我们最初提出的那几个问题。

答：我先从自我介绍开始，因为公众都喜欢清楚地知道哪些用解放来号召人们注意他们的思想的人的生平。因此，我在下面先向您介绍我的政治行为，然后再说一说我的著述活动。

第一，在大革命期间，我自始至终是一个旁观者，我没有担任过任何公职，甚至不是一位乡间的名士，我同 1789 年以后把法国搞得四分五裂的任何政党都没有联系。一句话，我发表的观点是纯真而独立的。

第二，我不是轻举妄动地开始这一项事业的，我对这一事业已经筹划和准备了四十五年。

经过周密思考和努力，我终于确信：为使实业家受军人、法学家和食利者支配的制度过渡到公益事业归实业家领导的社会制度，必须具备一个条件，这就是必须明确认识实业制度，向最卓越的实业家介绍这一制度，换句话说，就是必须向最卓越的实业家指出，他们怎样可以和应当利用自己的有益能力为实业和生产者的利益服务。最后，我深信社会所需的和我要决心完成的事业只有一个困难，那就是如何明确地阐述实业制度。这个困难在于寻找一种方式，使实业制度同科学制度、国民教育制度、宗教制度、艺术制度和法律制度协调起来；这个困难还在于寻找一种方式，使最有能力的科学家、法学家、军人和食利者同心协力去建设一个最有益于生产和最使生产者满意的社会制度。

最后，我向您说明，我已经完成了克服这一困难的任务；我向您声明，在这本《实业家问答》里，我将清楚地和相当广泛地向实业家指出哪些措施应被用来促使一切有用的力量去建立最使实业家满意的社会组织。

问：我们不同意您认为已被您克服的困难是您的事业成功道路上的唯一困难。但是，我们承认这是一个最大的困难，并请您明确地说出您在这方面有何著作。我们请您指出，关于这一方面的著作是否已经问世，还是刚在您的头脑里酝酿或是已经写在纸上。

答：我将把关于科学制度和教育制度的一部著作[①]附在《实业家问答》的第三册里面。

我们已把这部著作的基本论点归纳出来，并已委托我的学生奥古斯特·孔德去执笔。这部著作将以先天的方式叙述实业制

① 指《实业家问答》的第三册本文。这一册系由孔德执笔，圣西门只为这一册写了一篇短序。——译者注

度，而我们在这部《实业家问答》里仍是以后天的方式叙述实业制度的。

问：我们姑且承认您已经明确指出实业家为了上升到社会的最重要地位而应当走的道路。但是，我们认为克服了这第一个困难以后，还会遇到第二个困难。为使实业家领会您拟出的计划，您应当做些什么呢？

答：表述他们想要清晰理解的东西是不难的。这部《实业家问答》的开头几页，足以向您证明我经过四十五年的努力，已能使人清晰易懂地叙述我们的思想，以使他们理解了。

问：在克服了这两个困难以后，又会产生第三个困难，而且这个困难或许比前两个困难更为严重。我们承认您周密考虑过实业制度，即很好地创造了实业制度。我们承认您把这个制度已叙述得十分清楚。最后，我们也承认实业家很好地掌握了这一制度。但是，我们承认了这一切以后，我们还要问您：实业家可以用什么方法去建立这个制度呢？

答：建筑罗马圣彼得大教堂，用去了大量的石头和很多的时间。但是，在各式各样的大量工程竣工以后，等到砌上最后一块石头，使圆屋顶合拢和工程收尾的时候，整个建筑物才算最后完工。

从15世纪开始，封建制度逐渐瓦解，而实业制度则逐渐形成。实业界的主要领导人只要团结无间，采取适当的措施，就足以建立起实业制度，使社会放弃我们祖先居住过的封建大厦的废墟。

问：请您深入地表述一下您的思想，并对它作出全面的解释。

答：现在讨论这个问题是不适宜的。在叙述完我们的制度和回答了您对我们提出的不同意见以后，我们就来发挥关于实施方法的思想。但是，事先用提纲挈领的叙述来满足您的愿望，现在是办得到的。我现在就向您解释。欧洲的政治动向取决于法国，而法国的社会动向则取决于巴黎。因为在巴黎居民当中，实业阶级人数最多，势力最强，大于其余一切阶级的总和，所以巴黎的实业家可以组成一个政党。只要巴黎的实业家组织起来，那么组织全法国的实业家，然后再组织西欧的实业家，便是一件轻而易举的事情。如果把全欧洲的实业家组成一个政党，就必然会在欧洲消灭封建制度而建立起实业制度来。

问：但是，政府会反对巴黎的实业阶级组织政党的。

答：您说错了，您的错误来源于您经常把自由党和实业党混为一谈。

自由党一向受中间阶级领导，而且今后还永远要受这个阶级领导。但是，封建阶级所豢养的这个阶级，在产生之初就同封建制度有联系。因此，他们必然设法按照自己的利益来改组封建制度。这个政党的首领奉为真理的座右铭是：你们从这里滚开，让我占有你们的位置。他们的表面目的，是消灭一切弊端；而他们的真正目的，却是利用这种弊端为自己谋利。因此，政府过去和现在都必须全力反对自由党势力的发展。

但是，政府对待实业党的态度可以完全不同，它不应当、也不想、更不能妨碍实业党的建立，因为这个党实质上是和平的和有道德的；因为它只想依靠舆论的力量来活动，而政府也阻止不了舆论的形成。

简而言之，实业阶级占民族人数的二十五分之二十四，所以当实业家形成自己的政治观点的时候，他们的这种观点就会变成舆论，而按一句谚语的说法，舆论可以支配世界。任何力量都抗拒不了舆论，社会的安宁现在之所以还没有完全得到保证，就是因为舆论还没有形成。

问：您应当把大作呈现给国王。为了使这一伟大的社会改革通过和平方法来实现，就必须由王权提倡和领导。您对这一点有什么看法？

答：当然，我们要把这本书送给内阁总理大臣先生，请他转呈国王陛下，但是你不要认为国王好像可以直接实行这一变革。为使变革得以实现，必须由著述家们来准备这一变革。国王的权力比一般人的想象有限得多，它受到事物的本性的限制。君主如果打算使用还为人民的教化和文明程度所不允许的方式来改进本国人民的社会组织，他的改革事业就必然遭到失败。目前，我们可以从决定出售教会财产和缩小贵族特权的约瑟夫二世治下的奥地利的灾难中，看到这项重要真理的一个实例。

必须使实业学说广为传播，必须使最卓越的实业家完全清晰地认识到他们应当怎样利用学者、艺术家、法学家、军人和食利者来大大繁荣实业。只有这样，国王才能有益地利用自己的威信，把实业家提升到社会阶梯的最高一级。

考察一下实业家目前的觉悟水平，您就会看到他们还没有觉察到自己的阶级优势，因为他们差不多都想脱离本阶级而加入贵族阶级。有一些人要求赐以男爵的封号；另一些人，而且人数很多，急于用他们在实业中获得的财产为法兰克人的后裔献殷勤，作为交换条件，后者要答应娶他们的女儿为妻。这些实业家绝不互相支援，而是互相嫉妒，设法在当局面前互相毁损。各国的银行家迫不及待地向政府提供实业贷款，而在从事自己的金融活动的时候没有想一想他们是在同封建残余勾结，是在延续实业阶级迄今仍受其他阶级统治的屈辱状态。①

问：您至少得同意，为使您的事实获得成功，需要花费许多的时间，也就是说，要用很多时间去教育实业家，教会他们按照自己的利益行事。

答：所用的时间要比您想象的少得多。人们对于经过认识之后便会带来很大实际好处的事物，将会很快明白。对实业家的政治教育所用的时间，也要比您想象的少得多。这种工作将会进行得很快，因为实业体系一经公布，便可以促使各种有益活动部门的最有能力的人朝着这方面努力。一旦人们确信实业体系必然胜利，各方面的有能力人士不再帮助封建残余在政治上存在下去，便会乐意随着潮流前进，而感到拖着文明倒退是非常愚蠢的。

科学、神学和艺术方面最有能力的人士，以及最有能力的法学家、军人和食利者，将会迅速参加我们的事业，而当这些方面的最

① 如果您到昂坦路的沙龙巡视一番，您会看到这些沙龙里挤满了善于花言巧语的说客和名气不大的食利者。在自由主义的银行家那里，您会看到一大批企图重掌政权和染指管理国库的没落官僚。在喜欢预卜贵族的政治前途的人们当中，您会看到一些由于营私舞弊而发了横财的官僚。但是，您从以上各类人当中只能看到少数的实业界代表，所以您便认为他们在食桌上几乎总是敬陪末座。

从银行家把自己的大厦变成同圣丹尼路、维烈里路、布尔多内林荫路等处的实业家以及各区的工厂主欢聚的场所以后，实业家就着手组织起政党，并开始对管理国家大事发生实际影响。对欧洲发生的影响来自法国，对法国发生的影响来自巴黎。巴黎的银行家如果善于彼此协商和正确利用他们拥有的而至今用得非常吝啬的资金，就可以在不到一年的时间内对整个欧洲发生最重大的政治影响。我们甚至可以说，他们至今都把钱花到直接违反实业阶级的政治利益的活动上去了。

当党务工作进行得不好的时候，总把过错推到党魁身上。

有能力的少数人士在最卓越的实业家的行政领导下致力于实业体系的建立的时候，实业体系就会很快地组织起来，并且迅速发生作用。

问：我们现在来谈一谈您的事业的财政方面。请您说明一下您要用什么方法去获得必需的资金来实现如此宏伟的计划呢？

答：叙述我们的财政观点，目前未免为时过早。要待拙著《实业家问答》引起最卓越的实业家的注意之后，才能进行这方面的叙述。我暂时只能对您说，在我们的建议提出之后，交易所里将开始考虑实业家的政治前途，就像人们现在考虑奥地利的封建制度的前途和英国与法国的制宪前途一样。

问：您还要向我们说明实业家群众在实现您的伟大事业所需的期间内的政治行动。

答：得到这部《实业家问答》的实业家，一定会十分仔细地阅读它。他们必然把它转送给自己的实业界朋友，同他们座谈这本书，讨论书中阐述的思想，特别是讨论其中叙述的事实，并尽可能掌握书中宣传的学说。

问：据您所述，可以得出这样的结论：在普及您的学说所需的全部时期内，实业家在政治方面仍要处于完全被动的地位。但这是奇怪而荒谬的。因此，您必须说明一下：在由于您的学说的普及使实业家得以组织自己的政党，即组织截然不同于至今存在的其他一切政党的纯实业党以前，实业家应当支持现存的哪一个政党呢？

简而言之，我们问您：实业家应当支持现存的哪一个政党呢？

答：实业家应当支持中左派和中右派，把它们看做是一个政党，因为生产者最害怕暴力行动和政变，他们只能用忠诚的、合法的与和平的手段来达到自己的目的，而中左派和中右派的成员也表现出他们是议员中最爱和平的。最喜欢使用暴力手段和发动政变的野心勃勃的议员们，则构成极左派和极右派。

问：现在，请您用不多几句话概括一下我们从这次谈话开始以来所讨论的全部问题。

答：好吧，我就来做个概括。如果您更喜欢概括的话，那么，这也可以说是对我们谈话的全面概括。在这个概括之后，还要作出结论，所以我们要对您说的，将比您所要求的为多。

显而易见，实业制度是一种可以使一切人得到最大限度的全体自由和个体自由，保证社会得到它所能享受到的最大安宁的制度。

也显而易见，这个制度一定会使道德得到它能够用来陶冶人的言行的最大权力，给整个社会及其每个成员带来尽可能多的快乐。

同样显而易见，社会不能按照常规从封建制度过渡到实业制度，因为这两种制度是截然不同的，甚至是互相对立的。前一种制度极力要在人们中间建立尽可能大的不平等，把人们分成统治者和被统治者两个阶级，使统治者的权力变成世袭的权力，把唯命是从的义务从父亲传给儿子。[1]

而实业制度则建立在完全平等的原则上，它否认一切以出身

① 在愚昧无知的时代，这个制度曾给人类带来很大的好处。

为基础的权力，不承认各种特权。[1]

十分清楚，实业制度既不能突然实现，又不能用常规的方法实现。在实施这一制度以前，必须先天地把它设想出来，然后把它作为一个统一的整体发明出来。

最后，也十分清楚，而且编著这部《实业家问答》的事实本身也在证明，人类的理性已经达到理解全部实业制度的地步。

根据这些明显的事实，我们可以得出结论：神的道德和人的道德都在号召各方面的才能出众的人物同心协力，以便把实业体系的每一个细小部分完全建立起来，并由他们唤起整个社会来实现这个制度。我们还可以得出这样的结论：实业阶级必然心甘情愿地出钱，负担从已经改头换面为立宪政体的封建制度过渡到纯粹的实业制度所需要的一切费用，因为实业阶级创造着一切财富，而且最关心建立实业制度。

问：您对我们讲的这席话非常有趣，特别动人。您所做的一系列观察都很清晰明确，而且非常确凿。您从这些观察当中引导出的结论，是完全合情合理的。一言以蔽之，我们受到很大的诱惑，极想采用您的制度；如果您能够回答我们提出的以下四个不同意见，我们当即采用这个制度。

其中的第一个不同意见，或者说是我们请您给我们解释的第一点，就是能不能在不损害王权体制的条件下实现您所提议的社会组织的变革呢？

答：王权体制具有普遍性，这一性质使它不同于其他体制，并

① 这是可以适应教化和文明的现状的唯一制度。

高于其他一切体制。它的存在与现存的任何政治制度都没有联系。这个体制对待文明的进步所需要建立的一切社会组织制度，都是一视同仁的。

但愿法兰西的国王宣布，或者说但愿他承认实业家是他的臣民中的第一阶级；但愿他委任最卓越的实业家管理他的财政。由此，他可以不像现在这样仅仅在名义上是法兰西和法国人的国王，而王权也将不再把臣民分成等级。民族中的绝大多数人毫无疑问将会十分依恋国王，因为把管理公有财产的工作交给最卓越的实业家以后，将立即减少赋税和很好地使用税收，从而使绝大多数人生活在最幸福的环境之中。

由此可见，我们提议的改革绝不敌视王权、法制甚至神权。恰恰相反，它将直接使国王得到长治久安，从而获得尽量多的幸福。

根据事物的常情，国王应当拥有法国人的第一阶级的第一法国人的尊号。因此，当民族的活动主要面向军事的时候，应当把国王陛下称为第一缙绅，或称为王国的第一士兵；而在目前，当民族的主要活动表现在实业方面的时候，当民族主要以和平方法致力于提高自己的福利的时候，最适合于国王的唯一尊称，则应当是王国的第一实业家。

我对以上所述，再补充一点非常重要的意见：王权是舆论的机关，它的最光荣的社会职能是表达大多数人的意见，可是他现在还不能宣布实业阶级是民族的第一阶级，因为实业家至今还没有意识到自己的优越性，还不认为他们当中的最卓越的人能够成为最善于领导财政工作的法国人。如果国王对此主动提出建议，那就会使现在互相争夺财政领导权以剥削全民族而肥私的一切政党起来反对国王，而国王没有任何力量去同它们抗衡，没有任何办法去抵制它们。

我希望您在听完我的这个说明以后，能完全相信我们的制度完全不抵制王权，甚至不指责国王至今的所作所为。

当然，自从信用制度建立以来，实业家的命运就一直而且现在仍然掌握在他们自己手里；一旦实业阶级表示愿意让他们的最卓越成员接管公有财产的领导工作，作为舆论机关的王权就应当立即宣布：这是多数人的愿望，少数人应当服从多数人。

问：我们的第二个不同意见是：

在国王未向民族恩赐宪章以前，他可以随意委任实业家管理公有财产，而不交给其他社会阶级的人士管理。但是在目前，宪章规定了税收的表决程序，这就要求国王废除宪章中的几个主要条款，以便把国家预算的编制工作委托给实业家。您能够对这个问题作出回答吗？

答：国王虽然把讨论财政法案和表决公债的权利交给了议会的两院，但他仍然保留着自己提出财政法案的主动权。国王陛下可以提议他希望由谁编制国家预算草案。简而言之，即使在目前，当他已经把宪章恩赐给民族的时候，他也可以委任最卓越的实业家主管公有财产，因为他也可以在法律规定的范围内，即可以不违背这个宪章的任何条款而公布一道简单的诏书，以便采取如下的措施：

国王可以设立一个最高财政委员会，下令由最卓越的实业家来组成。他可以把这个委员会置于内阁之上，每年召集这个委员会开会，委托它编制国家预算草案并监督各部大臣是否按照预算规定使用拨给他们的经费和有无超支。

如果国王陛下这样做了，实际上就等于他把管理公有财产的大权交给了实业阶级，进行了一项伟大的改革，即进行了文明的进步所要求的社会组织的根本改革。因为封建体系将被完全消灭，而实业体系将要彻底建成；因为实业家将要居于最受尊重和最受重视的地位，所以贵族、军人、法学家、食利者和国家官吏将要居于次要的受人尊重和重视的地位。

问：不错，国王可以委任最卓越的实业家编制国家预算草案，但是我们并不像您所想的那样，认为这类措施必然会产生这些成果。

因此，您要考虑到下议院的议员绝大多数是由贵族、军人、法学家、食利者和国家官吏构成的，一句话，是由那些希望实业界尽量多缴款的人士构成的。这些人所以如此，是因为实业家所缴纳的款项，大部分都以薪俸、奖赏和恩赐等形式落入了他们的腰包。

您也要考虑到，上议院的议员大部分是从国库领取养老金的，所以他们希望增加赋税，而增加赋税便可以为提高他们的俸禄开辟财源。他们现在认为自己的俸禄是很微薄的。

最后，您还要考虑到，两院的议员将要几乎全体一致地反对实业家所编的国家预算草案，因为这个草案的直接目的，将是在公有财产的管理方面建立秩序，厉行节约，正确使用人民缴纳的税款，即正确使用大部分是由实业阶级缴纳的税款。我们确切无疑地认为，上下两院将会反对国王对民族所施的善良慈祥的恩泽，甚至会使这种恩泽化为乌有。您对于这个问题会作出什么回答呢？请您向我们说明：您是否具备了在不依靠任何政变，即不违反宪章的条件下使上下两院通过实业家所编的国家预算草案的手段呢？

答：贵族、军人、法学家和食利者不敢反对同实业家联合起来的国王，因为国王同实业家联合起来形成的力量，比社会上的其余阶级加在一起的力量要大一百倍，或许要大一千倍；因为上下两院的议员，除了得到社会上个别的阶级支持外，别无其他可靠的力量。由最卓越的实业家编制的国家预算草案，将会毫无障碍地由两院通过；社会组织的根本改革，将在毫不违反国王恩赐给民族的宪章的条件下进行。同时您可以放心，编制国家预算草案的实业家将同现在的国家官吏、贵族和各阶级的资产者协商。实业家讨厌一切突然的变革。由于实业家的本性和政治习惯，他们只能逐渐地和非常缓慢地实行改革；但他们的改革决心是坚定不移的，一旦开始执行自己拟定的改革计划，便会孜孜不倦地工作，一直到把国家的财产管理得十分节约为止。

在概括我对您提出的两个不同意见所作的解答时，我们说我们的观点既不敌视宪章，又不敌视王权，既不敌视法制，又不敌视神权。

问：我们建议您现在结束我们的第一次谈话，有好几个理由促使我们提出这项建议。首先，我们请您注意实业家的读书时间很少，因为他们的本身事务很忙；其次，请您注意他们还没有养成讨论一般观点的习惯。这两个理由要求我们把我们的对话尽量缩短。除了这两个理由以外，还有第三个理由，那就是我们尚未提出的其余两点不同意见，与头两点意见不尽相同。在我们的讨论里，我们一直把法兰西看成是一个孤立的国家，但它的邻居却对它起着很大的影响。因此,我们应当考察诸如它同英国和神圣同盟的关系,不过这已经是应当单独讨论的问题了。

您对我们的建议有什么意见?

答:我认为您的建议很有道理,我准备采纳它。我们现在就结束我们的第一次谈话吧!这样做还有另一个好处:如果我们的著作一开始就引不起实业家的兴趣,那么继续写下去,也将是徒劳无益的。

第二册

问:我们现在提出第三个不同意见。正如我们要向您证明的那样,这个不同意见就是法兰西民族应当选择已在英国建立的政治制度,而不应采纳您所建议的政治制度。

但是,我们首先要问:您是否承认实验能像它成为个人的最好引路人那样而成为一个民族的最好引路人?

答:不错,我毫不怀疑地、毫无保留地承认这一点。

问:只要您承认这个原则,我就不难使您同意我的下述看法:您的体系没有任何价值,因为它同这个原则相矛盾。我们先来论证我们的观点,如果您能够反驳的话,然后再来反驳它。

英国人民是最富强的人民。虽然英国本土的幅员和人口都不能在世界上占据首位,但是英国人对整个人类起着最大的影响。在英国,人数最多的阶级生活在衣、食、住都非常良好的条件下;在英国,有钱的人可以在全国各地买到大量的享用品;最后,凡是其他民族希望得到的福利,英国人民几乎全能得到。

英国人所以能够享有这些福利，主要应当归功于什么呢？毫无疑问，主要应当归功于它的政体，也就是应当归功于它的社会组织比其他民族至今实行的一切其他政治制度都优越。

现在，我们拿英国宪法所依据的政治原理同您的体系所根据的原则作一比较，您就会发现这两个体制之间存在着根本的差别。

您说应当由最卓越的实业家管理公有财产，因为实业阶级是最有管理才能的阶级。

而英国人说，管理公有财产的领导人，应以尽量保护实业阶级为其主要目的，因为实业活动是国家繁荣的真正源泉；但是实业家本身不应当管理公有财产，因为他们在这方面没有足够的知识，而致力于管理公有财产，又会妨碍他们注意自己的实业活动。

实际上，在英国，上议院是由世俗贵族、大主教和法官构成的，而律师、食利者和军人则占据着下议院的席位。这些人的票数对于决定公有财产管理的问题具有决定性意义，因为上议院全由他们把持，而在下议院和枢密院中他们又占绝大多数。

根据以上所述，我们可以断言您的体系同英国的宪制有矛盾，从而也就是同实验所证明的最好宪制相矛盾，所以您的体系没有任何价值。您对此会作出什么回答呢？

答：我的回答也像您的提问一样，将以观察为依据，也就是以实验为根据。

因此，我要对您说：我在第一册里对于法国现实社会从它开始产生直到今日的文明进展所做的一系列观察，证明了实业阶级不断壮大，而其他阶级则逐渐没落。从这十四个世纪的实验中我们可得出如下的结论：实业阶级最后必然占据第一位，实业家由于文明进步的最终结果，一定会升到最受尊敬和最被重视的地位，而委托最卓越的实业家掌管公有财产的时代最后必然到来，等等。

根据这个已被实验严格证明了的结论，我们可以进一步断言和推论：法国革命比英国革命晚开始一百多年，它的结果对于实业阶级的好处当然很大，对贵族和资产者却十分不利，而英国革命就没有这种情况。我们说，英国革命使贵族、法学家、军人、食利者和国家官吏把民族的事务管理得符合实业的利益，而法国革命的最后结果将是消灭贵族制度，迫使法学家、军人、食利者和国家官吏服从实业家的指挥。

我对这两方面都是根据实验来推断的。因此，我的意见同您提出而被我采纳的原则是一致的。但是，在我们的观点之间也存在着差异：第一，您的观点所依据的是个别实验，即欧洲在英国革命后发生的事实，而我们的观点则是根据对现代各族人民的历史进行的一系列大量观察；第二，您把英国革命看成是文明进步在政治方面的最终极限，而我们认为英国革命和它所建立的社会组织，不过是欧洲各族人民的社会制度能够完成的一连串改革的倒数第二环。

根据我对您的看法所作的论断，我仍然认为我们的体系是良好的，而您的推论是不正确的。

您对此还有什么可说的吗？您还有什么其他论据来支持您的第三个不同意见吗？

问：不错，我们当然有支持我们意见的论据，而且我们深信我们将在这次辩论中获得胜利。我们不必在词句上下工夫，我们不要把主要注意力放在词句上，而要放在问题本质的研究上。

您断言最卓越的实业家能比其他一切社会成员更好地管理公有财产。您断言如果委托最卓越的实业家管理社会公益，社会就能得到它想得到的一切好处。您断言行政管理工作如由最善于管理这项工作的人员管理，并采用最能保证社会安宁的方式，就能做到管理费用最少，而人民负担最轻。我们认为您的建议、您的原则、您的体系都没有重要意义，而不管您把它们叫做什么。我再告诉您说，您的体系早被英国采用，英国人已把它付诸实现了。因此，您应当认为法兰西民族除了采用英国的宪制以外，不能再有更好的办法，法国人应当努力在自己的国家里实行这种宪制。只用不多几句话，就足以证明我们的论断是正确的，即证明英国已经建立了实业体系。

在英国，由贵族(Lords)管理国家公有财产，因为他们控制着王权和下议院。但是，全体贵族都关心工厂和商业企业，对这些企业投入了比较多的资金。由此可见，英国贵族就是实业家，所以英国已经建立了实业体系。

答：英国政府完全不是实业政府，而是改头换面的封建政府，只要有可能，它就会违背实业方针。在英国，建立过一种过渡性制度，这种制度为法兰西民族和欧洲的其余社会开辟了一条由封建体系向实业体系过渡，即由政务体系向管理体系过渡的道路，并为此提供了种种手段。

就是应当这样来认识问题，其他观点都不符合理性的要求，并且会搞乱正确的思想。多年以来，法国一直把英国的宪制看成是典范，说它是人类理性在政治方面的最高发展阶段。这证明政治科学仍处于幼稚阶段，这证明国务活动家还因循守旧，这证明他们的理性还没有达到全面理解文明进程的地步。除此以外，这什么也证明不了。实际上，英国还完全没有宪制；在那里建立的秩序既不巩固，又不稳定，而且也不能获得这种性质。在英国的社会组织中，封建原则和实业原则同时发生作用。但是，因为这两种原则具有不同的和甚至互相对立的性质，因为它们把一个民族同时引向两个彼此相距很远的目标，所以由此产生的必然结果，就是英国人民还处于彼此冲突的状态。英国的政治局势处于患病和危机的状态，或者更正确一点说，英国实行的制度是一种过渡性制度，而英国的宪制，如果您一定认为英国有宪制的话，则是一种混合宪制。

问：您所说的英国人民感染的病症，是一个完全新的病例，您需要对此加以说明。这种病非常奇特，这首先表现在它的持续时间上，因为这种病早在一百五十年前就已发生，可是至今尚未停止蔓延；其次，还有一点更加奇特，这就是英国人民的社会繁荣是同他们的这个政治病同时开始的，而英国人所得到的好处，却随着他们的可疑病症的发展，比其他民族又有增加。

坦率地说，您这位布道先生，本身就需要别人给您布道。您想给我们上政治课，而您本人就需要学习这门课程。您想教育我们，而您要先下工夫教育自己。您断言英国没有宪制，说这个国家的社会组织是个混合物，认为英国人采取的制度是一个因循守旧和只靠他们逐渐养成的习惯才得以支持下来的制度，是不能使人明确和满意地了解的制度，是其他民族不能效法建立的制度，最后也是不能作为欧洲社会改组的典范的制度。

我们现在来回答这个问题。您似乎既没有读过孟德斯鸠的著作，又没有读过布莱克斯通[①]的著作；您也似乎不熟悉德洛姆[②]的作品，没有研究过英国议会屡次进行的关于均权问题的庄严的辩论。

您读一读《论法的精神》，就会看到人们只发明了三种政体，即专制政体、贵族政体和民主政体。在您仔细考察这个问题以后，就会承认这三种政体是人们所能发明出的仅有的几种政体；而在英法两国的立法学家的大部分作品里，您最终可以找到一个证据，证明这三种政体在英国宪制中结合得巧妙惊人，结果产生出唯一的最好政体。

现在，当我们已经把您的体系批驳得体无完肤的时候，我们要对您指出，您的唯一错误在于夸大了自己的思想的意义。您用来建立自己体系的一切材料都是很好的，所以我们只想批判这些材料的应用方面，以及批判同您的思想有联系的一般观点。当然，一切天赋才能都应当用于发展实业；当然，政府应当保护实业，因为实业是一切财富的源泉；当然，神学家应当鼓励实业，因为有益的

① 布莱克斯通，威廉（Blackstone，William，1723—1780 年），英国的宪法学家，其所著《英国法律释义》曾传诵一时，为英国的社会制度吹嘘。他在三权分立学说方面继承了孟德斯鸠的理论，但在规定王权的性质方面又与孟德斯鸠不同。布莱克斯通认为，国王不仅是行政权的体现者，而且拥有立法权，并同上议院和下议院一起构成议会的不可缺少部分。——译者注

② 德洛姆，让·路易（Delolme，Jean Louis，1740—1806 年），瑞士的宪法学家，民主主义者，写有一部为英国宪法辩解的著作（1771 年），对欧洲政治思想的发展起过很大的影响。——译者注

活动是一切美德之本，而游手好闲则是万恶之母；当然，立法者应当制定最有利于生产的法律，因为十分勤劳的民族要生活在社会的安宁最容易维持的社会中。但是，您不应当由此得出结论，说实业家的才能应当指导其他一切人的才能。总而言之，英国人发现并确立了一项应当加以研究的真理；可是您在自己的著作里，却忘记了一句相当古老然而非常适用于目前情况的谚语：**强中还有强中手**。

答：在您没有获胜以前请别忙着庆祝胜利。我们的争论还没有完结，我们现在不过是才开始进入正题。在您猛烈地攻击我的体系之后，仍对我表示友好的宽宏大度，我对此表示无限的感激。但是，我完全不需要这种宽宏大度，我感到自己有力量挡回您对我射来的一切箭矢。

首先，我回答您对于我说英国民族患了政治病一事所作的戏言。我所以说这是戏言，是因为您对于这个问题发表的意见，只能被我看成是笑谈。至于我这方面，完全不打算用笑谈方式讨论人类理性目前唯一应当关心的最迫切的重大问题，所以我们要对您说：关于政治病的观点，对于理解我们所描述的英国人民的政治局势只起着辅助的和非常次要的作用。您应当从本质上重视的主要观点，是关于英国的文明从它在 17 世纪末发生革命以来所处的危机的观点。我现在就向您详细阐述这个观点，因为只是提出这一观点，还不足以使您了解它。

从组织上来说，人类生来就是过社会生活的。

最初，人类必须在**政务制度**下生活，而当人类在实证科学和实业方面取得一定成就以后，就应当从政务制度或军人制度向**管理**

制度或**实业制度**过渡了。

最后，从组织上来说，人类在从军人制度向和平制度过渡的时候，还要经历一个长期的和严重的危机。

这就是人类理性对于文明进程所能作出的最一般考察。

现在，我们试用对文明进程所作的这种一般观察来说明英国人目前所处的状况。但是，为了使这一应用有效和可以被人理解，必须先从英国的内政和外交方面来考察英吉利民族的现实社会状况开始。

利用一眼就可看清事物整体的高屋建瓴的观点来观察英国的内政时，一开始就使人感到惊讶的是，英国有一种难以想象的不平凡现象；也就是使人看到英国人用两个互相对立的主要原则作为自己的社会组织的基础，看到这两个原则具有不同的和甚至对立的性质，以至由此必然产生而且实际上正在产生着下述的情况：英国人同时服从于两个完全不同的社会组织，他们在各个方面都有两套制度，或者更正确一点说，他们在各个方面，除了采用革命以前实行的和革命以后大部分保留下来的制度以外，还另创立了一种对立的制度。

因此，我们在英国人那里可以看到强征水兵法（*La presse des matelots*）与人身保障法（*Habeas Carpus*）并存，看到牧人用绳子拴着他妻子的脖子和绵羊一起牵到市场上去卖。如果他把妻子卖了一先令，他并不会因为侮辱自己的妻子，拿她跟动物一样对待，而受到任何法律制裁；但是，当他虐待自己的绵羊的时候，则要被处五英镑的罚款。富庶而且人口稠密的巨大工业城市曼彻斯特，在国会里没有代表；而拥有土地的任何一个贵族，即使他的土地上的一些小镇早已荒无人烟，也可以向下议院派九名代表。他在这些代表的帮助下维护封建权益，尽量提高自己的政治影响，迫使政府慷国家之慨向他们支付优厚的俸禄。

要想说清英国现存的组织上的一切矛盾，即使出版一百部用最小号字排印的对开本大书，也是不够的。

如果我们从英国的内政转而考察它的外交，那么，我们在这里也会发现上述的组织上的缺陷。我们可以看到，英国政府一方面宣布自己的海上主权，并由此检查一切往来的船只；另一方面它又规定黑人和白人平等，废止买卖黑奴。

我们又可以看到，英国政府在欧洲支持政务制度，而在美洲则庇护实业组织体系，反对政务组织体系。

一言以蔽之，英吉利民族早就在内政和外交方面处于危机状态，而欧洲大陆和美洲大陆的一切民族现在都经受的这个危机，显然是人类由于组织上的缺陷在从政务体系向实业的社会体系过渡时必然遭受的危机。

这就是我能够提出来加强我们在这第二次谈话之初说出的而为您所反对的见解的最一般论点。现在，我要求您承认我是正确的，而您是盲从的。我以常识的名义要求您承认上述一切事实都是正确的。为了使我的反驳更加明确起见，我要再次列举这些事实。

一、英国没有宪制，因为宪制是使一个民族的全部政治机构都从一个原则出发并指导全民族的力量趋向一个目标的社会组织规划；而英国人的社会机构却具有两种互不相同的性质，它们指导英国的民族力量趋向两个背道而驰的目标。

二、根本上有缺陷的英国社会组织，不应当成为法兰西民族全力仿效的典范；只要统治阶级和被统治阶级还没有十分清晰地认识用以建立巩固而安定的社会制度的方法，革命的局面就一定要在法国持续下去。

三、最后，法国首先发生和英国随后卷入的危机，必然以封建体系完全消灭和实业体系彻底建成而告终。现在被认为十分文明的各民族，只有在把管理社会力量的工作委托给最勤劳和最爱好和平的阶级，使军人阶级完全处于从属地位的时候，才能真正完全脱离野蛮状态。

问：您不必如此费劲地来反驳我们的不同意见，这不是您的主要任务，您应当去反驳科学之父。您要证明孟德斯鸠的见解错在哪里，这是使您能够说服我们采纳您的体系的唯一办法。

答：科学在不断发展。现在，巴黎工业大学的任何一个学生，都可以轻而易举地解答阿基米得这位天才人物曾经花了很大力气才加以解决的几何学习题。在这些大学生当中，任何一个人的几何学知识都超过这位稀世的天才。

《论法的精神》出版已经五十多年了。在这段期间发生的政治事件当中，最使人永志不忘的是法国革命。因此，我们现在可以就孟德斯鸠完全不知道的事实来进行讨论。

孟德斯鸠特别推崇英国的社会制度，而他这样做也是完全合理的，因为这种制度毫无疑问都比以前存在过的一切制度优越得多。但是，不能由此而断言，如果孟德斯鸠生在今天，他也不会发现可以大大改进这种制度的方法。

正如我一再重复的，英国人采用了或发明了具有实业性质的政治机构，但他们把这种机构同他们保存下来的旧封建机构对立起来，平行地加以运用。因此，封建统治在他们那里受到的限制，比在欧洲其他民族那里都大得多。

法国革命是在英国革命后大约一百年才发生的，它最后必然改进英国的宪制；考察一下在英国的宪制下可能进行的改革，一眼就会看到作为限制封建力量而进入英国社会组织中的实业力量，一定在法国成为领导的力量。

问：您曾经说过，英吉利民族在17世纪末经历了革命以后，就处于危机和患病的状态。我们向您指出过，您所说的英吉利民族感染的那种病是非常奇特的，这首先表现在它的持续时间的过长方面，因为它一直延续一百五十多年了。我们还向您说过，它在另一方面也表现得非常奇特，这就是英国人民的繁荣是与患病同时开始的，而且这种繁荣从一开始患病起也从未停止过发展。

在这个问题上，您做过非常激烈的争辩，并且力陈疾病这一观点只具有次要意义，真正具有主要意义的是危机的观点。您曾经向我们证明，英吉利民族遭受的危机是这个民族和整个人类从幼年期向成年期发展中必然会遇到的。在成年期，一个民族和整个人类可以运用他们的全部能力。但是，您却只字未提您所说的英吉利民族所患的疾病。

我们请您明确回答下面的问题：您认为疾病是由危机引起的呢？还是疾病与危机没有关系呢？简而言之，英国人民所患的疾病是什么病？

答：无论是民族还是种族，或者是个人，在从幼年期向可以运用他们的全部能力的成年期过渡的时候，都要经历一个危机时期。

这个危机时期有长有短，强度有强有弱，痛苦有大有小，这要由该民族、种族或个人所处的具体条件而定。某些人没有受到痛苦就度过了这一危机时期；而另一些人，则受到黄萎病的折磨。

我说，把这个一般论点用于我们所研究的问题，就可以明确回答您提出的而我也绝不想回避的问题：

“人类正经历其成年前的危机，这一危机已在英吉利民族那里开始明显地暴露出来。因此，这个民族所患的民族病，相当于个人所患的称为黄萎病的病症。”

问：请您向我们说明这种民族病的症状。

答：这种病的第一个症状，表现为政府成员的贪污受贿，他们承认、宣扬和推崇这种行为，而被统治者也默然同意；

第二个症状比第一个症状更为普遍，它表现为整个民族非常爱财，从而把手段当成目的以致犯了大错。

问：请您证明这两个症状在英吉利民族身上的表现。

答：英国的一位最著名大臣曾在国会的全体会议上报告、分析和证实过这样一个事实：贪污受贿是英国社会组织的最重要成分之一。

这确实是一件非常有趣的奇闻。在下议院里完全没有反对党的时候，就会发生这种事情。这位大臣起来发言说：“如果你们不赶快成立一个反对党，国王的金库便要装不下了，而我们的宪制便要处于危险之中，我们的自由就要名誉扫地。”

我们在发挥这一思想的时候，可以发现下述的情况：

每一个善良的英国人，每一个真正的不列颠人，都要养成议会良心。这种良心与他们的一般良心不同，甚至完全相反。被选人下议院的人，即使他确信大臣的提案是好的，有利于民族，也要反对这些提案，直到迫使内阁用高价收买他，使他改变立场，他才不坚持自己的反对意见。但是，他一旦把自己的表决权和观点卖给了大臣，就得支持大臣提出的一切方案，即使他认为这些方案不好，违背民族的利益，也要如此。然而，国会议员应当向内阁表示的这种以换取好处为条件的忠诚，是有它的界限的。他们绝不会同意禁止内阁为在议会中取得多数票而收买议员的法令。

上议院议员同下议院议员一样，当然也有他们的议会良心。这种良心使他们向国王出卖自己的观点，但是贵族的尊严使他们应当得到的报酬是掌握大权，而不是收入金钱。

最重要的是应当指出，被我们发挥的那个大臣的这种观点，绝对不会引起议员的不满，也不会损伤民族的体面；而是恰恰相反，这只能使发表这种观点的那个大臣得到深谋远虑的政治家声誉。他在英国至今仍享有这种声誉。

如果我们从评论上议院议员和下议院议员的行为转而评论选民在行使他们的选举权时的行为，我们将会发现这方面的贿赂现象并不亚于上下两院。候选人或他的朋友们在竞选时花掉十万、二十万、三十万、四十万甚至五十万法郎的现象，是屡见不鲜的。福克斯先生在选举中时常花费很多钱。

最后，如果我们考察一下英吉利民族公认的个人道德，就可以发现一个在英国人的言谈中暴露得非常明显的特点。当一个英国人说某人的价值有多大的时候，这就是说他拥有多少金钱，而不表明其他任何事情。在一般地评论一个人的时候，英国人只注意这个人的财产；英国人完全轻视人的其他一切品质和才能。

我认为我已经充分地证明了一个事实，那就是英吉利民族所患的民族病，相当于个人所患的黄萎病。现在，我们来考察另一个也相当重要的事实，这就是：

英吉利民族还没有意识到自己有病，反而认为他们在政治上是再健康不过的了；他们在这方面的谬误，大得使他们把疾病的征兆看成是健康的标志了。正因为这样，我们才看到英国人吹嘘自己的社会组织，自以为它是政治体制的最高典范。执政党和在野党互相勾结处理国家事务时玩弄的手法，虽是双重勒索被统治者的手法，但却引起被统治者的赞美，其实他们应当对此表示痛恨和轻蔑才是。

炫耀自己的社会组织的英国所处的现况，跟一个患了黄萎病的少女的情况一模一样。这个少女夸耀自己的发黄的脸色，硬说这种皮肤颜色最适宜于妇女，使她美丽动人，而且认为这是健康的最好标志。

问：比较并不等于证明。我们暂且把您关于民族黄萎病的观点放在一旁，而先来直接讨论我们所研究的重要事实。

我们保留请您回头再从另一个角度来讨论这个问题的权利，而暂时同意您的下述看法：

一、英国人没有宪制，他们的目前社会组织只发生可以节制他们所遭到的政治危机的作用；

二、英国的社会组织是一种可以使政治机构的各个齿轮结合得尽量紧密有力的制度，所以仍然发生指导作用的封建机构的不利方面便大大减少；

三、英国人对被他们视为典范的社会组织的赞美，是他们的最可笑的谬误。

我们同意这一切论点以后，就请您说明英国人民的政治错误对于法兰西民族会有什么意义。

答：如果法兰西民族用自己的观点来考察自己的事情，用自己的政治才能判断自己的事情；如果法兰西民族对于自己的过去进行应有的研究，设法发现自己用来达到预期目标的方法，沿着自己迄今走过的道路继续前进；简而言之，如果法兰西民族能够真正形成自己的政治观点，而不把英国人看成是寻找建立适合于自己的教化和文明状况的社会组织的方法的向导，那么，英国人的政治谬误就损害不了法兰西民族。

我们先谈我认为法国人在政治上应当遵循的观点，随后就不难对法国人应当采纳的观点作出正确的判断。

基佐在其《英国和法国历史评述》中，清楚明白地和不可置辩地论断了下列事实。他证明说：

一、法兰西民族和英吉利民族的最初制度是不相同的；

二、他们的最初制度后来在两个国家的演变也是不一样的，文明的进步在这两个国家中也具有完全不同的性质；

三、在法国，王权的势力一直很大，而在英国，最有权势的是上议院的议员。

基佐从这三个重要事实得出结论：法国人要想改进自己的社会组织，不必利用英国人所采取的手段，也不必像英国人那样去做。

我们在进一步发挥这位卓越的政论家的结论时，可以这样说：在法国，应当改进王权的体制；而在英国，则应当改组上议院的体制。在法国，王权应当具备实业性质，肃清封建性质；而在英国，上议院的体制应当比其他一切制度早日完全摆脱其封建性质，并采取实业方针。

从这唯一正确的观点来考察法国人从完全结束了他们的荒诞革命行为的复辟时期以来走过的道路，我们发现它过去是并且至今仍然是一条错误的和不好的道路。一言以蔽之，无论从统治者方面来说，还是从被统治者来说，它都是一条极其谬误的道路，因为统治者和被统治者都对英国的社会组织赞叹不已，听任英国采用的政治原则支配他们的思想。

问：您所说的这一切，还需要再加一些解释。

我们首先请您向我们证明：法兰西民族在自己的政治活动中有哪些地方像您所说的那样是听任英国观点的支配呢？

答：我们可以非常容易地满足您的要求，因为下述的事实是大家都知道的，而且每天都在反复出现：法国的各个政党，在它们的钩心斗角中，都在援引英国的宪制；左派的政党、右派的政党、中右派和中左派，都拿英国历史上的事例来证明自己的观点；而且，政府主张议会任期七年的重要论据，就是因为英国采取了这种办法。

因此，自然要产生如下的想法：法国人对于英国的社会组织的向往一定很强烈，因为他们看到一切政党都可以轻而易举从英国人革命后的政治实践中援引一些例子来支持自己的观点，这就清晰地证明英国人的社会组织不过是一堆相互没有联系的原则和措施而已。因此，对于法兰西民族来说，把英国的社会组织看成是值得仿效的范例，实在是有失体面。

问：我们再来研究方才提出的问题。这个问题既重要，又新颖，它可以满足民族自尊心，从哪一方面，它都值得深入和仔细研究。为了掌握新的观点，必须多想几次，而且要用不同的方式来想。请您详细向我们叙述您的观点，不过要换一换说明的方式。

答：我现在就来满足您的要求。

"地球上的各族人民都追求一个目的，这就是要从政务的、封建的、军人的制度向管理的、实业的、和平的制度过渡。换句话说，每一个民族都致力于摆脱只能给他们带来间接利益的制度，而力图建立可以直接给他们创造共同福利和使大多数人的利益高于部分人的利益的制度。

"每一个民族都在选择自己的去向，每一个民族都在寻找自己达到这一目的的途径。

"欧洲的各族人民比世界上的其他族人民更接近于这一目的，法兰西民族和英吉利民族离这个目的最近。①

"为了接近这个目的，法国人改进了君主制度，而英国人则建立了议会制度。法国人民大部分是君主主义者，而英国人民则大部分是议会制度的拥护者，经常对王权表示不信任。

"这种差异的起因是：在法国，历代国王都同实业家联合起来反对贵族；而在英国，则是贵族同实业家联合起来反对王权。"

问：请您用不多几句话向我们十分清晰地说明这个可以使人类从政务制度向实业制度过渡的伟大政治改革将要通过什么方式实现。

---

① 很多人认为美国人在政治方面比欧洲人进步，但这种看法是不正确的。在人数不多而且主要是散居于辽阔地区的农民中间不难维持秩序，而要在狭小的地区建立起使多数人都感到方便的生活则极为困难。我们以后再直接讨论这个问题。

请您向我们说明哪一个民族将首先开始这一变革，哪一个民族将第二个进行这一变革？

答：第一个开始这一变革的民族，将是用和平方式发起这一运动的民族；在发生这一运动之后，对于管理公有财产最有影响的最重要机关将具有实业性质，而去掉其封建性质。

问：欧洲的哪一个民族能在全世界的一切民族当中最容易实现这一改革？

答：法兰西民族。

问：是什么东西使法兰西民族在这方面超过其他民族的呢？

答：是一个居于法国国王和实业家之间的唯一没有拥有巨大的实际力量的阶层，即没落的贵族阶级，因为他们在财产方面已经失去优势，而舆论对他们也没有好感，以致在法国没有严重的障碍妨害王权同实业阶级结成联盟，而所以必须建立这种联盟，是因为国王的利益和实业家的利益亲密无间。

问：但是，法国国王同实业家的联盟一定能产生使法国的王权具有实业性质而失去政务性质的结果吗？

答：当然能够，因为法国国王同实业家联盟的直接结果，是由国王陛下成立一个主要由实业家组成的最高委员会，而国家预算将主要委托实业家编制，等等。

问：哪一个民族将步法兰西民族之后尘首先由政务制度过渡到实业制度去呢？

答：这将是英吉利民族。

问：请您解释一下，英吉利民族为什么能够仅次于法兰西民族而发生由政务制度向实业制度过渡所必要的政治改革呢？请您注意,您还没有充分有力的论据来证明您的答案,因为您对这个问题的见解同法国、英国和整个世界的舆论完全相反,这些舆论认为法兰西民族在政治方面处于大大落后于英吉利民族的状态。

答:在英国,贵族控制着王权,国王只是一个虚有其表的牌位;实际上,贵族利用王权为自己牟利,也就是为封建制度服务。由此可见,在英国,占有统治地位的政治机构,即对于管理公有财产最有影响和操纵整个国家机体活动的机构,乃是贵族垄断上议院的制度。但是,使贵族的封建性质变成实业性质,要比使王权进行这种改革困难得多。因此,法国政府一定先于英国政府取得实业性质。

如果法国国王成为实业的国王,即委托最卓越的实业家编制国家预算,那么,他本身不会受到任何损失,他的私人利益一点也不会减少。这项改革只会影响他的宫廷官宦和无用或无能的国家官吏。在英国,情况与此相反,贵族垄断上议院的制度是最有势力的制度,因为身为上议院议员的贵族可以为了自己的利益而左右王权。在英国进行改革,正好触犯那些掌权的和极欲反对这种改革的人。

贵族本身,不管他们有无能力,都从民族身上,即从生产阶级或实业阶级身上,以俸禄、薪饷、年金和奖赏等形式,榨取大量的金钱。如果把贵族加于实业阶级的这种金钱负担,同他们利用自己的权势、地位和社会影响对实业阶级进行的压迫加在一起,我们就可以看到,英国的实业家至今仍然受到政务制度或封建制度的最强烈和最严重的侵害。

根据我们以上所述,可以得出这样的结论:法国一定先于英国建立起实业制度，因为法国的实业家最关心建立这种制度，而封建分子拥有的反抗手段，在法国又不像在英国那样多。比较一下法国和英国用来建立实业制度的手段，就会更加弄清我们对于这个问题的看法。

问：使法兰西民族从政务制度向实业制度过渡的变革将在什么时候开始呢？

答：不能准确地说出这个时间，但是显而易见，它现在不会再遥遥无期了。在法国，已经找到建立安宁和稳定的政治制度的手段，因为正直的人士（不管怎样说，在被统治者当中，甚至在统治者当中，他们都是绝大多数）已经厌烦革命，极想摆脱已把国家这只大船搁浅了三十多年的浅滩，而且他们愿意付出巨大的牺牲来建立安宁和稳定的制度。这种制度将使阴谋分子垂头丧气，迫使他们成为爱好劳动与和平的人。

问：即使承认您提出的建立安宁和稳定秩序的手段是良好的，用它最容易达到这个目的，简而言之，这个手段必然会获得成功，但您也要知道，必须用很多的时间去向人们介绍，以便使他们能够判断和评价它，使一切有关人士确信这个手段十分必要而不得不去采用它。

答：这个手段最容易解释，任何一个工人都能向他的同伴们解释清楚，只要有简单的常识就足以全面地评定它。因此，我们坚持我们上述的意见，即法兰西民族从政务制度向实业制度过渡的开始时间不会再遥遥无期了。

问：现在请您说明：将怎样开始这一变革？即由谁来发起这一变革？谁能使这一变革具有合法的形式？

答:由实业阶级来发起这一变革,国王能使这一变革具有合法的形式。我甚至可以说,只要国王颁布一道法令,就能做到这一点。

问:实业家要用什么样的言辞向国王呼吁呢?他们将用什么方式向国王陛下叙述自己的观点呢?

答:实业家应向君主进谏,提出内容大致如下的呈文:

"圣上:从加佩·休[①]时代开始,直到路易十四在位时期,陛下的祖先(历代国王)和我们的先驱者(实业家)之间,有过共同反对贵族的非常有效的联合。双方成功地把力量团结起来,并很好地利用了团结起来的力量,所以在路易十四在位末期,终于达到了目的。从此以后,贵族已经不在国家中占据独立的地位;贵族在这以后所以还能保留住势力,只是由于王权和实业家犯了政治错误:王权让贵族担任了位高禄厚的官职;实业家把无数的财产送给了贵族,并且受到并不光彩的虚荣心的支配,把自己的女儿和劳动产品献给了他们。

"圣上:从路易十四在位末期直到今天,王权和实业家双方都犯了重大的政治错误。在这一期间,最初的一些错误是国王犯的,但是最有害的错误是后来实业家犯的。从路易十四在位末期到路易十五驾崩,王权犯了一些最严重的错误;而从善良的路易十六即位以后,实业家应当受到最严厉的谴责。

"在路易十四驾崩以后,王权应当采取什么措施呢?

① 加佩·休(Capet Hugues)是法国加佩王朝(987—1328年)的奠基人。从1328年至1589年,统治法国的是瓦罗亚王朝。1589年以后,波旁王朝开始统治法国。——译者注

“王权应当建立实业制度。国王应当接受本国第一实业家的头衔；他应当把管理公有财产的大权交给最卓越的实业家，每年召集实业家开会数日来编制国家预算。

“可是，从路易十四驾崩以后到不幸的路易十六即位期间，王权做了一些什么呢？

“最初是摄政王①，后来是路易十五，都把王位看做是拿高薪不做事的清闲差事；他们认为自己在人世间的唯一工作就是享乐。他们偏妃外室成群，就像波斯人的国王或蒙古人的皇帝所拥有过的那样；他们由于莫名其妙的神经错乱和完全不懂王权的真正利益，而支出了很多完全无益的费用，尽量寻欢作乐，同失败的贵族一起挥霍获胜的实业家的金钱。

“圣上：认识真理，对于国王特别有利。我们乞求陛下开恩，宽恕我们坦率地谈出了从路易十四驾崩至善良的路易十六即位时期的王权的行为。同时，您还会看到我们也将严格地要求我们的先驱者和我们自己，其严格程度绝不亚于我们对民族的至高无上的首领的要求。

“现在，开始我们的自我检讨。我们先来研究现在。我们即将回顾的一切事件，都是陛下亲眼看到的，而且曾深深地打动过陛下的心。

“陛下至尊的皇兄登上了王位，他急忙宣布：立志改正王权在路易十五和摄政时期所犯的错误，并且愿意按照大多数臣民的利益来治理国家。这位善良的国君秉性严肃，生活俭朴；他呼吁能够

① 指奥尔良公爵菲力浦。——译者注

帮助他实现善良愿望的正直人士向他进谏和给予他以支持。

“整个实业阶级本应当热心响应这个英明的号召；但是实业阶级并没有履行自己的义务，没有在这个十分重要的关头按照自己的利益行事和全力支持国王的仁慈计划，而是仍然采取旁观者的态度，对于英明的君主同宫廷官宦和特权阶层的斗争漠不关心。在这一斗争中，国王是为了民族的利益，而宫廷官宦则是为了保持各种弊端。

“路易十六把这一斗争英勇地坚持了十二年。他把慈善家杜尔阁①和银行家聂克尔②聘为大臣；他寻求并赢得可敬的马勒泽尔布③的友谊和一片忠心，马勒泽尔布以进谏帮助他，但是终于因为没有得到实业阶级的任何支持，也就是没有得到全民族的任何支持，而不得不宣布国家预算中发生了他无法弥补的五千六百万法郎的赤字。他召集了各界名流开会，后来又召开一次宫廷会议。在这两次没有成功的尝试以后，便决定召开三级会议。

“在这个严重的关头，实业阶级本应当挺身而出。它首先应当出资弥补预算的赤字，然后应当向国王进谏献言：只有一个方法可以防止预算不再发生赤字，那就是改变陛下臣民的等级分类。凡

---

① 杜尔阁，安·罗伯尔·雅克（Turgot，Anne-Robert-Jacques，1727—1781 年），法国经济学家，重农学派的最著名代表，曾任财政总监。——译者注

② 聂克尔，雅克（Necker，Jacques，1732—1804 年），生于瑞士，曾任职于巴黎银行。——译者注

③ 马勒泽尔布，克里提安·纪约姆（Malesherbes，Chrétien Guillaume，1721—1794 年），路易十五的大臣，因其保卫议会的权利和要求召开三级会议而被路易十五免职，但不久以后又被路易十六起用。马勒泽尔布拥护王权，后来由于参加反对共和国的阴谋而被处死刑。——译者注

是向国库交款最多而由国库取款最少的人，都应当被列为第一位。陛下应当授予他们以管理公有财政的大权。

“圣上：当然，如果陛下善良的皇兄哂纳这个忠诚的建议，那就不至于发生革命，也就可以完成一件伟大的善举。完成这件善举只需要微不足道的努力，而且不会带来任何灾难。可是革命要完成一件善举，却必然以造成许多灾难为代价。

“实业阶级没有履行自己的义务，没有做到我们方才所说的一切，而把王权和贵族视为一丘之貉，对国王遭受的困难暗自称快，拒绝向国王提供任何贷款，忘记了王库同时也就是国库。

“国王召开了三级会议，三级会议又变成制宪会议。制宪会议相继破坏了王权的各个部分，使英明的路易十六失去了自卫和保护国家不受阴谋分子侵害的能力；制宪会议超越职权，对于自己的创作给予冠冕堂皇的宪法称号，迫使国王对这个假宪法宣誓。

“紧跟着制宪会议，召开了立法会议。立法会议的成员绝大多数是法学家、文人和各式各样的学究，他们的脑袋里装满了希腊和罗马的历史，连做梦都梦见了共和国。

“立法会议又被国民公会代替。国民公会使制宪会议和立法会议所犯的错误登峰造极，同时却贬低不幸的、英明的、仁慈的路易十六和王权，而王权一直是法国社会组织的基础。它把君主政体改成共和政体，建立了一个前所未有的最民主的共和国。这个共和国竟然如此民主，以致使出身于最贫困和最无知的阶级的人都能在共和国中享有最大的权势。一言以蔽之，国民公会使极端混乱的无政府状态合法化了。

“实业阶级本应当驱散制宪会议，迫使立法会议的学究们闭嘴，把国民公会的一半委员送往毕塞特尔村，把另一半委员押解到夏兰顿村。[①]

“实业阶级本应当帮助善良的路易十六恢复他的全部权力，而且还要把这个权力加以扩大，使王权不为宫廷官宦和特权阶层所左右，劝说圣上委托向国库交款最多而由国库取款最少的人去编制国家预算。

“实业阶级没有走这条道路，以致受到了严厉的惩罚，因为粮食最高限价法案[②]使所有企业家都倾家荡产了。

“后来，波拿巴恢复了君主政体，登上了宝座，戴上了王冠，拿起了权杖。实业家本应当反对他夺取法国的王位，因为一个篡夺分子不可能建立实业性的君主政体；他需要用武力去保护自己，他只能建立军人制度。实业家没有这样做，因而为自己的错误付出了很高的代价，即在焚毁英国商品的时候，他们损失了大部分资本。

“在陛下驾返法国并恢复了自己王位的时候，实业家本应当自动地履行他们同外国人签订的一切条约的义务。此外，他们还应当向陛下提供大量资金，使您可以有钱恩赏和赔偿那些继续忠实于您的人。当实业阶级证明它拥有一切必要的力量来保卫国家不受外敌侵犯以后，封建权力就变成十分可笑和完全没有必要的东西了，而在实业家要求陛下废除这种封建权力的时候，您当然不会

① 毕塞特尔(Bicêtre)和夏兰顿(Charenton)是法国的两个村庄，因设有疯人院而出名。——译者注

② “粮食最高限价法案”是在1793年由山岳派提出并经国民公会批准的法案，参看中译本第一卷第235页注①。——译者注

在这一点上发现他们有任何不良的动机。您当然也会同意把编制国家预算的权力交给那些向国库缴款最多而由国库取款最少的法国人,因为这些法国人都是最重要的实业企业的领导人,同时也是您的臣民中的最有能力管理财务的人。

"如果事件能按这种情形发展,那么,实业性的君主政体在您驾返法国的时候就应当建立起来了。

"但是,因为实业阶级没有主动地在您驾返法国的时候去迎接陛下,因为实业阶级没有公开地向您提供您为恢复以前的王权所需的援助,所以陛下就不得不到统治者中去寻找您本应在构成民族本体的阶级当中去寻找的那种支持。您不得不承认两种贵族,您不得不增加管理公有财产的官职。一言以蔽之,您不得不大大加重我们在革命以前所承担的负担。这是我们所犯的政治错误应当受到的正当惩罚。我们本应当拥护波旁王朝,可是我们没有公开地这样去做,所以犯了这种政治错误。

"我们还要做一个自我检讨,这个检讨将结束我们的忏悔。

"1817 年[①],陛下发现旧贵族企图恢复他们昔日在法国享有的势力,发现他们致力于建立自己对于王权的控制和用贵族政体代替君主政体。当时,您向实业阶级呼吁,公布了把营业税改为直接税的敕令。显而易见,在这种条件下,我们只能把最忠实的保王党人,即把衷心拥护波旁王朝的人选进下议院;我们应当从自己的伙伴当中,即从向国库缴款最多而不由国库支取分文的人当中推选

① 1816 年解散了"无双议院"。在新的选举中,反对极端反对派的人士获胜,大地主和贵族的势力消失。新议院在 1817 年实施选举法,并采取了若干自由主义措施。按新选举法规定,凡缴纳直接税达三百法郎的人,均有权参加选举。——译者注

议员。非常遗憾，我们当中有许多人投票赞成了那些没有认识路易十六的善良愿望的正义性的人士，另一些人号召人们把热心支持波拿巴的儿子[①]的人选为议员。因此，差不多所有的人都支持了巧言利词的候选人，这些候选人很少关心国库的充实，只想让国库多出钱为他们支付薪俸、年金和奖赏等。

“由于最后这个错误，我们丧失了以前取得的微小政治势力。这个错误成了国家支出激增（现在达到每年十亿法郎）的原因，促使陛下扩充政府机构和增加国家官吏的人数与势力，因为王权和波旁王朝这时只能在统治集团当中得到真正的支持。

“不错，我们已经明白了这一点，而且现在表示忏悔：的确，我们应当把我们至今对于王权、波旁王朝，特别是对于宫廷所作的谴责，大部分应当揽在自己身上。但是，我们生来就拥有自己的特有品质，这种品质天天都在发展，经常保证我们可以纠正自己所犯的一切错误，因为我们实质上都是从事劳动的人，从而不管贵族和宫廷官宦出身如何，我们都比他们具有真正的和实际的优势。

“简而言之，在我们的政治存在和波旁王朝的政治存在之间有如下的差异：我们深信自己将在社会上占据首位，而波旁王朝则特别关心加速巩固自己的王朝，以建立实业性的君主政体。

“圣上：最近一百年来，法国无论在王权方面，还是在实业方面，都犯了一些重大的政治错误，但是不管这些错误怎样重大，它们都毁灭不了法兰西民族的过去成就，改变不了法兰西民族的政

① 指拿破仑的幼子，他被拿破仑分子称为拿破仑二世。1814 年拿破仑曾把帝位传给他，而当时他以米斯达公爵的身份住在奥地利，实际上他没有当过一天法国皇帝。——译者注

治命运。法兰西民族在君主政体下生活了十四个世纪；从陛下的至尊王朝创建以来，一直到路易十四驾崩为止，波旁王朝和实业家之间都是结成同盟的：最初是为了反对大领主，后来是为了反对小领主，最后是为了反对各种特权阶层。

“法兰西人民由于过去的历史，负有在实业性的君主政体下生活的使命。

“只要实业性的君主政体没有建成，王权就不能不遭到重重困难，而实业阶级即整个民族，也就不能不对政府不满。

“如果法国的实业家和波旁王朝双方都希望建立这种政体，那么，任何东西都妨碍不了在法国建立实业性的君主政体。

“有哪些阶级可能反对在法国建立实业性的君主政体呢？旧贵族毫无疑问拥有最多的手段来反对这一伟大的政治行动，因为欧洲全体贵族对他们的支持，毕竟会使他们得到巨大的力量。但是，一方面，这种力量还远不如联合起来去实现公益目的的波旁王朝和实业家的力量；另一方面，旧贵族仍保持着高尚的情操，比一般人所想象的更容易同保证法兰西民族内部安宁和繁荣的制度和解。旧贵族所以激烈地反对一切政治革新，他们所以竭尽全力设法恢复旧制度，一则是因为他们愤恨革命时期出现的残暴，再则是因为至今领导民族革新运动的人都是阴谋家或疯子，其中没有一个人值得他们敬仰，没有一个人提出过关于符合于文明现状的政体的明确概念，没有一个人向他们证明过取消贵族阶级将是全民族的伟大收获。新贵族的形成特别激怒了他们，而他们如此激怒也是完全有根据的。

“至于新贵族，人民并不尊重他们，也不爱戴他们，他们在国外和国内都没有拥护者或朋友。新贵族制度是一种诞生于昨天而不能活到明天的无用的制度，它没有任何办法抵制实业性的君主政体的建立。

“资产者，即非贵族出身的法学家、平民出身的军人和不从事实业活动的财产所有者，拥有比新贵族大得多的力量。但是，他们只有同自己所依赖的旧贵族联合起来，他们的力量才能变成真正的力量。他们还没有自己的政治特点，实际上只不过是一些小贵族。他们作为一个政治集团的存在，不会比真正贵族的存在长久。

“军队目前都是由对军事毫无兴趣的士兵构成，从士兵的嗜好和习惯来说，他们都是真正的实业家。因此，他们不会反对建立实业性的君主政体。在军队中，只有军官可能希望军职照旧受到较大的尊重和在社会组织中比实业职务享有较大的优势。

“圣上：法国的君主政体在路易十四驾崩以前，当然实质上具有军事性质。这就是说，国家的第一阶级主要由军人构成，其次才由实业家构成，因为在这以前，民族的目的主要在于征服。

“从路易十四直到现在，法国的君主政体不能不是一个混合的政体：军人阶级丧失了自己的优势，而实业阶级还没有取得自己的优势。然而，这个时期绝没有损害文明的进步。对于这个时期发生的事件还未能进行精确的分析，因为它们十分混乱，漫无头绪。而从军事性的君主政体向实业性的君主政体过渡，正是在这个时期进行的。

“在文明的现况下，只有实业性的君主政体适于法兰西民族，只有它能在法国巩固下去，因为民族的目的在于通过和平的劳动达到繁荣富强。由此应当得出结论：国家的第一阶级主要应当是实业阶级，而军职对于这个第一阶级只有次要的和偶然的意义，仅是在防御敌人进犯和必须驱逐敌人的时候，才需要有军职。

“圣上：您的政府体制叫做立宪君主政体，这充分说明了法国的现实政治状况。‘立宪’这个词特别具有形而上学的性质，它表示社会组织处于混杂状态，其统治阶级由空谈家和文人墨客构成。实际上，在整个18世纪中，使不幸的法兰西民族和不幸的王权受到损害的，正是这些空谈家和文人墨客。近四十年来，国王和民族都被律师的空谈[①]所支配。这种空谈可谓集夸夸其谈和玩文弄墨之大成。

“圣上，已经是结束这个折磨了法兰西民族和王权一百多年的重大政治动乱的时候了，已经是宣布实业制度即实业性的君主政体的时候了。

“我们全体献身于实业活动的人，我们这些在法国居民中占二千五百万人以上的人，宣誓终生保护法国的王权体制和波旁王朝不受任何侵犯。这种侵犯可能来自国内，也可能来自国外；它不是反对王权体制，就是反对这个王朝。

“我们谨请陛下成立一个由最卓越的实业家组成的委员会，委托他们编制国家预算。”

凡是自身的存在和影响决定于自己的实业活动的成败的法国人，都应当在这份呈文上签名。也就是说，这份呈文应当由二千五百万名法国人签字。

问：如果您只把这份呈文草案看成是一项建议，那么，我们是

---

① 我在这里把律师的空谈理解为他们对于政治问题的议论。

完全同意的，因为这项建议使您可以十分明确地、肯定地和扼要地叙述您的观点。但是，如果您郑重其事地向实业家提出这份草案，要求他们必须按草案执行，那么，您将大失所望，因为这份草案只会把他们吓倒，妨碍他们去支持您的体系。

答：我绝不讳言，实业家至今在政治方面都表现得十分谨慎，还没有在这方面显示出任何大胆精神。正因为这样，至今还没有成立实业家政党；正因为这样，实业家至今还是政治斗争中的旁观者，而且一直是这一斗争的牺牲者。他们曾是雅各宾党人的牺牲品，后来又成为波拿巴的牺牲品，而在复辟以后，他们则成了极端分子、自由党人和执政党人互相争夺的战利品。何时何地都小心谨慎而没有一点勇气的人，是没有任何用处的，因为小心谨慎只有同勇气结合起来，才是有价值的。

问：全部问题在于应当对实业家进行政治教育，而您对他们所作的进言，只有在他们受完政治教育以后才能发生作用。

答：我承认必须对实业家进行政治教育。正因为我深刻地认识到这个真理，我才决定出版《实业家问答》。由此可见，在这一点上，我同您的意见是完全一致的。但是，在应当怎样对实业阶级进行政治教育的问题上，我们的看法显然并不相同。

当教育者不是教导小学生，而是劝导一些成年人时，我认为首先应当做的事情，是教育学生认识自己的价值，使他们相信自己的力量。

据我看来：第二个重要原则是：先教育学生实践，在学会实际以后再教他们理论。

最后，为了不把这个附带问题的讨论拖得过长，我可以告诉您，我们打算尽快成立一个实业党，这个党所采用的最可靠手段，是说服实业家直接向国王陈述自己的政治愿望，而不必求助于任何中间人。

我们现在回过头来继续进行先前开始的讨论。这项讨论的任务是，确定法兰西和英吉利这两个民族中的哪一个民族最先对整个人类所向往的政治目的做好了准备，也就是说，确定哪一个民族最先对由政务制度向实业制度过渡做好了准备。这项讨论的任务，还在于阐明这两个民族能够用来达到上述目的的各种方式。我正在研究这个问题，我在继续进行我们的讨论时绝不改变既定的方针。您可以根据自己的想法，把我提出的呈文草案看成是不切实际的或者是切合实际的，看成是十年以后才能实现的或者是明天就能实现的。但是在我们的讨论中，我们继续要把它看成是一个严肃认真的草案。

问：毫无疑问，如果这个呈文上有献身于实业活动的一切法国人士签名，那么，它将产生巨大的政治效果。我们甚至相信，在这种情况下，国王陛下也会愿意受理它。但是，这项工作的主要困难，并不在于呈文的撰写，而在于使一切有关人士都能签名，因为如果只有少数人签名，它就只能具有空谈的性质，而不会产生很大的效果。

答：您把本末倒置了。我们这项工作的主要困难，在于如何使人们了解和明白我们呈文中叙述的思想，而叫人们在呈文上签名只是极其次要的困难。

比如，最近为向政府提供各种贷款而组织起来的那帮银行家，当征集法国的一切实业家在呈文上签名的时候，就感到比他们向政府发放贷款时容易得多。

正如我在本书第一册中所说的，实业阶级已经通过银行和银行家完全组织起来，银行把实业的各个部门彼此联系起来，而银行家则把各类实业家互相联合起来，所以实业家可以轻而易举地团结自己的一切力量，来达到他们的共同利益所向往的目的。实业界的领袖，即最卓越的实业家，还没有在政治方面得到实业阶级的组织给他们带来的好处。我在这里要向他们提出一种方法，使他们利用这个组织给他们带来的一切好处去达到他们过去只能奢望的最伟大的政治目的，即建立起实业制度。我也毫不怀疑，他们将会热心地着手这项工作。

问：可是，法律不会禁止集体请愿吗？王国的检察机关不能反对同意请愿的人在您的呈文上签名吗？

答：任何一个法国人都有权独自地或集体地向国王上书，陈述他们认为有利于国家繁荣富强的任何意见，只要他们的愿望具有正当的表达形式。禁止国王同他的臣民直接交流情感和交换意见的法律，对于国王和民族来说，都是十分离奇的和有伤体面的法律。其实，要想达到所说的目的，甚至不必在呈文上签名。为此，只需要全体实业家阅读一下呈文，正式声明他们同意呈文中所陈述的思想，坚信国王能够用来保证法国安宁和使国家的繁荣富强立即全面发展的唯一方法，是由最卓越的实业家组成一个编制国家预算的特别委员会，也就可以了。实业家在政治观点上的这种志同道合，必然引起社会发生强大的运动，使民族的愿望强烈地和明确地表达出来，以致会使大臣和宫廷官宦想转移国王陛下对于这些观点的注意力的尝试彻底失败。

至于您想叫我畏惧国王的检察机关，我说我有一切理由认为它毫不敌视我们的观点，因为它有最纯的忠君思想，其忠君程度比极端分子还坚定得多，而极端分子实际上是拥护以家庭出身的特权为基础的贵族制度的。

问：现在我们来研究英国在这方面的情况。请您说明英国人怎样才能为自己建立起实业制度？

答：英国人要想为自己建立起纯粹的实业制度，不必采取强制手段，但必须使他们的议会颁布一项关于废除指定继承人的法律和另一项关于动员地产的法令。

问：我们认为，叫英国议会同意颁布这两项法律似乎是不可能的，因为正像您本人所断定的，议会是受贵族议员控制的。贵族一方面驾驭王权，另一方面操纵着下议院。而且这两项法律同他们的封建利益相矛盾，他们认为封建利益比实业利益重要和宝贵，所以他们肯定不会通过这两项法律。

简而言之，我们认为通过合法与和平的手段来实施这两项法律是不可能的，因为贵族有能力阻止它们的通过，也有足够的权力限制它们的实施。

从以上所述，我们可以得出这样的结论：英国只能通过起义的办法向纯实业制度过渡。

答：毫无疑问，法国人为自己建立实业制度可能比英国人容易得多，因为在法国只要国王颁布一道命令，就可以建立起实业制度，但是我们不能由此断言：为了在英国建立这种制度，就绝对需要起义。

英国的贵族是欧洲最有教养的贵族，他们对于实业的重要性了解得最为清楚，没有一个贵族不或多或少地同实业有金钱上的关系。此外，英国人民有一种民族自尊心，使他们不肯落后于其他任何民族。您也会同我一样认为，在法国作出建立实业体系的榜样以后不久，全体英国人在这种情况下就会几乎毫无例外地把自己的个人利益放在一边，而同心合力地去为自己国家建立实业体系而努力。

问：在概括和补充您在这次谈话中所表达的观点时，我们可以得出以下几项原理：

一、人类总是要走向建立实业体系的政治机构的目的。

二、每一个民族都要通过不同的途径和利用自己特有的方法去达到这一目的。

三、法兰西民族和英吉利民族距离这个目标最近。乍一看来，英吉利民族好像比法兰西民族距离这个目标更近，但这是错觉，实际上法兰西民族距离这个目标最近。

四、在法国，为了建立实业制度，只由国王颁布一道敕令，委托最卓越的实业家编制国家预算草案就可以了；如果为数两千五百多万人的法国实业阶级恳请国王确信这个措施可以保证王位安全和民族繁荣富强，国王就一定会颁布这项命令。

五、当法兰西民族为自己建立起实业制度的时候，英吉利民族马上就会仿效法兰西民族。

六、当实业制度在英国和法国建立起来的时候，人类从政务制度向实业制度过渡时所遭遇的一切灾难就消失了。因为世界各国政府合在一起的力量都不如法国和英国的实业力量，所以危机将会由于不再发生斗争而结束，而地球上的各族人民在联合起来的法国和英国的保护下，将会很快地随着本国文明的发展，相继向实业制度过渡。

因为您确信这六项原理是正确的，所以您最好是利用您的一切力量和手段，去说服法国的实业家把您草拟的那份呈文呈献给国王。这一步骤依靠随后相继发生的一系列事件，将使人类的命运得到尽可能大的改善。

答：当然，我的全部工作的第一个并且是主要的目的，就是说服法国的一切实业家，即说服二千五百万以上的人或民族的绝大多数一致行动，向国王呈交他们签署的呈文，恳请国王委托最卓越的实业家编制国家预算草案。

这是因为我们深信这项措施将会结束夸夸其谈和律师空谈的制度。我们目前正在这种制度下生活，它是继军人制度之后而来的混杂制度，而且也是破坏性制度，因为它已经使国家预算达到十亿法郎这样庞大的数字。

这是因为我们也深信这项措施把管理公有财产的大权交给确实能为民族造福的人管理，就会以最快的速度来改善法兰西民族的命运。

我们确认了这两点以后，又要遇到另一个问题：使用什么手段最能说服实业家向陛下进行这种请愿呢？

我们确信为此必须使用两个主要手段：一方面，我们要向实业家证明这项措施会使他们得到他们所希望的一切社会优势，而不会带来任何不便，因为实业家比社会的其他任何阶级都有能力管理好公有财产；另一方面，我们要尽量使实业家容易得到一种手段，以代表人数多得足以引起陛下注意的居民提出这项请愿。

同时我认为,一直到我们的工作获得最后胜利为止,应当轮流使用这两种手段。

现在,当我已把递交国王的呈文的草案提出的时候,我要根据预定的计划,请您回顾一下我们已作的讨论。如果您愿意的话,我们要再考察一下:使实业阶级变成第一阶级,由国王委托最卓越的实业家编制国家预算草案,对民族的大多数人的福利是不是真有好处。我们还要再研究一下:法国是不是确实应当实行实业体系而不采用英国的社会组织。同时,在我们的全部讨论过程中,要竭力对王权、法制和宪章表示最大的尊重。

对问题再进行这样的讨论以后,我们再研究一下:实业家怎样才能代表人数多得足以引起国王注意的群众向国王请愿。我们还要证明:如果巴黎的全体实业家都在我们草拟的呈文上签名,则采用这个简单易行的措施就足以达到目的。

告实业企业经理人先生

诸位先生,我请你们尽快得到我的著作并向各位的属下介绍这部著作,这部作品只有在实业阶级当中得到最广泛流传才能成为有益的东西。

诸位先生,我希望你们注意,当你们本身尚未形成为一个政党来保护自己的劳动果实不受无所事事的消费者侵吞的时候,这种果实就要成为现有的一切政党互相争夺和吞占的猎物。

我还希望你们注意,编著宣传实业党的原则和观点的书籍,是使你们组成坚强的政党的唯一手段。

通过《保守者报》[1]的出版，成立了一个极端的保王党。这个党今天获得的胜利，迫使政府向它作了它所希望的几乎一切让步。但是它并不十分可怕，因为支持它的只有贵族的仆从，而领导这个党的贵族并没有任何实力。

《法兰西米涅瓦报》[2]是形成现代的自由党的手段。幸亏这个党现在完全瓦解了，如果它顺利地实现了它的计划，又要把法国推上革命的道路。但是，它也曾一度起过举足轻重的作用。

诸位先生，我们的信心要比《保守者报》和《法兰西米涅瓦报》当时的信心坚强得多，因为我们要建立的体系是使法国可能恢复安宁的唯一政治体系，只有它最能使社会繁荣和王国安宁；最后，因为一经采纳这个体系，只消几年工夫，就会因为劳动阶级的福利增加，而使消费水平提高十倍。

诸位先生，在结束这个通告的时候，我请你们把自己的力量同政论家的力量联合起来。通过你们的实践能力同政治家的理论能力的结合，你们就能保护你们的劳动产品不受不事生产的消费者侵吞。

我现在提出一个使你们同政论家联合的方案。这个方案是我对这个问题进行四十五年探索的成果。它既值得诸位仔细注意，又值得政论家以及各专业的学者和艺术家密切关怀。

依靠这种联合，国家大事的领导权就会转到实业和科学方面

---

① 《保守者报》(*Conservateur*)是极端保王党的报纸，由夏多布里安(参看本书第一卷第163页注②)创办，在1818—1820年间出版。——译者注

② 《法兰西米涅瓦报》(*Minerve Française*)是在1818—1820年间出版的自由派报纸，后来在1820—1822年间改称《文学米涅瓦》(*Minerve Litteraire*)。——译者注

的专家手里；而在目前，国家大事只能受一些外行操纵。实际上，一些省长甚至大臣全是行政管理方面的外行，所以民族经常要为他们的错误打算和不良动机付出很高代价。不必怀疑，实业家是行政管理方面的唯一专家，因为只有他们是通过自己交学费而学会行政管理工作的。

实业能力和科学能力的大联合

（这个联合的目的是建立实业制度）

实业家和政论家分别组成两个单独的委员会。

实业家委员会主管社会财产。

政论家要求出版的著作须由实业家委员会讨论，只有经该委员会讨论才能出版。

创立委员会的实业家，可以让他们认为合适的一切实业家联合起来，并允许他们立即参加实业家委员会。

政论家委员会对研究建立实业体系的科学著作进行初步讨论。

这个委员会是评定这些作品的第一级。这就是说，它或者把作品退回，或者把作品提交实业家委员会，以征求同意或取得出版经费。

请法国和外国的一切学者、艺术家和文学家，通过各自所在的单位，把自己关于建立实业体系的著作送审。

著作经过政论家委员会批准并得到实业家委员会同意，其作者都有权从即日起成为政论家委员会的成员。①

① 第二册后面有两个附录删去未译。——译者注

第 三 册①

序 言

这第三册系我的学生奥古斯特·孔德先生的手笔。按照我在本书第一册中所述,我委托他来阐述我们体系的普遍性。而我要请读者注意的,正是他的著作的开始部分。

从作者所述的观点来考察这部著作,毫无疑问这是一部很好的著作,但它没有真正达到我们为自己规定的目的,因为它没有说清我们体系的普遍性。也就是说,它只说明了一部分普遍性,而且偏重于我们认为具有次要意义的普遍性。

在我们所要建立的体系中,实业能力应当占第一位;有资格判断其他一切能力的价值和使它们作出最大贡献的力量,正是这种能力。

实业家应当认为柏拉图派的和亚里士多德派的科学能力,对于实业家都是同样有用的。因此,他们应当同样重视这两种科学能力,并且同样促进它们得到重新发挥作用的方法。

我们的最一般观点就是这样。它同我的学生的观点有本质的不同,我的学生只拥护亚里士多德的观点,即物理和数学科学院目前应用的观点。因此,他认为亚里士多德派的科学能力是最重要

① 《实业家问答》第三册系由孔德执笔,圣西门只写了《序言》;但孔德所发挥的论点,是在圣西门的影响下形成的。因这一册是《实业家问答》的重要组成部分,故将其全部译出。——译者注

的科学能力,它既高于唯灵主义,又胜过实业能力和哲学能力。

根据我们所述,可以得出这样的结论:我的学生只叙述了我们体系的科学方面,而对这个体系的情感和宗教方面,他完全没有谈到。这就是我认为应当向读者预先说明的地方。我准备在下一册亲自叙述我的体系的普遍性,以便使我们可以消除这种误解。

此外,尽管孔德先生只完成了我的指示的一半,从而使我在他的著作里发现了一些不够完善的地方,但是我正式声明,这部著作在我看来仍是至今所发表的讨论一般政治的最好著作。

实证政治体系①

工业大学肄业，圣西门学生

奥古斯特·孔德著

第一卷(第一部分)

前　言

这部著作将分成数卷，卷数尚未确定。它包括一系列彼此不同但又互相联系的作品，这些作品的目的，是使政治在今天就应当进入观察科学(Sciences d'observation)的行列，并把这一基本原理应用于社会在精神领域的改组上。

可把头两卷看做是整个研究工作的一种哲学综述，其中具列政治方面的三大组科学研究的纲要，以及实施这个纲要的初步设想。

因此，第一卷由两个部分构成：第一部分叙述第一组研究的纲要；而不久即将发表的第二部分，则陈述这个纲要的具体实施办法。

第一部分的目的十分清楚：一方面，论证作为一门实证科学来考察的政治所应遵循的精神；另一方面，证明政治向实证科学转变的必然性和可能性。第二部分的内容是：概述应使政治打上这种

① 孔德的这篇论文，最初以《社会改组所需的科学研究方案》(*Plan des travaux scientifiques nécessaires pour réorganiser la société*)为题，发表在圣西门1822年出版的小册子《论社会契约》上。后来，稍加修改，又以《实证政治体系》的题名，作为《实业家问答》的第三册，于1824年重版。文中所说的政治学或政治科学，实际上就是后来的社会学。译文所据的原文，载1966年法文版《圣西门全集》第4卷。——译者注

特征的烙印的研究工作，即先对文明的一般发展所遵循的规律作简要的科学概括，然后再一瞥人类的自然发展在今天促成的应当占有优势地位的社会体系。简而言之，第一部分讨论社会物理学(physique sociale)的方法，第二部分讨论这种方法的应用。

在考察另外两组研究的第二卷里，也将像第一卷这样来划分。

尽管我是师承圣西门先生的，并且愿意公开承认这一点，但为了充分精确地说明拙著的特点，我还是给这部著作标了一个与吾师著作的标题不同的总标题。不过，标题名称的不同，并不影响我们二人的著作的共同目的。应当认为我们二人的著作，是研究一个通过两条不同的途径去建立同一政治体系的整体学说的。

我完全接受圣西门先生提出的下述哲学思想：现实的社会改组，应当让性质不同但却同样重要的两种脑力劳动在改组中发挥作用。一种脑力劳动需要运用科学能力，它以重建一般学说为目的；另一种脑力劳动应当让文学和美术的能力发挥作用，它以改进人们的情感为已任。

为发现直到19世纪仍在进行的伟大哲学运动的这两个分支得以成功地建立起来所需的基本概念，圣西门先生用去了他的一生时间。长期以来，我一方面深入研究圣西门先生提出的基本观点，另一方面又专心致力于整理、发挥和改进从这位哲学家那里接受过来的关于科学的发展方向的那部分思想。拙著以建立实证的政治体系为目的，我今天首次把它提出来请各位思想家指正。

我所以认为必须发表以上的声明，是因为拙著如果还有可取的地方，那也应当归功于我也有幸参加的这一哲学学派的创始人。

毫无疑问，没有必要在这里说明我的政治意图是光明正大的，证明我提出的看法是有价值的。公众和政治家在阅读本书时，自会从各个角度来判断；他们经过周密的研究之后，便可断定这些观点是想使社会增添新的动乱因素呢，抑或是想利用必须借助的特殊措施来协助各国政府努力在欧洲建立秩序！

导　论

一个社会体系行将灭亡，一个新体系业已完全成熟和即将建立起来，这就是文明的一般发展赋予当代的基本特点。

与这种情况相适应，今天便有两个性质不同的运动在激荡着社会：一个是瓦解的运动，另一个是改组的运动。

单看第一个运动，它使社会走向了道德和政治的深重混乱，而这种混乱又似乎在导致社会即将发生不可避免的崩溃。第二个运动在使社会走向最适于人类本性的最终状态，而达到这种状态以后，凡使社会繁荣的一切手段都将必然得到最全面的发展和最有效的应用。

文明先进的民族经历的严重危机，在于方向相反的这两个趋势的共存。为了理解这个危机，必须从两个方面去考察。

从这个危机开始出现一直到今天，瓦解旧体系的运动趋势始终占据优势，或者更正确点说，这个趋势至今还是唯一明显突出的趋势。危机的发生是合乎事物的本性的，而且危机本身也是有益处的，因为它使旧体系发生了很大变化，以致得以直接建立新的体系。

而在今天，当这个条件已经完全具备，封建神学体系也只能苟延残喘到新体系的开始建立的时候，这种批判的趋势仍然保持的优势,便成了文明的进步和旧体系的瓦解的最大障碍。这个障碍是可怕的动乱的首要原因,而随着动乱的不断发生,危机也就接踵而来。

要想消除这种动荡状态和结束日益损害社会的混乱状态,一句话,要想把危机变成单纯的道德运动,只有一种办法,那就是促使一切文明民族放弃批判的方针,而代之以有机的方针,把它们的全部力量用于建设新的社会体系。这是危机的最终归宿,而至今所做的一切都是准备工作。

这就是当代的第一需要,而且也可以认为是我和圣西门先生的研究工作的一般目的和本文的特殊目的。此外,使凡能促进社会走上新体系的力量发挥作用,也是本书的目的。

在提出可以促成社会采取这种方针的办法之前,自然应当概观一下至今一直妨碍和目前仍在妨碍社会大胆采取有机的方针的原因。

各国人民和国王为改组社会而不断进行的大量努力,证明他们已普遍感到有必要进行这种改组,但是双方的这种感觉还是模糊的和不全面的。双方的改组意图尽管不同,但其缺点在许多方面都是一样的。他们的意图至今没有而且今后也绝不会产生任何真正的有机的结果,不但无助于结束危机,反而只能使危机延续下去。这就是尽管双方加倍努力,但社会仍保持批判的方针而听任革命危害的真正原因。

一瞥各国人民和国王所做的改组尝试,就足以证明我们的这个基本主张是正确的。

各国国王所犯的错误,是最容易辨认的。他们认为,改组社会就是直截了当地全面恢复封建神学体系。在他们看来，除此之外，再没有其他办法可以消除社会因这种体系的衰落而产生的混乱。

认为这种观点主要出自统治者的个人利益，这恐怕缺乏哲学根据，因为这种观点尽管浮泛，但它毕竟出自怀着善意去寻找医治目前危机的办法的人士。这些人士完全感到必须改组社会，但又没有理解文明的一般发展。他们只从一个侧面去观察事物的现状，没有看到社会正在走向建立一个比旧体系更加完善和稳定的新体系。总之，观察事物的这种方式，当然是统治者所固有的，因为从他们的立场看问题，必然要注意社会的动乱，并迫不及待地感到必须消除这种动乱。

在这里，不必历数这种观点的明显错误，因为许多有识之士今天都已看到了。毫无疑问，国王们在试图恢复旧体系的时候，完全没有解理目前危机的性质，更没有周密考虑他们的试图。

封建神学体系的崩溃，绝不像他们认为的那样，出于最近发生的一些孤立的而且具有某些偶然性质的原因。旧体系的崩溃不是危机的结果，而是危机的原因。几个世纪以来，这个体系历经不依人们的意志为转移的一系列变形，而逐步走向衰落。在它改头换面的时候，不仅有社会各阶级的力量参加，甚至国王们自身也率先参加，有的国王还成为最热心的主持人。总之，旧体系的衰落是文化发展的必然结果。

因此，使社会后退到目前危机开始出现的时代，并恢复不了旧的体系。要知道，让社会回到那个时代是绝对不可能的；纵然能够回到那个时代，也只能是使整个社会重新处于必然发生危机的状态。因此，如果要回到几个世纪以前，就必须把旧体系六百年以来损失的东西相继恢复过来。同六百年来的损失相比，它在最近三十年的损失，就算不了什么了。

要想使社会回到目前危机开始出现的时代，只有一个办法，那就是逐个消灭这些损失的产生原因，即消灭文明发展的一切成就。

举例来说，不同时推翻近百年来的哲学所由产生和发展的路德改革，要想打倒直接导致旧体系在精神领域衰落的18世纪哲学，那是枉然。但是，路德的宗教改革，也不过是阿拉伯人输入欧洲的观察科学的必然发展的结果。因此，如果不能同时扼杀实证科学，那还不能保证旧体系东山再起。

在世俗领域也是一样。要想恢复旧体系，政府就得逐步地把实业阶级重新置于被奴役的地位，因为公社的解放最终是导致旧体系衰落的主要原因和一般原因。总之，恢复旧体系的试图困难重重，只是其中最小的困难，也是人力无法克服的。即使克服了重重困难，它所取得的结果，也只能是延缓旧体系的最后崩溃，使社会重新陷入解体状态，因为人不能取消人类固有的文明日趋进步的规律。

任何一个人，都显然不能通盘想出一个规模巨大和内容庞杂的计划，因为不管你怎么自负，你毕竟是时代的产儿。极欲抵制文明发展的人士，也要不知不觉地服从文明发展的不可抗拒的影响，使自己也去促进文明的发展。

比如，各国的国王，在他们拟议恢复封建神学体系的同时，便陷入继续不断的矛盾之中：他们自身的行动有时去促进这种体系的彻底瓦解，有时又去加速建立必然代替这个体系的新体系。这样的事实很多，俯拾即是。

在这里，我只举出一些十分明显的事实。我们看到，一些国王出于荣誉心，鼓励过人们改进和推广科学与美术，奖励过人们发展实业；我们还看到，一些国王也在这方面有过许多有益的建树。总之，旧体系的衰落，应当归功于科学、美术和实业的进步。

再例如，通过神圣同盟的缔结，国王们已随着他们限制神学权力，而被破坏了旧体系的主要基础，因为他们建立了一个全欧最高会议，而神学权力在这个会议里连发言权都没有。

最后，人们至今对于希腊人发动的那场斗争，仍然众说纷纭，这也是这种思想矛盾的明显实例。从这场斗争中可以看出[①]，那些试图使神学思想恢复昔日影响的人，也不由自主地招认这种思想已经失去其精华，因为他们毫不迟疑地在替伊斯兰教说话；而在旧体系鼎盛时期，这会被指控为对神的亵渎。

继上述的一系列观察，每一个人还可轻易地举出日益增多的新事实。可以说，国王们为了恢复旧的体系，曾发布过许多指示和采取过许多行动，但在发出一个指示之后，马上又接着发出与此相反的指示，而且往往在同一命令中包含着互相矛盾的指示。

这种前后矛盾的严重现象最能证明：让热心的执行者去执行一项他完全不理解其内容的计划，该有多么荒诞不经。这种情况十分清楚地证明，旧体系必将完全破产，而且无法挽救。我们在这里不必详谈这方面的细节。

各国人民至今想出的改组社会的办法，同国王们想出的办法

① 为了理解这个事实的全部意义，可以回想一下当时连教皇本人都倒向这一边，他公开反对罗马贵族的青年前去支援希腊人。

是同样错误的，不过错误的方向不同。只是他们的错误是可原谅的，因为他们是在文明进步的指引下，摸索着去探索新体系的，而对这个新体系的性质还不十分清楚。与此相反，国王们所采取的措施的错误性质，只要对过去稍微仔细研究一下，就可以清清楚楚地看出。总之，国王们与事实相违背，而人民则与很难经常留意的原则相对立。但是，消除人民的错误要比消除国王们的错误重要得多，因为只有前者才是文明发展道路上的真正障碍，而且它还对后者起了某种推波助澜的作用。

人民对于改组社会的办法所持的主要看法的特点是，他们对于任何一个社会体系为了巩固地存在下去而必须具备的基本条件完全无知。人民把用来破坏封建神学体系的批判的原则误认为有机的原则，即把旧体系的变形当做应当建立的体系的基础。

其实，只要仔细研究一下目前在各国人民中间流行的学说，即这种学说的大力支持者在他们的言论和条理清晰的著作中提出的学说，并在弄清这些学说本身以后，再历史地考察一下它们的相继形成过程，就会发现这些学说完全出自纯粹的批判精神，绝不能成为改组社会的基础。[①]

在完全正常的条件下，政府是社会的首领、公共活动的领导和代表；但现在这种学说使它完全失去作用，不能有效地参与整个社会生活，处于完全被动的地位。人们甚至认为，社会对其成员的一切治理活动，只应严格地局限于维持社会的安宁；但在任何一个积

① 本文只能简单地讨论这个重要问题，容后在一部即将发表的专著中再对它详细发挥。

极进取的社会里，维持社会安宁只是次要的目的，而且文明的发展还会使这个次要目的变得更为次要，因为它使维持秩序的工作变得极为容易了。

政府已不再被认为是负责团结社会和领导个人的一切活动奔向共同目的的社会首领，而被看成是安置在社会体系内部的天敌，所以社会成员必然要依靠他们所赢得的保证手段，去全力反对它，对它经常保持戒备的状态，一发现它有进攻的征兆，便发起防御性反击。

如果从整体再深入到细节，则可看到这种批判的精神表现得尤为明显。在这里，我只准备指出它在精神领域和世俗领域的主要表现。

在精神领域，这一学说的原理，是主张信仰无限自由。如从这个主张的原意来理解，即认为它是以批判为目的的，则这个主张只能说明一个重大的事实，即神学信仰已经没落。

神学信仰没落之后，这种主张又通过必然发生的反作用，更为加速和扩大这个衰落过程。但是，由于事物的本性，它的影响还是有限的。只要人们把这一主张看做反对神学体系的手段，这一主张就属于人类理性进步的范畴。但是，如果人们把它看成是只能在当时建立的伟大社会组织的基础，它便立刻脱离进步的范畴，并失去其全部价值。于是，它当初有多大用处，现在就有多大害处，因为它已成为这种改组的障碍。

其实，它的本质，在于宣布个人理智至上，阻止建立社会的存在所必要的某种统一的一般观念体系，因为不管群众的知识水平达到怎样的高度，大部分通用的一般观念，显然只能在群众相信之后才会被接受,而绝不是经过证明之后才会被接受。可见,这样一种主张,从其本性来说,只能适用于必将消亡的观念,因为对这种观念应用什么主张都是无所谓的。实际上,这种主张也只是在这种观念开始衰败的时候,而且是为了加速它的最后崩溃,才被应用于这种观念。

新体系如像旧体系那样应用这个主张,并认为更有理由把它看做是一项有机的原则,那就要堕入极其奇怪的矛盾;而且,如果这种错误得以延续下去,则社会的改组将是永远不可能的。

从每个人由于不相信专家们在天文学、物理学、化学和生理学方面所论证的原则而会闹出笑话这一意义上说,人们在这些科学方面是绝没有信仰自由的。如果说政治方面的情况有所不同,那只是因为旧原则已经衰败,新原则尚未形成,而且实际上,在这个过渡期间根本不会有什么确立起来的原则。但是,把这个过渡性事实变成绝对的和永久的主张,即把它奉为至理名言,那就显然等于宣布社会应当永远处于没有一般原则的状态。必须承认,神学体系的最有力拥护者做得对,他们责难这种主张是在制造混乱。

人民至上的主张,相当于世俗权力方面的信仰自由的主张,而且不外是信仰自由主张在政治上的应用。为了摧毁神学观念,建立了信仰自由的主张;不久以后,为了同作为旧体系的一般政治基础的来源于神学观念的神权原则进行斗争,又建立起人民至上的主张。

因此,我们对前一个主张所讲的一切,也可适用于后一个主张。反封建的主张和反神学的主张一样,都完成了它们的批判使命,即达到了它们的作用的自然极限。反封建的主张不能再成为社会改组的政治基础，正如反神学的主张不能再成为社会改组的精神基础一样。为进行破坏而被创造出来的这两种主张，都不能用来作为建设的基础。

如果说在人们想从前一种主张中寻找有机的原则时而发现它只是用个人的永无错误论代替了教皇的永无错误论，那么后一种主张也是一样，它只是用人民的跋扈，或者更正确点说，用个人的跋扈，替换了国王的跋扈。正如同前一种主张把最优秀人士为指导社会所建立的一般观念体系的绝对控制权交给一些最无教养的人，使人们的思想各自为政那样，后一种主张导致了文化最低的阶级掌权，使整个社会陷于四分五裂。

不难把方才对于两个主要主张所做的论述，套用于各国人民的学说所由构成的每一个个别观点。这时，我们总会得出相同的结论，看到所有的个别观点也同两个主要主张一样，都是以主张的形式陈述了一个证明封建神学体系已经衰落的历史事实。我们也会发现，所有的个别观点都纯以批判为目的，而且只能在这方面发挥作用和绝对不能用于社会的改组。

因此，对人民的学说进行深刻研究后得知，哲学考察可以预见到战争机器马上会以奇怪的形态变成建设的工具。从全体到部分都纯属批判性质的这种学说，在其主要的行动是反对旧体系时，就对于文明的自然发展发生重大的促进作用。但是从领导社会的改组方面来看，它是完全无能为力的，必然使社会在世俗领域和精神领域都陷于混乱状态。

毫无疑问，各国人民把批判的原则当做有机的原则采用，是与人类的弱点一致的，并且由于长期采用已经变成了习惯，但是再没有比这种错误的延续，更妨碍社会的改组了。

在分别研究各国人民和国王想出的这两种不同的改组社会办法之后，再对两者进行比较，便会发现其中的每一种办法，都因其固有的缺点，而无力使社会进入真正的建设道路，因而也不能防止社会将来重新遭到现代社会至今一直伴有的巨大危机的风暴。这两种办法都同样是混乱的，但来源不同：一方来自其内在本性，另一方来自其必然结果。

两者在这方面的唯一差异在于：国王们认为，政府是特意作为社会的直接的和永远存在的对立物而成立的；而人民则认为，社会一直是在与政府处于完全对立的状态下有系统地组织起来的。

这两种互相对立和都有缺点的观点，必然力图相互防范，从而就源源不断地为革命提供营养。

一方面，国王们恢复封建神学体系的意图，必然引起一部分人民极其强烈地提出批判的学说的原则。而且十分明显，如果没有国王们的这种意图，人民的批判的学说早就失去它的积极作用，因为国王们庄严同意这个学说的基本原则（关于信仰自由的主张）和主要结果，实际上就等于公开承认旧体系已经无可挽救地破产了，而从此以后，人民的批判的学说也就不再有批判的对象。但是，为恢复神权所做的努力，却在唤醒关于人民至上的思想，并赋予这种思想以新的力量。另一方面，由于旧体系稍微改头换面，就足以直接用于建立新体系，所以人民仍然给予批判的原则的最高威望，自然要促使国王们极力恢复旧的体系，以克服看来只能导致社会秩序解体的危机。在社会需要有机的学说的时候，批判的学说是唯一能使国王们的观点有所增强的力量。这是因为：尽管国王们的观点已由于它绝对无法实现而事实上不能比人民的观点更具有有机的性质，但它至少在理论上比人民的观点还强一点儿，因此它与绝对要有某种体系的社会的需要还有某种程度的适应。

如果我们在这个正确的分析中再把各个党派所施加的影响考虑进去，看到它们想把事物的这种场面变成一个非常广泛和非常合乎它们心意的斗争场所；如果我再考察一下它们为了阻止问题的廓清，为了不让国王和人民为理解与认识各自的错误所做的努力，我们就可正确认识社会今天所处的悲惨局面。

以上所做的各种考察证明，摆脱不断引起革命的这种可悲的恶性循环的最终办法，既不来自国王们的观点今天所取得的胜利，也不来自人民的观点今天所取得的胜利。要想摆脱这个恶性循环，只有由各国人民和国王建立并普遍接受可使国王放弃倒退方针与使人民放弃批判方针的有机的学说。

只有这种学说才能使社会步入建立新体系的道路，从而结束危机，因为从人类的文明发生之后，文明的发展就在逐步为新体系的建立创造着准备条件；而在今天，文明的发展已在号召人们去推翻封建神学体系。

这种学说全被采纳以后，各国人民和国王的现有观点中的合理部分均会得到满足，而他们的现实观点中的错误和不协调部分则将被剔除。国王们唯恐社会解体的正当担心消失以后，任何合法的动议都将不会使国王们提出反对意见而阻止人类理性的发展。一心一意建立新体系的人民，将不再急于怀恨旧的体系，而听其按照事物的发展规律自消自灭。在证明必须采纳真正的有机的新学说以后，如果再研究一下新学说的确立时机，则以下的考察足可以证明，立即开始筹办这一伟大事业的时间已经到来。

在仔细考察一些最先进民族的现状时，不能不碰到这样一个奇特而又似乎矛盾的事实：尽管在复旧的学说和批判的学说以外再无其他政治观点，但是这两种学说不管是在国王那里，还是在人民那里，今天均已不再具有真正的优势，哪一个都不能起到足以能够领导社会的作用。正如我们在上面所证明的，从道理上说，这两种学说是相辅相成的，但在实际上却只被用去彼此限制，或彼此抵消它们对公共事务的一般影响。

三十年来在批判的观点的巨大影响下进行的伟大政治运动，已使这种观点失去它的主要作用：一方面，是因为这个运动在给予旧体系以最后一击时，便结束了这种观点的天年，而且几乎完全破坏了使它能够获得人民欢迎的一般原因；另一方面，是因为利用新观点改组社会以后，便完全暴露出批判的观点的混乱性质。自从进行这一决定性的实验以后，各国人民再也没有真正的批判热情了。因此，不管表面现象如何，国王们也终于不能再有真正的复旧热情，因为他们实际上已经承认封建神学体系的衰落和必然消亡。

无论是人民的批判活动，还是国王的复旧活动，现在都被排除在政权和社会之外。人民和国王在实践中完全使复旧的观点或批判的观点发生消极作用，即把它们当做防御的工具来使用。不管是人民还是国王，他们甚至还轮流交替地使用这两种观点，而且利用的程度几乎相同；唯一的重要不同点在于：作为推理的工具，人民仍然拥护批判的学说，因为他们感到最需要抛弃旧的体系；而国王们则拥护复旧的学说，因为他们最深刻地感到有必要维持一定的社会秩序。

有一种由复旧的思想和批判的思想混成的折中观点，而且得到人民的承认。只用这个事实，就不难证明以上的论述。显而易见，这种对于危机的发生毫无影响的观点，无论是在统治者中间，还是在被统治者中间，今天都已占了优势。双方的主要人士都深知折中观点的作用，因为他们现在都已迫不得已接受折中观点的论调。

这种折中观点的胜利，清楚地证明了两个事实，这两个事实对于正确认识当代是非常重要的。首先，它证明批判的学说之不能适应社会的重大现实需要，正如封建神学体系之不能同文明的现状共存一样，已被人们深刻和广泛地认识到了。其次，它证明当其中的一个观点占了优势的时候，人们的一般倾向反而对另一个观点表示好感，直到这个观点自以为被人赞同而企图恢复自己的势力时，人们又像害怕前一个观点那样对它表示不安，于是又返回来对前一个观点表示好意。[①] 这种连续不断的摆动，将根据事件的

---

① 中间观点或骑墙观点的功用，恰恰在于它是这种思想倾向的工具。而且十分清楚，从本性上来说，这种观点根本不能发生有机的作用，因为它没有任何东西是自己所固有的，而完全是由一些互相对立和互相抵消的主张凑成的。正像经验已经充分证明的那样，它只能使事件的进程摇摆于批判倾向和复旧倾向之间，而绝不能使事件的进程发生决定性变化。为了防止复旧的党派或批判的党派占据优势后把社会置于极端混乱的状态，目前的政局当然需要这种摇摆，而且直到形成真正的有机的学说以前，这种摇摆总是不可避免的。从这个意义上来说，一切通情达理的人士，都应努力支持这种摇摆。尽管这样的政治能使革命时代的动乱减少，但这只能无可置辩地证明它在直接地延长革命的时间，因为一个体系混杂和细心防止两个极端学说完全消失的观点，必然妨碍社会进入稳定的局面。简而言之，这样的政治在今天单纯作为一种过渡性安排虽然是合理而有用的，但如果要把它看成是最终的安排，则是荒谬而危险的。

由于以上这些原因，我们在正文中考察关于社会改组的现有观点时，并没有这样谈及这方面的问题。

发展是表现为旧体系的不合理，还是表现为混乱状态的危险，时而摆向这一方，时而摆向另一方。目前的实践政治的机构就是这样，而且只要不出现主张社会改组的思想，只要不产生一个可以同时完成我们这个时代所要求的和至今看来还互相矛盾的两个主要条件的思想，即不产生抛弃旧的体系和建立合理稳定的秩序的思想，情况必然是依旧如此。

在各种观点中都明确反映出来的两种对立学说的相互抵消情况，在行动上表现得尤为明显。实际上，如果研究一下近十年来发生的比较重大的事件，不管它们是具有批判的倾向，还是具有复旧的倾向，就会发现它们绝没有对相应的体系发生过切实的促进作用，而由此造成的结果，则只是妨碍对立的体系占据优势。

因此，总而言之，国王的观点和人民的观点，不仅未能满足要求有新的一般学说的当代社会改组的基本需要，而且现在也不能取得胜利，甚至其中任何一个都具备不了真正的活动能力。由此可以得出结论：人们已经在思想上做好充分准备，以便接受有机的学说。

已经进入成年时期的社会的命运，既不像国王们所认为的那样，是要永远住在其童年时期构筑的陈旧破房子里，又不像人民所认为的那样，是在离开破房子以后就永远住在露天地里。社会将在它已经取得的经验的帮助下，利用它已拥有的材料，建设得更适合人民的需要和享乐。这就是留给现在这一代人的伟大而光荣的任务。

通 论

既然已经证明各国国王和人民至今设想的社会改组所依据的原理是有缺点的，那就自然应当得出结论说，国王和人民没有正确地拟出改组的计划。对这样的事实只能作这样的解释，但要对这个论断作出直接的、专门的和精确的证明。

国王和人民的观点均无能为力，这证明需要有新的、真正的有机学说，只有这样的学说才能克服折磨着社会的可怕危机。同样地，研究一下使双方都未获得成功的实施办法，将会知道用什么办法去形成和建立新的学说，应当号召哪些社会力量去领导这一伟大工作。

各国国王和人民在拟制改组计划时所犯的方法上的共同错误，是双方至今一直遵循着违反这类工作的性质的极端错误的思想，以致把这项重大的任务交给了一些完全没有这种能力的人。这就是前一章指出的基本错误的主要原因。

虽然这个原因确实存在于国王和人民双方，但专门讨论它在国王那里的细节，并没有什么益处，因为国王没有任何发明，而他们只想使旧的学说在新的社会条件下复活，就充分证明他们想不出真正的改组办法。其次，即使他们想出了办法，也会由于同样的原因，同人民的办法一样，原则上是错误的；只是他们在实施时要比较周密，因为他们事前会把前进途中的细节全都考虑到。因为只有人民提出了新的学说，所以应当仔细研究他们是怎样实施这个学说的，以便从中找出这个学说的错误根源。此外，经过适当的修正，任何人都不难把我们在这里对人民所作的一般论述运用到国王身上。

自危机发生以来,各国人民制定过无数的宪法,而且条文详细得无以复加,这就足以使有判断能力的人都能看到,人们至今还没有认识改组计划有哪些特点和制订这个计划有多么困难。在社会即将得到真正改组的时候,我们的后代将会深为惊奇地看到,在这三十多年中间,竟然出现过十多部宪法,而且每部宪法都相继宣称自己是永久的和不可改变的,其中大多数都包含二百多条细致的条文,这还不算由此产生的大量组织法规。如果在思想的自然发展中不能把这样的高谈阔论抛弃,而代之以真正的最终学说,那就是人类理性在政治领域的耻辱。

社会不是在这样高谈阔论中前进的,也不可能这样前进。想在几年内或甚至几个月内一气呵成,把一个社会体系的全套组织建立起来,使其得到完美而全面的发展,这实在是异想天开。人类的理性还不健全,绝对做不到这一点。

现在,让我们研究一下极其简单的类似情况的发展过程。当一门科学根据业已成熟的新学说诞生的时候,首先要制定、研究和建立一般原理;其次要通过一系列的大量研究工作,把它的所有部分联合成为一个整体。谁都不能一开始就把这项工作想得面面俱到,即使原理的发明者本人也是如此。例如,在牛顿发现万有引力定律以后,又经过一百多年的艰巨努力,才在欧洲的全体几何学家的参与下,使必然要利用这个定律的天体物理学得以建立起来。在技术方面,情况也是如此。在这方面,只举一个例子就可以了。比如,当蒸汽的弹力被公认是可以用作机器的新动力以后,也是经过将近一个世纪的时间,才使这项发明直接促进了工业发生一系列改革。如果说在尽管如此重要和复杂但却是个别的革命当中,人类理性的必然发展过程都已经显然如此，那么，在比这些革命更为普遍、更为重要和更为复杂的革命中，即在以改革社会体系为目的的革命当中，人类理性至今走过的不可抗拒的过程，不是更能说明必然如此吗？

从这种间接的但有决定意义的比较进而进行直接比较时，也可得出同样的结果；而用这种比较研究封建神学体系的建立过程时，则可以看出这次革命的性质同现代革命的性质完全一样，它远远不是一气呵成，一下子就把这个体系建立起来的；只是到了11世纪，这一体系才终于具备了自己的完整形式，即在基督教于西欧取得全面胜利后过了五个多世纪，当北方民族完全定居在西罗马帝国的时候，这个体系才最终建成。可以设想，任何一个有天才的人，都不能在第五世纪就把这一制度的全部细节统统计划出来。毫无疑问，由于文明的进步和今天应当建立的体系的本质比较合理与单纯，所以这个体系的整个组织才非常容易地建立起来。由于人体组织的不变本性，社会的这种发展过程也经常是和必然是一样的，只是速度有快有慢而已。因此，这个重大的经验只能证明，要急于求成，一下子就把社会改组的整个计划的微小细节全都预计出来，那是不合理的。

如果这个结论还需要再加证明，则考察一下人民所主张的批判学说的形成过程就可以了。显然，这个学说不外是新教作为一项原则提出来的个人探索权的一般发展和运用。但是，这项原则成立以后，又经过将近两个世纪，才发挥出它的全部重要效用，使这一学说完全建立起来。无须证明，封建神学体系的反抗，对这个过程发生了极大的推迟作用。但是，也显而易见，这并不能成为唯一的原因，推迟的原因主要在于工作本身的特性。但是，凡是适用于纯批判学说的，也更有理由适用于真正的有机学说。

因此，应从这个初步探讨中得出结论：各国人民至今尚未理解伟大的社会改组工作。

我们在试图查明这一工作的性质为何未被正确认识的时候，发现人们把一项本质上是理论工作的工作看成了纯粹的实践工作。

社会改组的任何计划，都必须由两类工作构成。这两类工作，无论从它们的目的来说，还是从它们所要求的工作人员来说，都是彼此各异的。一类是理论工作或称精神工作，它的目的是研究计划的基本思想，即研究应当协调社会关系的新原则，并建立旨在指导社会的一般思想体系。另一类是实践工作或称世俗工作，它决定权力的分配方式和最适合于理论工作所建立的体系的精神的全套管理制度。第二类工作以第一类工作为基础，并且是它的结果和实现。正因为如此，整个工作必须从理论工作开始。尽管理论工作仅是准备性的，但它是整个工作的灵魂，是最重要和最困难的部分。

由于没有采用这种基本的区分，换句话说，由于把注意力完全放在实践部分，所以各国人民自然就按照上一章所述的错误学说去设想社会的改组了。他们的一切错误都来自这一最初的重大差误，而两者之间的因果关系也是不难证实的。

首先，由于这样违反人类理性的自然规律，所以各国人民在完全相信可以建成新的社会体系的同时，并没有摆脱旧体系的影响。这是不可避免的，因为他们并没有把新体系的宗旨和目的明确规定出来。只要这个必要的条件没有预先准备出来，情况就必然总是如此。

任何一个社会体系，不管它是为少数人建立的，还是为多数人建立的，它的最终目的都是要把所有人的力量引向一个总的活动目标，因为**社会**只存在于联合起来进行总的共同活动的地方，其他任何假说都不能构成社会，而只是若干个体在同一个地方群居。人类社会和群居动物的社会的差别就在这里。

从这个考察可以得出结论：明确规定活动的目的，是合理的社会秩序的首要条件，因为它规定着整个体系的预定方向。

另外，一个社会，不管人数多少，也同一个独立的个体一样，它的全部活动只有两个目的。这就是：对人类的其余部分施加暴力，即进行侵略；改造自然，使其有利于人们的活动，即从事生产。一个社会，如果不是为了其中之一而明确建立起来的，则它不过是一个松散的联合体，没有自己的特点。军事目的曾是旧体系的目的，而实业目的则是新体系的目的。

因此，迈向社会改组的第一步，就是宣布新体系的目的。由于未作这种宣布，所以人们还没有从旧体系走出来，却误以为自己已经脱离了它。然而十分明显，我们的所谓宪法的这种奇怪缺陷，完全来自人们在整个体系尚未全部设想出来以前就要规定它的细节。换句话说，就是因为人们只重视社会改组的法制部分，而没有去研究理论部分，甚至没有想到去建立理论所使然。

这个最初错误的必然结果，是人们采取了纯属改头换面的变形办法去全面改革旧的体系。结果，旧体系的基础根本未被触动，而所做的一切变革只是形式。人们只忙于瓜分旧的权力，并在旧权力的各个部门之间制造对立。人们一直把关于这个问题的争论看成是政治的最重要问题，而且现在还是这样看。其实，权力只是政治的极不重要的末节问题，但人们总是爱把社会的活动方向与权力的性质看成是一个东西。

此外，还必须看到：最初的错误产生的另一个错误，是人们对权力的划分还十分肤浅，因为人们忽略了精神权力和世俗权力这个主要划分，没有注意这个划分是旧体系在一般政治方面的主要成就。由于人们把注意力完全放到社会改组的实践部分上去，所以产生了没有载明精神权力的宪法这样奇怪的现象。这个现象如要长期存在下去，那将是真正没有止境地向野蛮时代倒退，把一切都委诸世俗权力了。人们只看到立法权和行政权的划分，但这点显然只是一种次要的划分。

人民所以必然把批判的原则看成有机的原则，是因为他们只注意封建神学体系的各种变形了。从旧体系业已显然没落的时候开始，批判的原则就被用去反对旧的体系，所以它也在促使旧体系改变形式。关于这一点，有一个问题不能忽视，即人民虽然不承认社会改组的全部工作应分为理论部分和实践部分，但他们却不得不确认事物的本性所决定的这个规律的必然性，而且他们本身在改变旧体系的形式时也服从这一规律。

上述的这一系列严重后果来自一个基本错误，即把本质上是社会改组的理论工作的工作看成了纯实践工作。因此，人民逐渐把改头换面的旧体系看成是文明的进步所造成的真正的新社会体系，其实这不过是被批判的学说剥去了血肉而空留下一副可怜的骨头架子的旧体系。这就是上一章指出的主要错误的真正根源。

既然经常感到需要真正的改组，而为了满足这个需要就必须进行改组，所以人民中间的有识之士便奋发起来，极力去寻找新的措施。但是，由于一个不可抗拒的原因，他们的错误行为一开始就把他们抛进狭小的圈子里而不能自拔，文明的进步虽然在拉他们跳出这个圈子，但终归徒劳。他们仍然没有摆脱旧的体系，即仍在它的新的变形控制之下，还在完全应用批判的学说，而他们却认为这是他们的努力的终点。因此，旧体系虽然一再变形，即虽然一再遭到破坏，但仍然未被取代，而人民却是大踏步地走向完全混乱。这样的道路也只能有这样的自然结果。

这个结论清楚地证明，改组社会这样巨大的工作，必须立即和不可避免地采取人类理性所明确指示的步骤。只有这样，才能避免人民采取其他不同步骤而陷入不幸的结局。

这个论断是最基本的，因为它在决定今天应当进行的巨大政治工作的方向。既然如此，那就应当把它讲得清清楚楚。因此，即使人们可以认为这个论断能被我们对人民至今走过的道路进行的初步研究所充分证明，但是简单地追述一下这个论断所直接依据的哲学观点，也还是有好处的。

在处理最简单的问题时，也需要对工作进行必要的分工，这是人们至今公认的道理。但是，在进行一项最为普遍和最为困难的重大创举时，反而要求人们特意证明这种分工的必要性，这并不是对人类理性的尊重。

经营一个工厂，构筑一条道路或一座桥梁，驾驶一艘轮船等等，都必须有基本的理论知识，这是公认的简单真理。可是竟有人主张社会改组的工作是一项应当委托守旧分子去办理的纯实践工作！

全人类的一切活动，从最简单的到最复杂的，不管是由一个人单独完成的，还是由数个人合作完成的，都必然由两个部分构成，换句话说，必须对它们进行两类研究：理论的研究和实践的研究。或者说，一类研究是创立观点，另一类研究是实现观点。前者必须先于后者，而且一定要领导后者。一句话，绝没有不经过事先思考的行动。对纯属因循守旧的活动，也可以作这样的区分，而所作的区分在理论上是否正确，那是另一码事。有些人在某些问题上坚持不让理论来指导他们的思想，正像人们所说的那样，他们硬是不承认同时代人作出的理论成就，一心保护早已被推翻的陈腐理论。比如，一些炫耀自己不信医学的人，总是极其愚蠢地相信不学无术的江湖医生。

在人类的幼年时期，一切活动的理论研究和实践研究都是由个人去完成的。这样，并没有妨碍人类在当时取得尽管还不突出但很现实的成就。后来，这两种研究工作开始分开而各自独立，因为社会开始需要性质不同而且可以说是相互对立的技能和修养。随着人类的集体智力和个人智力的发展，这种分工日益明显和推广，并成为获得新成就的源泉。可以根据理论和实践的分工程度与两者之间的协调程度，准确地推定一个民族在哲学领域的文明程度，因为活动的分工和力量的结合是文明的强大手段。

由于基督教的完全确立，社会的公共活动领域的理论和实践的分工，也像一切个人活动中已经存在的分工一样，终于正式形成和全面完成。随着精神权力的建立，这种分工更加具有生命力和巩固起来。新建立的精神权力与世俗权力截然不同,并独立于世俗权力之外,但又通过自己在理论和实践上拥有的权威,与世俗权力保持着随旧体系的性质不同而有变化的天然联系。这个伟大而高尚的创见,曾是使封建神学体系在其全盛时代大放异彩的那股毅力和坚定信心的主要来源。这个体系的必然覆灭,曾暂时使人们忽略了这个重大的分工。最近一个世纪的肤浅的批判哲学,就不承认这种分工的价值。但是,显然应当把这种分工连同人类理性在旧体系下取得的而不该与旧体系同归于尽的其他一切成果珍重地保存下去。这种分工首先应当在新体系今天即将建立的精神权力和世俗权力之间发挥作用。没有疑问,社会在 19 世纪绝不会完全像 11 世纪那样组织起来。①

既然应当承认日常的公共政治活动都要有理论和实践的分工,那么主要由于人的智力不够而建立的这种分工,对于社会的全面改组这样宏大的工程不是更为必要的吗?这是处理这个重大问题使其适应自己的重要性的首要条件。

哲学考察提出的这个问题,可由直接的经验证明。任何一项重大改革,如果不在改革直接的改革对象之前进行思想准备工作,即不以理论为基础和不受理论的指导,就无法在社会上实行。历史对此提供了两个具有决定意义的经验。

第一个经验,是指封建神学体系的建立。今天,这个事件应当成为我们吸取教训的不竭源泉。使这个体系得以在 11 世纪完全建成的全套制度,是由以前几个世纪对于这个体系的精神所做的

① 关于精神权力和世俗权力分工这个大问题,容后在另一部专著中讨论。

理论研究准备好了的,而亚历山大学派对于基督教理论的最后加工,则对这项理论研究具有划时代的意义。作为全欧的最高权威的教皇权力的建立,就是基督教的教理的这个前期发展的必然结果。以弱者必须受强者保护为基础的整个封建制度,也不外是利用这个教理去规定社会关系,使其适应当时的文明状态。谁见过这种或那种封建制度是未经过基督教学说的事先发展而建立起来的!

第二个经验更容易理解,因为我们几乎都亲眼看到了它。这个经验是指各国人民自目前的危机发生以来对旧体系所做的形式改变过程。大家知道,这种变形工作完全是以 18 世纪的哲学对批判的原则所做的发展和有系统整理为基础的。只要这项工作是批判性的,它就是一项次要的理论工作;但因为它具有强烈的理论性,又与后来的实践工作截然不同,所以曾经争先恐后做过这项工作的人,没有一个人能够比较清晰地和相当广泛地想到后代应当出现什么样的变形。凡是拿自己的著作与后来出现的实际变形进行仔细比较的人,都会认为我们的这项考察是正确的。但是,如从指导过我们所说的宪法的制定工作的人们当中的最有才干的人士的著作和言论中摘出直接借自 18 世纪哲学家的思想,我们就可以看到其中再没有什么新思想了。

在用历史观点研究我们所讨论的问题时,不难用我们只是先在这里提出,然后在本卷的第二部分再加发挥的以下论点来解决。

今天,社会在精神领域和世俗领域都濒于衰败,而精神领域的混乱先于世俗领域的混乱,并且是后者的产生原因。也是在今天,社会的动荡起源于前者比后者为多。另一方面，仔细研究文明的发展，证明现在就应多为社会的精神改造做准备，而少为其世俗改造做准备。因此，为早日结束革命而直接付出的主要努力，应以改造精神权力为目的；但是在目前，人们却把注意力放在世俗权力的改造上了。

从以上的全部论述中显然应当得出如下的结论：在目前这个时期，绝对需要把社会改组的理论工作同其实践工作分开，即绝对需要单独规划和进行与新社会秩序的精神有关的工作，也就是单独规划和进行与应当适应这个体系的一般思想体系有关的工作，并把这项工作同以研究由此而来的社会关系体系和管理形式为目的的工作分开。只要理论部分还没有完成，或不够十分先进，实践部分就不可能是坚实和巩固的。反之，实践部分先于理论部分的时候，等于进行没有基础的建筑，使形式先于本质。一句话，这不外是延续各国人民所犯的基本错误，而这种错误则是他们的一切失误的主要原因。为使他们想要看到一个适合文明的状态而组织起来的社会的愿望最终能够实现，那就必须消除这个障碍。

确定新社会体系得以建立在巩固的基础之上所需的准备工作的性质以后，就容易决定依靠哪些社会力量去完成这项重大使命。这是在提出这项工作的实施计划之前有待明确决定的问题。

既然现已证明各国人民至今采用的社会改组计划的制订办法是有严重缺点的，那就不必再做过多的议论，去让人们相信曾被委托完成此项重任的人士都是不称职的。事实很清楚，一方是另一方的必然结果。人民没有认识这项工作的性质，所以就不能不在选择执行人的时候失误。这些人正适合去做人民基于错误的办法构想出来的工作，因而他们就不能领导基于正确的办法设想出来的工作。这些被委托人的无能，或者说是他们的不称职，是自然的，因为没有人能够同时进行两种完全对立的工作。

被委托去领导三十多年来公布的所谓宪法的制定工作的人士，基本上属于法学家阶级。事物的本性必然使这些人按照人们至今所想的那样去接受这项任务。实际上，人民至今所要做的只是改变旧体系的形式，他们用来指导这项改变工作的批判原则也是早已确定的，所以雄辩的才能理所当然地就成了适用于这一工作的专门本领。特别是法学家，他们的职业习惯使他们养成了这种本领。然而，这种本领只有次要的作用，因为它只是为使既定的意见获胜服务，它本身并未参加这种意见的形成和研究的工作。因此，这种才能最适于做推广工作。创立批判学说的各项原则的并不是法学家，而是形而上学家，他们在精神领域和世俗领域形成了一个与法学家阶级对应的阶级。但是，使这些原则得到推广的却是法学家，在同封建神学体系进行直接斗争的整个期间占领政治舞台的，主要也是他们。可见，利用批判的学说指导这一体系改变形式的也是他们，因为那时只有他们最善于运用批判的学说。

当然，确实需要进行的真正的有机工作是不能这样做的。需要在这里发挥作用的，已经不再是雄辩的才能，即不再是说服的才能；而是推理的才能，即研究和整理的才能。正因为法学家一般最善于雄辩，所以他们也就最不能推理。他们以设法使人相信某种观点自任，但是他们越是在这方面通过实践积累经验，就越是不能根据真正的原则创造理论。

可见，我们在这里无意损伤法学家的自尊心，而是认为各种才能和各种工作都有其独自的特点。法学家在完全错误的思想支配社会改组工作的时期，曾指导过改组计划的制订工作。他们只是做了他们应当做的工作。他们被号召去改变旧体系的形式和批判旧的体系，实际上他们也这样做了。谴责他们指导错了，那是不公正的，因为不是他们自己要去担任指导，而且他们也无权改变这种指导。只要这种指导本身是有益的和必要的，他们的影响也就是有益的和必要的。但是，同时也应当承认，当与其完全相反的指导占据优势的时候，他们的影响当然也就没有了。当然，认为社会改组工作纯属实践工作，不必事先研究必要的理论，这是十分荒谬的。但是，比此更为荒谬的是，偏让大部分是缺乏鉴别能力的人，不根据才能的条件选出一些对于实证理论的思想一窍不通的演说家，由他们召开一个会议去进行社会改组。①

我们所做的研究的性质本身，也十分清楚地指出哪个阶级能

---

① 我们绝不想根据以上的考察，就断言法学家阶级今天不该参与政治活动；而是打算根据我们即将提出的论断，来证明社会的现状要求法学家放弃他们对于思想的最高领导权。但是，由于法学家有他们的特长，还可以让他们在特别重要的领域协助他人开展新的理论研究。首先，他们的说服能力和比其他阶级惯于从政治上看问题的态度，一定能使他们有力地促进人们接受有机的学说；其次，法学家，特别是对实证法学深有研究的法学家，都具有立法的能力。这种能力是建设新社会体系所需的重要能力之一，一俟整个改组工作的纯精神部分业已完成和得到充分进展，它就将立即发挥作用。

够担负这项工作。因为这项研究是理论工作,所以显而易见,以始终从事理论研究为己任的人,即研究观察科学的学者,是唯一在才能和智力修养方面都具备必要条件去做这项工作的人。

当社会的迫切需要引起最重要和最艰巨的理论研究的时候,不让当时存在的大批脑力工作者参与,特别是不让其中被公认为最有工作能力的学者去负责,实在是一件怪事。当然,在人们的其他社会集团里,有的人的理论工作能力同大多数学者相等,或甚至比学者更高明,因为个人的实际阶级地位并不完全同他们的自然出身和生理区分一致。但是,如此重要的工作应当重视阶级,而不能依靠个人。何况唯一能使个人适当发挥自己的理论工作能力的,只是他们所受的教育,即他们从研究观察科学当中获得的知识体系。总之,当社会在某一特殊领域需要理论工作时,应当号召相应的学者阶级去做此项工作。因此,应当领导我们已经证明是必要的一般理论工作的,是全部的科学团体。①

此外,适当地注意事物的本性,便可防止在这方面产生各种差

① 我们在这里按照一般习惯,把学者理解为虽非一生专门从事观察科学的研究,但要具备科学才能,对一切实证知识均有深刻研究,从而能够运用自己的理性和掌握自然现象的主要规律的人。

毫无疑问,在这个学者阶级当中,可以在新社会学说的建立方面发挥主要和积极作用的人,还为数不多。其他一些学者都只顾自己的专业,有的人治学态度还不够正确。今天,他们不能依靠自己的专业在政治科学的建设方面发挥真正的积极作用。尽管他们在这项伟大的工作中担负着非常重要的任务,但他们毕竟是消极的,即只起着工作的天然裁判者的作用。研究新的哲学方向的人获得的成就,只有被各专业的学者接受,并认为同他们的日常工作的成就具有同样性质的时候,才会发生作用和影响。我们认为应当这样解释,否则,大部分读者不免要在思想上产生异议。但是,也显而易见,在创立有机的理论方面应当起积极作用的学者阶级和只起消极作用的那部分学者之间的差异,完全是无关紧要的,它对正文中所作的主要论断没有任何影响。

误,因为事物的本性已由不同的观点证明,只有学者阶级能够担当社会改组的理论工作,除此再不能作其他选择。

在所要建立的体系中,精神权力将由学者掌握,而世俗权力则属于实业界的首领。当然,这两种权力都要为这个体系的创立服务,而当这个体系建成以后,它们除了大力促进今天应当开始的工作以外,还应当为这一体系的经常推广服务。今天应当开始的工作分为两个部分:应当首先着手的精神部分和随后进行的世俗部分。因此,学者要进行第一部分工作,最卓越的实业家要根据学者创立的基本理论组织管理体系。这就是事物的本性所规定的简易办法。这说明只有作为新体系的主要成员和有朝一日必然领导这一体系的阶级,才可以建立这个体系,因为只有他们最理解新体系的精神,只有他们能在这方面发挥他们的才能和利益所联合促成的干劲。

还有一个论点,更能说明必须委托实证学者去做社会改组的理论工作。

前一章已经说过,批判的学说使大部人产生一种把自己视为一般政治思想的最高裁判者的习惯,并在日益加强这个习惯。

理智的这种混乱状态如被奉为基本原则,就必然成为社会改组的障碍。因此,确实有能力的人,如果他们的先前地位事实上无权建立自己的权威,则不管他们怎样努力去创立旨在结束当前的危机的有机学说,也是一事无成。没有这个条件,他们的工作就要受到喜怒无常的蛮横政治的控制,从而不能为人们所一致接受。但是,考察一下目前的社会,我们立即可以发现,这种精神权力今天完全掌握在学者手中。在理论问题上,只有他们拥有无可置辩的权威。因此，只有他们有能力创立新的有机学说，而且也只有他们完全掌握着必要的精神力量去使人接受新的学说。人们认为精神的主权是人人的天赋权利，而这种主权的批判偏见对这方面造成的障碍，除了他们以外，其他任何人都克服不了。能够去掉这种偏见的唯一杠杆，掌握在他们手里。因此，自实证科学建立以来，社会上逐渐养成了如下的习惯：凡属个别的理论观点，都交由学者们去决定。而当学者们负责整理一般的理论观点时，又可以容易地把这种习惯应用于决定一般观点上。

因此，学者在今天已与其他一切阶级不同，只有他们拥有精神统治的两个基本因素：进行理论工作的能力和拥有理论工作的权威。

这个最后的重要特点，也同前述的各个特点一样，都是科学力量所固有的。对于这个特点，我们还需略加说明。

目前的危机显然是西欧各国所共有的，只是危机的程度在各国有所不同而已。尽管每个国家都把它当做本国的问题来单独解决，但全欧性的危机显然应由全欧来共同解决。

各族人民之间出现的这种隔绝现象，是封建神学体系衰落的必然结果。这个体系的衰落，使它过去在欧洲各族人民之间建立的精神纽带也完全破裂了。国王们虽曾以欧洲均势的名义，试图恢复过这一纽带，但在这个名义的下面，却隐藏着相互敌对的状态。批判的学说不能在旧原则的基础之上恢复由它自己破坏了的和谐。恰恰相反，它与这种和谐完全是南辕而北辙。首先，它的本性决定它会制造隔绝；其次，各国人民对于这一学说的原理本身，也不可能有完全相同的理解，因为每个国家的人民都想按照自己对于这个学说的理解，去对旧体系进行程度不同的形式的改变。

只有真正的有机学说，才能建立欧洲的文明现状如此紧急要求成立的这种联合。如果这个学说能向西欧各国人民指出他们现在即应开始实行和迟早必然完全实现的社会组织体系，就一定能够实现这个联合。还应当指出，这个联合必然比旧体系建立的联合完善，因为旧体系下的联合只限于精神领域，而在今天，世俗领域也要联合起来。这样，各国人民才能建立起一个真正的、一般的、完善的和持久的联合。其实，如果这种解释是正确的，那就不难证明：西欧的各国人民，现在可以根据各自的文明状态的特点，去建立这个体系中的适于他们完成的那一部分。由此便会产生他们的合作的直接效果。但在这以后，他们仍须共同努力去建设新的体系。

用这个观点考察新的有机学说时可以看到，在促成各个文明民族结合的条件没有具备以前，负责形成和建立新学说的力量应当是欧洲人。而且，还同上述的一切特性一样，这是欧洲科学界所固有的特性。看来，只有学者可以结成真正的、紧密的和忠实的联盟，使联盟的成员能够彼此了解，容易在全欧范围内不断互通信息。现在，也只有他们能够做到这一点，因为他们有共同的思想、共同的语言和共同的长远活动目的。其他任何阶级都没有这样强大的优势，因为它们没有全面具备这一切条件。甚至那些由于自己的工作性质和生活习惯而极其热情支持联合的实业家，也因为听任自己的朴素爱国主义的反对情绪的干扰，而不能彼此形成一个真正的欧洲同盟。这项工作有待学者去做。

毫无疑问可以证明，当学者们把自己的力量全都用去创造新的社会学说时，他们的现有联系将要更加紧密。这个效果是清楚的，因为社会纽带的强度必然同联合的目的的重要性成正比。

为了全面和正确评价欧洲人由于拥有学者而产生的特殊力量，必须在我们所研究的领域拿国王的行为同人民的行为作一比较。

前面已经说过，尽管国王们是按照原则上不合理的计划行事的，但他们执行计划的方式却比人民有步骤得多，因为他们的行动方针早已事先详细规定出来。因此，在我们所研究的领域，国王们能在全欧把他们的力量联合起来，而人民则是彼此隔绝的。只是由于这一事实，国王们就比人民占有相对的优势，不管人民利用什么手段，都斗不过国王们的这个优势，这就使国王们的优势具有了特别重大的意义。

人民意见的代表者，除口头抗议国王们的这种优势外，别无其他办法，但这种抗议并没有触动这种优势一根毫毛。人民意见的代表者宣称：总的说来，任何国家均无权干涉他国的社会改革。但是，这项原则不外是批判学说在对外关系上的应用，它同这个学说的其他一切主张一样，也是绝对错误的。而且也同那些主张一样，不过是把欧洲各族人民之间在旧体系的影响下存在的联系的解体这个过渡性事实误认为永久的事实。显然，西欧的各族人民，由于他们的文明接近，即无论从其长远发展上看，还是从其现状上看，都有其共同性和联系性，所以他们正在形成一个成员各自享有权利的大民族。当然，这项权利的范围不如单一国家的个人享有的权利那样广泛，但其性质是相同的。

另外，我们还可以知道，这种批判的观点即使是合理的，也达不到目的,甚至离目的越来越远,因为它在妨碍人民的团结。要想把一种力量压抑下去,只有依靠另一种力量。因此,只要学者这支欧洲的唯一力量没有主持社会改组的巨大工作,在欧洲范围内人民就要比国王处于显然劣势的地位。从人民方面来看,只有学者的力量能与神圣同盟真正匹敌,而且能够显示精神权力的同盟必然比世俗权力的简单同盟强大。

总括起来,举出以下四个论据,就可确切证明必须委托学者进行社会改组所不可缺少的准备工作,即理论工作。其实,只用其中的一个论据,就足以证明这一必要性。

第一,从才能和智力修养的性质来说,只有学者适合这项工作;

第二,从事物的本性来说,也注定应由学者担任这项工作,因为他们是所要建立的体系的精神权力的代表;

第三,今天,唯独学者拥有必要的道德权威来决定采用新形成的有机学说;

第四,也是最后一个论据,在现有的一切力量当中,学者的力量是欧洲所独有的。

毫无疑问,这一切论据当然可以有根有据地证明学者负有重大的理论工作使命。

从上述的一切可以得出如下的结论:人民在设想社会改组时所犯的思想方法错误,首先来源于他们是按照错误的程序着手这一工作的;这种程序的错误在于他们把社会改组看成是一项纯实践工作,其实它首先是一项理论工作;事物的本性和最有说服力的历史经验都在证明,绝对需要把社会改组的全部工作分成理论和实践两个部分，前者应当先于后者进行，而且必须是后者的基础；理论工作的先行，要有不同于迄今活动在舞台上的力量的新社会力量发挥作用；最后，从许多具有决定性意义的理由来说，这种新社会力量都应当是献身于观察科学的研究的学者。

可以把这一切观点的目的看成是逐步提高善于思考的人们的理性，使他们从高处一览至今采用的社会改组的程序的缺点和今天应当采用的程序的特点。总之，是要通过欧洲学者的通力合作，为政治创造一个与实践工作分开的实证理论，而这个理论的目的则是设计符合文明的现状的新社会体系。但是，如果可以这样认为，那就应当把这个结论概括为这样一个思想：学者今天必须把政治提高到观察科学的行列。

这是学者应当掌握的具有决定意义的最高观点。从这个观点出发，可以容易把本文开始以来叙述的一切主要内容概括在几项简单扼要的论证之中。然后，作出重要的总结，以便能够提供继续前进和加快思想发展的手段。

人类理性的本性自身，要求我们的各个知识部门都必须相继经过以下三个不同的理论状态：神学的或想象的状态，形而上学的或抽象的状态，科学的或实证的状态。

在第一种状态下，孤立的、为数不多的观察，是当时科学的主要方法，而把这些观察联系起来的，则是超自然的观念。换句话说，被观察的事实是基于空想的事实来说明的，即先天地想象出来的。这种状态是一切科学在摇篮时期的必然状态。尽管它还有缺点，但在当时的条件下，它却是唯一可能的结合形式。因此，它成了总要有一个集中点的理论工作的支柱，提供了就事实进行推理的唯一手段。一句话，它是使知识能够继续前进所不可缺少的。

第二种状态是专为第一种状态向第三种状态过渡服务的手段。这种状态具有混合的性质，它借以联系事实的观念不再是超自然的，但还不是完全自然的。总之，这些观念是人格化了的抽象概念，而理性可以随着自己是接近神学状态还是接近科学状态，利用这种抽象概念随意给超自然的原因定出神秘的名称，或对一系列简单的现象进行抽象的叙述。这种形而上学状态还能随着事实的数量增加，而根据越来越多的类似之处对事实进行分类。

第三种状态是所有科学的最终形式，前两种状态只是为它逐步做好准备的状态。在这种状态下，把事实联系起来的东西，已经是事实本身提出的实证的一般观念或一般规律，而且这些观念或规律往往只是来自本身可以变成原则的相当普遍的简单事实。人们总想把这些观念或规律简化为少数几个观念或规律，但始终没有想出将来有一天可以通过观察证实的假说。同时，在任何情况下，都只把这些观念或规律看成是解释现象的一般手段。

凡是熟悉科学发展过程的人，都不难从现在已经成为实证科学的四门科学方面，即从天文学、物理学、化学和生理学方面，以及从与它们有关的其他科学方面，证实我们上述的这个一般的历史总结的正确性。只了解各门科学的现状的人，也可以从生理学方面得到这种证明。尽管生理学也同其他三门科学一样，最终已经成为实证科学，但它仍以三种形式存在于知识水平不等的现代人的各阶级中。这个事实，在这门科学的研究中特别称为精神的现象上，表现得尤为明显。一些人认为精神是连续的超自然活动的结果，另一些人把它看成是一个抽象存在物的活动的不可思议效应，还有些人认为精神是以我们能够证明的最高的有机条件为基础的。

如果把政治视为一门科学，并把上述的观察用于政治，便会发现政治已经度过了头两种状态，现在正要进入第三种状态。国王的学说，表明政治处于神学状态。实际上，国王的学说所依靠的，是使它最终得以建立起来的神学观念。这种观念要求人们相信，社会关系是以关于神权的超自然观念为基础的。它用从原始人开始至今一直采用的超自然的直接指示，来解释人类社会相继发生的政治变化。一直到旧体系开始衰落，都完全是这样来看政治的。

人民的学说，表明政治处于形而上学状态。这种学说完全以关于原始社会契约的抽象假定和形而上学假定为基础，即认为在文明所促成的人的能力的一切发展之前，曾经有过这样的契约。这种学说常用的推理手段，是人人都平等拥有的并为这项契约所保证的天赋权利。这本来是为反对旧体系而由神学引申出来的批判学说，后来才被看成了有机学说。在一部著作里把这个学说有系统地整理出来的人，主要是卢梭。他的那部著作，过去是而且现在仍然是社会组织的通俗研究的基础。

最后，科学的政治学说，在观察中把人类经常所处的社会状态看成是社会组织的必然结果。它认为这种社会状态的目的，决定于人在自然体系中必然要受到事实限制的地位。它不用其他任何解释去说明这个目的。实际上，它认为人与自然的这个基本关系，来自人们想要驾驭自然并改造它为自己服务的经常意向。其次，它认为保持社会秩序的最终目的，在于集体发展这个自然意向，调整和统一这个意向，以使有益的活动产生尽可能大的效果。然后，它试图通过直接观察人类的集体发展，把人类走过的道路和到达这个最终状态所必须经过的中间状态同人体组织的基本规律联系起来。它根据这一系列观察和借助各种假说，说明各个时代取得的进步决定于人类当时达到的发展水平。最后它认为，在文明的各个阶段，政治计划的目的完全在于正确规定应当采取的步骤和使每一步骤容易得到实行。

以上所述，就是今天应当建立的实证学说的精华。这种学说以适用于文明人类的现状为目的，它所以要观察先行的两种状态，只是为了确立科学的基本规律。

为什么政治未能更早些成为实证科学，为什么政治可以在今天被称为实证科学，这都容易立即解答。

为此，必须具备两个基本条件。这两个条件虽然彼此不可分离，但又能各自独立。

第一，所有的专门科学在成为实证科学时，都要逐步实现，因为在所有的成分还没有全都成为实证的以前，全体是不能成为实证的。这个条件，今天正在得到满足。

各门科学都是通过根据自然的秩序进行的革命，依次成为实证科学的。这个自然秩序，就是这些科学研究的现象的复杂程度的次序，换句话说，也就是这些现象与人的关系的多寡的次序。因此，由于天文学研究的现象是最简单的，所以首先引用实证理论的是天文现象，其次是物理现象，再次是化学现象，最后才是生理现象，而且生理现象只是最近才引用实证理论的。虽然都是改革，但是作为最复杂现象的政治现象，只能挨到最后才能实现改革，因为政治现象依存于其他一切现象。然而，这种改革之能到时实现，同其不能提前实现一样，都显然是必然的。

第二，把作用于自然的活动只视为社会的间接目的的准备性社会体系，必然有其终期。

实际上，一方面，理论到那个时候还建立不起来，因为它总得先于实践；但由于它要去指导实践，所以又不能先于实践太早。另一方面，理论不可能过早拥有足够的经验基础。为使理论能在广泛的经验之上建立起来，就要建立一个由许多大民族构成的人数众多的人口集体所采用的社会秩序体系，并要求这个体系尽可能长期存续下去。

这第二个条件，也同第一个条件一样，今天正在得到满足。以培养人的理性适于科学体系为使命的神学体系，已经达到其生命的终期。这是没有疑问的，因为以推翻神学体系为唯一目的的形而上学体系已在人民当中全面取得优势。随后，当然就要建立科学的政治，因为人们认为绝对不能在没有理论的条件下生存下去。而如果不建立理论，则不难想见，神学的政治一定会东山再起。严格说来，形而上学的政治算不得真正的理论，它只是对过渡服务的批判学说。

总之，任何一次精神革命，都不曾比联合起来的欧洲学者为把政治提高到观察科学的行列而进行的革命更为不可避免、更为成熟和更为紧迫。这个革命只能由在当前的巨大危机中真正具有优势的力量参加，因为只有这支力量能使社会步入文明的状态所迫切要求的完美社会体系的真正发展道路，从而制止和防止社会发生可怕而混乱的四分五裂。

为使负责完成这个有益使命的科学力量尽快发挥作用，必须对使政治进入观察科学行列和应当据以改组社会的理论工作进行一般的综述。我不揣冒昧，提出这项综述的方案，并正式公诸欧洲的学者。

我深信，一俟这项讨论开展起来，不管我们的方案能否被采纳，都将必然导致最后方案的形成。我敢于以只有欧洲学者参加才能免于长期陷入可怕的苦难的社会的名义，敦请欧洲的学者公开地和自由地发表他们对于我提请审议的有机理论的全面研究计划的意见。

我的这个综述由三大组研究构成。第一组研究的目的，是对应当作为政治的实证基础的人类理性的一般发展进行一系列考察，从而使政治完全失去神学性质和形而上学性质，让政治具有科学的性质。

第二组研究以建立完整的实证教育体系为宗旨，使教育符合再生后的社会和便于改造自然，并按施教者和受教者的能力尽量改进教学活动。

最后，第三组研究是通观文明人在一切知识的目前条件下为改造自然使其造福于人类而可能进行的集体活动，指导文明人将他们的全部力量用去达到改造自然的目的，指出达到这个目的手段只能是社会的联合行动。

第一组研究

为对政治进行实证的研究而须具备的基本条件，是精确地规定社会秩序的规划必然受到的各项限制。换句话说，在研究政治的时候，也应仿效其他科学，将观察的作用与想象的作用完全分开,并使后者从属于前者。

为了说明这个重要观点,必须拿实证政治的一般精神与神学政治和形而上学政治的一般精神进行比较,而为了简化这种比较,则应当把后两种政治放在同一观察中加以研究。这样做并不会使结论发生变化,因为根据上一章所述,形而上学政治与神学政治基本上大同小异,只在不太显著的特点上显出了它们的主要差别。

任何一门科学的神学状态和形而上学状态,都以想象超过观察为其共同特点。从这个观点来看,两者之间存在的唯一差别在于:在前者,想象的对象是超自然的存在;而在后者,则是对人格化的抽象进行想象。

人类理性的这种状态的必然的和经常的结果,是让人们确信人在各方面均是自然体系的中心,从而具有对自然现象施加无限作用的天赋能力。显而易见,这种确信的直接结果,是使人们的想象占据了统治地位,而且这种想象又与人们一般想把自己的作用和能力夸大的有机倾向结合在一起。这样的幻想是人类理智处于这种幼稚时期的最显著特点。

如从哲学观点来考察曾使一些科学进入实证状态的历次革命,则可发现它们均产生了把我们的观念的这种原始秩序颠倒过来的一般效果。这些革命的根本特征,是把想象直到当时所占的优势转移到观察方面来。结果,也就把原来的优势和劣势颠倒过来。人们开始放弃认为自己是自然的中心的看法,而把自己置于实际上应在自然中占据的地位。因此,人们的活动也就被局限于现实的限界之内,只能使他们所要观察的一定数量的现象互相影响和发生程度不同的变化。只要回顾一下前面所作的历史概述,凡熟悉今天已经成为实证科学的那几门科学的人，立刻可以从这几门科学方面证实我的论点。

比如，在天文学方面，人们最初虽然没有认为天体现象是服从他们的影响的，但至少认为天体现象与自己生活的一切细节有着直接的和密切的关系。他们付出了极大的努力，举出特别有力和数量很多的证据，才得以证明自己在整个宇宙体系中只占有从属的和微不足道的地位。化学方面的情况也是这样，人们起初相信自己有能力按照自己的意志去改变物体的内在本质，可是终于不得不满足于观察地球上的各种物质的相互作用的效果。在医学方面，情况同样是如此，人们长期以来总想随意矫正自身组织的失调，认为能够无限地抵制致病的原因，但最后不得不承认：当自己的活动与身体组织的活动一致时，自己的活动才会有效；而如果与身体组织的活动相反，那就不会有效。

政治同其他科学一样，也逃脱不了这条以事物的本性为基础的规律。政治至今所处的和目前仍处的状态，正与天文学处于被占星术统治、化学处于被炼金术统治、医学处于一味寻找灵丹妙药的状态完全一样。

想象所占的这种优势，对于政治也必然产生像它对其他科学所产生的上述那些后果。直接观察一下从理论观点考察的神学政治和形而上学政治的共同宗旨，就不难证实这一点。

人们至今仍然相信自己有无限的政治规划能力来完善社会秩序。换句话说，人类现在仍然认为，自己在政治方面没有本身固有的动力，而只能是具有足够权威的立法者想给他们什么动力就接受什么动力。

由此产生的一个必然结果，就是绝对者在神学政治和形而上学政治的政治理论中一直占有和目前仍然占有统治的地位。双方提出的共同目的，是完全不考虑当时的文明状态，而苦心孤诣地去设想最完善的社会秩序的永远不变的典型。双方都自称唯独自己找到了可以达到这一目的的全套制度。双方在这一点上表现的唯一差别，是前者明确禁止对自己定出的计划进行任何重大的修改，而后者则允许对计划进行审议，但方向要与原计划的精神一致。除此以外，两者均有绝对者的特性。

这种绝对者的特性，在两者的政治实践中表现得尤为明显。双方都认为自己的一套制度是可以安全有效地医治一切政治弊端的灵丹妙药，而不管该弊端是什么性质的，也不问受诊的民族的文明处于什么阶段。同样地，双方在判断处于不同的文明发展阶段的各民族的制度时，都完全以该民族实行的制度与他们所设计的改善社会制度的永远不变的典型有多少一致或矛盾之处为依据。在这方面，我们可以举出一个最近的显明例子：神学政治的拥护者和形而上学政治的拥护者，都一而再、再而三而且几乎是紧接着宣布，西班牙的社会组织比欧洲的各先进民族的社会组织优越，而完全没有注意到西班牙人的文明程度在现时不如法国人和英国人，只是从政治制度上判断西班牙人优于法英两国人民。这样的判断实例还可以举出很多。它们十分清楚地证明，神学政治和形而上学政治是怎样对文明状态进行全面抽象的。

在结束这两种政治的特点的说明时，还应当在这里指出：一般说来，双方出于不同的理由，都一致认为社会组织的改善，就是回到原始的极不完善的文明状态。大家知道，形而上学政治的最坚决拥护者，比如曾使这种政治学说系统化的卢梭等人，甚至把现在的社会状态看做是他们空想出来的自然状态的堕落。这不外是对人类因原罪而堕落的神学观念进行的形而上学类推。

这个正确的概述证明，想象比观察占据优势时对政治造成的后果，同其他科学没有成为实证科学以前产生的后果完全一样。绝对肯定最好的统治制度，或以肯定的观点抽象文明的状态，显然同绝对肯定包治百病的万能妙方一样。

要想把神学政治和形而上学政治的一般精神归结为几句最简单的话，可以从以上的考察中总结出两个基本的论点：在研究所用的方法上，是想象比观察占据优势；在指导研究的一般观念上，是一方面把社会组织看成是抽象的存在，即看成是脱离文明状态而独立的存在；另一方面又认为文明的发展没有任何规律可循。

如果认为政治的一般精神不应当如此，则应当去研究实证政治的精神，因为在以前的考察中已经看到，在任何一门科学的臆测状态和实证状态之间，都有同样的对立情况。在这样的脑力工作当中，人们只能根据过去出现的类似来推测未来。在做这种工作时，只能得出如下的结果。

首先，为使政治科学变成实证科学，也应当像其他科学那样，要在政治科学的研究当中让观察比想象占据优势。其次，为使这个基本观点得以实现，那就一方面，应当认为社会组织与文明的状态有密切联系，并且取决于文明的状况；而另一方面，必须承认文明的发展是有以事物的本性为基础的固定规律可循的。只要这两个条件尚未具备，政治就变不成实证科学，而观察也不能在政治研究中比想象占据优势。但也十分清楚，如果这两个条件已经具备，而政治理论也完全以这种精神建立起来，则想象势必处于从属的地位，而政治也就将变为实证科学。因此，一切都要最终归结为这两个条件。

可见，这是应当指导理论政治的实证研究的两个主要观点。既然认为这两个观点极为重要，那就必须对它们进行详尽的考察。在这里，问题不在于为它们求证，因为在即将进行的研究中自然会得出证明。问题只在于进行足够充分的叙述，以使对此有判断能力的人士可以拿一般公认的事实与这两个观点对比，进行预先的证明，使人们完全相信可以把政治作为一门实证科学来研究。如果我们能使人们建立这个信心，我们就能达到自己的主要目的。

实际上，文明一方面是指人类理性的发展，另一方面又指由此而来的人们对自然的影响的发展。换句话说，文明这个观念的构成要素，是科学、美术和实业；对实业一词还要从广义方面来理解，而我就总是这样来理解这个词的。

从这个明确的基本观点来考察文明时，便不难看到社会组织的状态实质上依存于文明的状态，并应当把前者看成是后者的结果。但是，想象的政治却使前者同后者脱离，认为两者之间没有依存关系。

文明的状态，在两个极为重要的领域，即无论是在精神领域，还是在世俗领域，都必然决定社会组织的状态。首先，前者决定后者的性质，因为社会的活动目的取决于前者；其次，文明的状态规定社会组织的基本形式，因为它在创造和发展应当指导社会的一般活动的世俗力量和精神力量。实际上，十分清楚，社会的集体活动不外是面向共同目的的全体社会成员的个人活动的总和，所以它在性质上不会与其构成要素有所不同。它的构成要素，显然决定于科学、美术和实业的不同发展水平。其次，也显而易见，一种政治体系，如果不赋予其占有优势地位的社会力量以至上权力，则不可能设想它会长期存在下去。它的这种社会力量的性质，永远决定于文明的状态。经验也在证明，以上的推论是正确的。

至今存在过的各式各样的社会组织，都不过是一种单一的体系，即军事神学体系的变形，只是变形的程度有大有小而已。这种体系的最初形式，显然是当时的不完善文明状态的必然结果。由于实业还处于幼稚状态，所以社会自然要以战争为其活动目的。对他人施加影响的强烈刺激，即行使自己能力和希望生存的要求，促进人们在改进战争手段的同时掌握了战争规律。如果考虑到这种情况，尤其是看到在实业还处于幼稚状态时，则社会只能以战争为其活动目的。同样地，也显而易见，所有的个别理论观点当时所处的神学状态，必然给作为社会纽带的一般理论观点打上烙印。文明的第三个要素，即美术在当时是占有优势的。实际上，给社会的最初组织建立起正式基础的，主要是美术。如果没有美术的发展，那就无法想象社会是怎样组织起来的。

如果我们再考察一下最初的体系至今出现的连续不断的变形，也会得到同样的结果。形而上学家们把这些变形误认为各自独立的体系，而我们认为这一切变形几乎是从无到有发展起来的科学要素和实业要素所引起的社会日益不断发展的必然结果。因此，从多神教变为一神论，以及后来的新教改革，主要是实证知识的虽然缓慢但一直是向前发展的结果。换句话说，这一切主要是个别观念逐渐同旧的一般观念脱离出来，反过来又作用于旧的一般观念的结果。同样地,在世俗领域,罗马状态变为封建状态,而最为明显的是,公社的解放所引起的封建状态的衰落及其后果,基本上应当归因于实业要素的不断壮大。简而言之,所有的这些一般事实,都在证明社会组织密切地依存于文明的状态。

一些最了解政治的实证状态的有识之士,现已开始研究这个基本原理。他们认为,孤立地考察政治体系,想从政治体系中寻找社会力量,都是荒谬的。其实,政治体系在无能为力的时候,反而要到社会中去汲取自己的力量。一句话,他们已经承认,政治秩序只是而且也只能是公民秩序的表现。换句话说,就是说占据优势的社会力量最后必然成为领导力量。再深入一步,就可以理解政治体系是从属于文明的状态的,因为既然知道政治体系是公民秩序的表现,则至少也会明白公民秩序本身不过是文明状态的表现。

当然,社会组织这一方面也不可避免地会对文明发生或大或小的反作用。尽管这种反作用非常强大,但它仍然是次要的,改变不了社会组织对于自然秩序的依存关系。对这种反作用本身进行适当的考察,就可以证明这种秩序实际上正如以上所述那样。因为经验一再告诉我们:如果社会组织是在不符合文明状态的条件下建立起来的,则文明最后总要推翻这个社会组织。

因此,我们必须把下述观点作为确立实证政治的精神的两个基本观点之一来接受:在考察社会组织的时候,无论是过去的,还是现在的,都不能脱离当时的文明状态,并且应当把它看成是文明发展的必然结果。如果为了便于进行研究,认为把两者分开来考察比较有利,也永远要把这种抽象看成是简单的和暂时的,并且绝不要忘记事物的本性为两者所规定的从属关系。

第二个基本观点在于，文明的发展是遵循必然的规律前进的。

过去的经验确切地证明，文明的进步发展服从于一个自然的不可逆转的过程。这个过程来源于人体的发展规律，而这个规律也可作为一切政治现象的最高规律。显然，在这里既不能详述这一规律的特点，又不能详列最简单的历史事实所提供的证明。这些问题是本卷第二部分的讨论对象。在这里，只谈一谈有关这个基本观点的若干论据。

第一个论据，是使人们觉得必须定出这样一条规律来说明政治现象。

凡对重大的历史事实有所了解的人，不管他们持有什么特殊观点，都认为在考察进入文明阶段的整个人类的时候，就是考察人类的文明从远古至今的不断历史发展。在这句话里，文明一词除具有以上所述的含义外，也包括作为它的结果的社会组织。

这个重大的事实，从 11 世纪一直到今天，即从阿拉伯人向欧洲输入观察科学和公社得到解放以来，表现得十分清楚，以致使人们提不出任何合理的疑问。而且，对于以前的时代，也同样可以这样说。学者们今天已经十分清楚，古代的博学之士自以为具有非常先进的科学知识，那是缺乏真凭实据的。已经证明，阿拉伯人超过了他们。在实业方面，至少在其中的需要真才实学的部门，即在完全不是凭偶然因素办事的部门，也同样是这种情况，甚至表现得更为明显。即使美术的情况属于例外，而且这种例外有其不言自明的理由，这也无损于我们的论断的普遍意义。最后，对于社会组织来说，这个论断也完全适用：我们清楚地看到，在同一时期，随着基督教的确立以及比希腊和罗马的组织优越得多的封建制度的形成,社会组织也发生了显著的进步。

由此可见,文明一直是在所有方面都不断发展的。

另一方面,如果不以形而上学所引进的盲目的和不正确的诽谤观点去看过去,就不会妨害我们看到:由于政治迄今一直处于幼稚状态,所以为促进文明所做的实际工作总是对文明的发展没有太大的用处,而且在许多情况下不但没有促进文明的发展,反而发生了阻碍的作用。也曾有过一切政治活动联合起来趋向完全停滞的时代,一般说来,这是社会体系衰落的时代。比如,尤利安①皇帝的时代,菲力浦二世②和耶稣会士的时代,最后还有波拿巴的时代。此外,根据以上的讨论,我们还应当看到:社会组织完全没有决定文明的发展,相反地它本身却是文明发展的产物。

显然错误的疗法往往治好了疾病,这使医生明白身体自生的强力活动,可以恢复身体组织偶然发生的失常。同样地,文明在不适当的政治措施下仍有发展,这向我们清晰地证明:文明的发展有其自然的进程,这个进程独立于一切政治措施,并支配着这些措施。如果不承认这个原理,那么,要想解释这个事实,即要想知道文明在受到所犯的错误的阻碍下为什么没有后退反而总是继续前进,就只有仿效神学政治,用超自然的、直接的、永恒的命令来解释。

此外,在这个问题上还应当注意,人们往往因为一些原因只是

① 尤利安(Julianus,331—363年),罗马皇帝(361—363年在位),通称背教者尤利安。——译者注

② 菲力浦二世(Philipp II,1165—1223年),法国国王(1180—1223年在位),是第三次十字军东征的组织者之一。——译者注

在表面上不适用，就认为不能用它们来解释文明的进步。为此，他们还特地举出理由说，甚至是最优秀的人士，至今也不曾想到有机体的基本规律中，有一个规律既适用于集体行动的人类，又适用于单独行动的个人。这个规律是：必须抵抗到把全部力量都充分发挥出来为止。但是，这项注意对我们的上述论点毫无损害，因为阻碍对力量的发展虽然是必要的，但它并不产生力量。

如果考虑到可以断定是彼此之间没有任何政治往来的不同民族，在文化发展方面也有明显的同一性，则由这第一个论据演绎出来的结论将会更加有力。这个同一性只能来源于文明的自然发展，而这种发展对于所有的民族来说都是一样的，因为它取决于一切民族共有的人体组织的基本规律。比如，我们今天在北美的野蛮民族中间见到的风俗习惯，就跟荷马所描写的希腊初期的风俗习惯极其相似；马来人现在实行的封建制度的特点，与 11 世纪欧洲的封建制度基本上相同；还有其他一些例子，显然只能用这种简单办法来说明。

第二个论据，要使人们容易承认有一条自然规律在支配着文明的发展。

如果我们承认，按照前面的概述，社会制度的状态是文明状态的必然结果，我们就可以从文明发展的观察当中引导出这个复杂的因素，并把对其他因素的观察的结果应用于这一因素。

因此，简单扼要地总结所讨论的问题时，一定会使人们容易承认，文明是遵循一条确定不移的道路发展的。

想把这个世界看成是奇迹百出的舞台的肤浅哲学，过于夸大了偶然性，即过于夸大了孤立的原因在人世间的作用。这种夸大，在科学和艺术方面尤为明显。在许多著名的例子中,有一个例子是人人都知道的,这就是:许多有学识的人,一提到牛顿在苹果落地的启发下发现了万有引力定律,便情不自禁地发出过分的赞美。

今天,凡是具有一定知识的人都普遍认为,偶然性在科学和实业的创造发明中仅占有极小的地位,只是对那些没有什么重大意义的发现才有重要的作用。这方面的错误认识随后又引起另一种错误,新的错误本身虽然没有什么值得非议的,但它的不良后果却与原来的错误几乎一样。结果,把偶然性的作用转移到近乎是空想出来的天才人物的身上。但是,这种转移并没有更好地说明人类理性的作用。

但是,人类知识的历史清楚地证明,而且一些博学人士也已确认,科学和艺术方面的一切研究,不管是在同一时代,还是在不同的时代,相互之间都有联系,以致这一时代的发明为下一时代的发明做好了准备,犹如前一时代的发明为它做好了准备一样。这证明单独一个天才人物的能力,远远不如人们以为的那样强大。由于伟大的发现而理所当然驰名于世的人,也几乎总是要把自己的大部分成就归功于其同类活动方面的先辈。简而言之,人类的理性在科学和艺术的发展方面始终遵循着一定的规律。这个规律比最伟大的智力还强大,而智力只是使连续的发现得以及时地相继出现的手段。

我们只对可使我们十分容易从古代开始逐阶段考察的科学进行观察,就可以知道:各门科学的几大历史分期,即神学状态时期、形而上学状态时期和实证状态时期,都是按照严格规定的次序转入的。也就是说,这三种状态必然要按照以人类理性的本性为基础的这种次序相继出现。由一种状态向另一种状态转移时经历的几个主要阶段，对所有的科学来说都是一样的，任何天才人物都不能跳越其中的任何一个重要中间阶段。如果我们从这三大分期进而对科学的状态，即最后的状态再作细分，也可以发现同样的规律。比如，万有引力这个重大发现，是由16世纪和17世纪的天文学家和几何学家的研究工作，而主要是由刻卜勒和惠更斯[①]的研究工作准备好了的。没有这些人的研究工作，这个发现是不可能的，但迟早会促其实现。

因此，无可怀疑，按照以上所述，从文明的各要素来考察，文明的发展也是遵循着不变的自然规律前进的。正如社会组织的状态必须服从文明状态一样，这个规律也在支配所有的民族。因此，这个结论既适用于文明的全体，又适用于文明的各要素。

以上所述的两个论据，不仅足以充分证明文明的必然发展，而且也足以使人认识这一发展的实际经过，表明我们能够通过深刻地观察过去来研究这一发展和明确规定它的一切属性，从而能够把实证政治建立起来。

现在的问题只在于确定这门科学的实践目的，确定它与社会的需要的一般关系，特别是确定它与社会的现状迫切要求的大改组的一般关系。

为此，首先需要确定现实的一切政治活动所受的局限。

支配文明的自然发展的基本规律，严格地制约着人类的一般

① 惠更斯，克利斯提安(Huygens，Christian，1629—1695年)，荷兰的杰出物理学家、天文学家和数学家，他创立了光的波动说。——译者注

发展相继经过的几个状态。另一方面，这一规律又是人类在本能上有要求进步的倾向的必然结果。因此，正如我们不能支配这种倾向所由产生的个人本能一样，我们也不能支配这一规律。

没有一个已知的现象可以证明人体组织发生过某种重大变化，所以从根本上来说，来源于人体组织的文明发展本质上也是不变的。更正确地说，既不能跳过发展所必经的任何中间阶梯，又不能实行任何真正的倒退。只是文明的发展速度，由于可以预测的许多物质原因和精神原因，而在一定范围内发生程度不同的变化。各种政治措施也属于这类原因，而且是人类的唯一能够影响自己的文明发展的东西。

这种活动对整个人类发生的影响，同它对个人可能发生的影响完全类似，而且这种类似来自其起源的同一性。我们可以借助适当的手段，使个人本能的发展加速或减速到一定限度，但我们既不能破坏这个发展，又不能改变其性质。对于整个人类的本能也可以这样说，只是整个人类的生活与个人的生活，在范围上有大有小而已。

由此可见，在每个时代，文明的自然发展确实决定着社会状态的各要素和整体应当得到的改善。唯有这种改善，有无哲学家和政治家的努力，均能实现而且必然实现。

凡是在世俗领域或精神领域对人类发生过现实的和长期的影响的人，都是遵循和依靠这个基本真理的。尽管这个真理还未通过有根有据的证明而正式成立，但这些人已以其天才的固有本能预感到了。他们已经认识到各个时代随着文明的状态将会发生的变化，并在宣布这些变化即将发生的同时，为他们的同时代人拟出了相应的学说或制度。如果他们的这种认识符合事物的真实情况，则几乎会立即出现变化，并把变化固定下来。长期以来默默地成长起来的新的社会力量，这时就会响应他们的召唤，以其青春的锐气出现于政治舞台之上。

人们至今只是以肤浅的观点研究和书写历史，一些巧合的事件和动人的结果，不但未使人们受到教育，反而由于这种肤浅观点的影响，只是使人们感到吃惊。这些未被很好理解的事实，今天仍在支持人们的相信立法者对文明有无限创造力的神学形而上学观点。有些人看到这种迷信观点不是以观察为根据的时候，虽然打算拒绝，但终于未能放弃。这种可悲的现象的起因，是人们在这种重大的事件中只见到了人，而没有看到以不可抗拒的力量作用于人的物。人们没有认识文明的强大影响，而把那些有先见之明的人士的努力看成是正在实现的进步的真正原因。其实，这种进步即使将来没有这些人士参加，也是迟早必然实现的。人们不能安于所谓原因和结果之间的异常背反现象，因为这种现象使事实的解释比被解释的事实本身更难理解了。人们只看到表面的东西，而忘记了背后的现实。简而言之，用斯塔尔夫人①的一句妙语来说，就是把演员当成了剧中人。这个错误，在性质上同印第安人把日食的出现归咎于哥伦布的预言完全一样。

一般说来，一个人想要进行某种重大活动时，并不是出于他所拥有的十分微小的力量，而经常是外在的力量基于不可抵拒的规

① 斯塔尔夫人(Madame de Staë，1766—1817 年)，著名的法国女作家，浪漫主义的主要代表者之一。本名安娜·路易莎·热尔曼娜(Anné Louise Germaine)。——译者注

律作用于他的结果。他的一切能力寓于他的理智；理智能够使他通过观察认识这些规律，预见这些规律的效果，然后适合这些规律的性质地去运用自己的力量，以努力达到自己的预定目的。一旦开始行动之后，如对这些自然的规律尚未认识，便会使目击者，有时会使行为者本人，认为这一切行动完全是人力所能预见到的。

这样的一般观察，也可以像它们应用于物理、化学和生理学方面的活动那样，以同样的理由应用于政治活动。任何一种政治活动，当它所要实行的变革实际上正是这种力量所支配的变革的时候，才会产生长期的连续不断的效果。而在其他一切情况下，这种活动就发生不了作用。

最糟的情况，显然是立法者们无论是在世俗领域还是在精神领域，都有意无意采取倒退的行动。这种情况之所以最糟，是因为立法者这时的行动与唯一能使他产生力量的东西，即文明的发展相违背。但是，能够正确规定政治活动的正是文明的发展，所以当政治活动想要超过规定的限界而冒进的时候，即使它的前进方向是正确的，也还是发生不了作用。其实，经验也在证明，不管授予立法者以多么强大的权力，只要他想实现的改革大大超过文明的现状，即使这种改革仍在文明的自然发展的界限以内，他也必然遭到失败。举例来说，尽管约瑟夫二世[①]和波拿巴都拥有极其广泛的专制权力，但前者极欲使奥地利的发展超过其文明现状的企图，和后者强行在法国恢复封建制度的努力，均以彻底失败而告终。

① 约瑟夫二世（Joseph II，1741—1790年），奥地利女皇玛丽-泰利莎的共同执政者（1765—1780年），奥地利君主国执政（1780—1790年），所谓的神圣罗马帝国皇帝（1780—1790年）。——译者注

根据以上的考察，可以得出如下的结论：真正的政治，即实证政治，也像其他科学不能支配自己的现象一样，不该试图支配自己的现象。其他科学已经放弃它们在幼稚时期所特有的这种野心勃勃的空想，而满足于观察和联系自己的现象。政治科学也应当这样。它只应当专心于收集关于文明发展的所有个别事实，把这些事实归纳成为尽量少的几个一般事实，用一系列一般事实揭示文明发展的自然规律，然后再评价可使文明的发展速度发生变化的各种原因。

现在，可以容易确定作为一门观察科学的这种政治的实践价值了。

健全合理的政治的目的，不在于让依靠自己固有的冲动而行事的人类按照虽然也像引力定律那样重要但又比它容易变动的规律去发展，而在于启发人类，使其容易发展。

虽然都是服从文明的发展，但知其服从与不知其所以服从之间有很大的差异。受到文明的发展制约的变革，虽然在这两种情况下均不免发生，但在后一种情况下总要耽误很长时期，而且往往是在实行变革之前，随变革的性质和重要性之不同，在社会上也出现或大或小的严重的不祥动荡。但是，由此给社会带来的各种动乱，大部分可以在正确认识所行的变革的基础上，制定各项措施加以避免。

这些措施的要旨在于：一旦预见改革势在必行，就不待其只依靠自然的力量而出现，而要让它冲破无知所造成的一切障碍而直接实现。换句话说，实践的政治的根本目的，本来就在于避免因对文明的发展遇到的阻碍没有很好理解而产生的暴力革命，使这种革命尽快地变成单纯的道德运动。这种道德革命虽比那种在平时给社会带来缓和变动的革命要激烈,但还是比较有秩序的。然而,为了达到这个目的,显然必须尽量正确地认识文明的当时倾向,以使政治活动适合于它。

毫无疑问,当一种运动要或多或少损害一个阶级的野心和利益的时候,期望它能够平安无事地实现,那完全是空想。但是,人们至今在解释那些暴风骤雨式的革命的时候过多地重视了这个原因,也是确实的。其实,这种革命的暴力,大部分来源于对支配文明的发展的自然规律的完全无知。

把实质上来源于无知的东西归咎于自私心,也是常见的现象。而且,这种可悲的错误,还给人们的私人关系和共同关系中的摩擦,提供了使其继续存在的条件。但是,在目前的情况下,事实上至今仍在逆文明的发展而行的人,如果真正认识到这种倒行逆施是不对的,显然就不会再坚持下去。没有一个人会愚蠢得在自己的成长过程中要故意抗拒事物的本性。没有一个人想从事看来显然是瞬息即逝的活动。因此,即将变成观察科学的政治的论点,也会对那些由于自己的偏见和利益而反对文明的发展的阶级发生作用。

当然,不应当夸大理智对人的行为的作用。但是,论点的力量所发生的作用,显然大大超过了人们至今的预想。人类理性的历史证明,在被联合起来的人们大力反对的改革当中,往往是全靠这种力量克服了人们的反对而决定了变革的成功的。对此,只举一个最有名的例子:地动说之被采纳,完全是实证的论点的力量。本来,地动说不仅要战胜当时还十分强大的神学权力的反对,而且特别要克服全人类的妄自尊大心理。这种心理曾是错误观点随心所欲为自己辩护而使用的一些似是而非的理由的根据。

这些具有决定意义的经验，当然会使我们看到真实的论点产生的优越力量。政治家们所以在实践中陷入如此严重的错误，主要是因为政治上还没有这种论点。如果有了这种论点，就会立即不再迷误。此外，利益方面的考虑，也容易使人相信实证的政治一定能提供避免暴力革命的手段。

其实，即使文明的发展必然引起的改革反掉了一些野心和利益，也仍然会留下若干有利于改革的野心和利益。此外，当改革达到了成熟期以后，拥护改革的现实力量一定会超过反对它的力量，不过从表面上看，好像并非总是如此。即使人们怀疑关于文明发展的实证知识可以迫使反对的力量屈服于不可避免的规律，这种知识也显然要比其他力量重要。以这种知识为指南的上升的阶级一旦明确自己所欲达到的目的，就会直奔目标前进，而不会在摸索和迷途中徬徨犹豫。他们将认真地想办法来预防各种抵抗和促使他们的反对者转入新的事物秩序。简而言之，文明将按照事物的本性的要求，迅速而和平地取得胜利。

总之，文明的发展实际上并不是直线的，而是沿着平均线两侧移动的连续波动，波长时长时短，波幅时大时小，类似机械运动装置所表现的波动。但是，根据总是占有支配地位的平均运动的知识制定的政治措施，可使这种波动式发展时而幅度变小，时而速度变小。这就是这种知识的持久的实践效果。显然，文明的发展所必然引起的变革本身有多么重要，这种效果就有多么重要。可见，这种效果现在正处于最高水平，因为唯一能够解除目前危机的社会改组，是人类迄今经历过的所有革命中的最完善的革命。

因此，一般政治的基本依据，即其实证的出发点是确定文明的趋势，以使政治活动适应于它，从而尽可能缓和与缩短人类在顺次转入文明的各个状态时必然遇到的历次危机。

长于理论而短于适合人类理性的实践的人士，虽然认为必须确定文明的这个趋势，以给政治措施打下巩固的和实证的基础，但他们又觉得在确定这个趋势时不必从文明的起源来研究文明的一般发展，而只就文明的现状考察这一发展就可以了。从人们至今把政治理解得很狭窄这一点说来，这种观念的产生虽是自然的，但也容易证明它是错误的。

经验已经证明，一个人的理性只要是朝着实证的方面发展的，它就有很多有利条件顺利地使自己普遍化到尽可能高的水平，因为对它来说，下降比上升容易。在实证生理学的幼稚阶段，人们最初以为：要想了解人体的组织，只研究人本身就可以了。然而，这是一种与我们在这里讨论的错误完全相同的错误。后来，人们逐渐认识到，为了十分清晰地和相当广泛地了解人体的组织，还必须把人看做是动物界的一员，并将范围再加扩大，把人看做是整个有机界的一部分。生理学只是在对生物的各纲进行广泛的比较研究，并开始将这种比较研究正式应用于人的研究之后，才最终建立起来。

正像生理学之要研究各种有机体的组织一样，政治学也要研究文明的各种状态。而且，我们之所以要考察文明的各个时代的理由，比生理学家要比较所有生物的组织的理由更有根据。

当然，只要对事实进行哲学观察，不追溯文明的前期状态而只就现状来考察文明的现状，也可以为实证政治的建立提供极其有益的材料。一些真正的政治家为了减少自己的观点所依据的臆测学说与社会的需要的抵触，至今得以一再改变那些臆测学说的形式，也显然就是因为使用了这种研究方法。但是，这样的研究还不足以建立实证政治，也是显而易见的。这样的研究除能供给材料以外，不可能再提供其他东西。一句话，孤立地观察文明的现状，同孤立地研究其他任何一个时期一样，都不能确定社会的现实趋势。

其理由是：为了确立一条规律，只有一个项是不够的，因为至少要有三个项。这样，通过前两项的比较发现的和由第三项证实的联系，才能为发现以下的项服务，而一切规律的最终目的也正在于此。

在我们从一个制度、一个社会观念或一个制度体系和一种学说的发生开始一直考察到它们的现状，而发现它们的统治作用从某个时期开始逐渐下降或上升的时候，我们就能根据这一系列观察十分准确地预见它们的未来命运。如果发现它们的统治作用在逐渐下降，则表明它们是与文明背道而驰的，而由此产生的后果，是它们的必然灭亡；反之，如果发现它们的统治作用在逐渐上升，则可以得出它们必以胜利告终的结论。根据所观察的变化的规模和速度，也可以大致算出衰落时期和兴盛时期的长短。可见，这样的研究才确实是实证学识的取之不尽的源泉。

但是，如果把没落的学说、制度、事物和新兴的学说、制度、事物都混在一起，只作为一个状态来孤立地观察，而不考虑仅因人们当时因循守旧而得以发生的暂时作用，那能得到什么成果呢？什么样的高明人士能在如此性质各异的因素混在一起的情况下，不认错这些互相对立的因素呢？怎么能从舞台上乱转的群影当中识别出那些嗓门虽不洪亮但确实存在的人物呢？显而易见，在这种混乱的场面下，观察者如不依靠过去，则只能盲目前进。只有过去，能够使他学会观察事物本质的方法。

时代的编年次序，完全不是哲学的次序。它不应按过去、现在、未来的顺序排列，而应按过去、未来、现在的顺序排列。实际上，我们只有根据过去来考察未来的时候，才能真正回到只不过是一个点的现在上来，从而抓住现在的本质。这样的考察可以适用于任何时代，而且更有理由应用于现代。

目前，并存于社会上的有三种体系：首先是神学封建体系，其次是科学实业体系，最后是形而上学家和法学家的过渡折中体系。在各种体系纷纭的这种混乱局面下，如果不用过去这个火炬来照明，人类理性是绝对无力把社会分析得清楚和正确的，即不能把社会统计得合乎实际和精确的。不难证明，能够提高真正的实证政治的优秀人物，如果他孤立地考察事物的现状，或没有在对于过去的一系列观察当中达到足够的高度，即使他把自己的能力用到很正确的方面，也仍然要停留在形而上学的水平。

因此，研究而且要尽可能深刻和全面研究文明从其发生到现在所经过的一切状态，整理和连贯这些状态，把这些状态合并为可以作为原则的一般事实，明确文明发展的自然规律；然后，从哲学上勾画出从过去发展而来的社会未来的图景，即定出现代应当进行的社会改组的一般计划；最后，把这一切结果应用于事物的现状，并由此决定有利于最后进入新的社会状态的政治活动方针。

以上这些，就是为建立可以满足社会的紧急而重大的要求的实证的理论政治所应进行的全部工作。

这就是我不揣冒昧，敢于向欧洲学者提出并希望他们协助的第一组理论研究工作。

以上的论述已经充分指明实证政治的精神实质，而再拿实证政治与神学和形而上学的政治比较，则会使实证政治的精神实质更加了然。

首先，从最重要的方面，即从对社会的现实需要的关系方面来比较这几种政治，就不难看到实证政治的优越性。这个优越性的产生原因是：实证政治是经研究发现的，而神学和形而上学的政治则是凭空捏造的。神学和形而上学的政治，是根据以为能够创造出最好的社会体系的绝对条件，空想出符合文明的现状的社会体系的。实证政治只是把这种体系作为文明发展的结果，通过观察而确定的。由于双方使用的方法不同，想象的政治就不可能发现真正的社会改组形式，而观察的政治就能够发现这种改组形式。一方面，是不对疾病进行诊断，而只是白费力气地去寻找治疗办法。另一方面，是确信患者的生命力是使疾病痊愈的根本原因，并只是通过观察来预见危机的自然归宿，以便排除错误治疗造成的危害，促使疾病痊愈。

其次，只有科学的政治可以向人们提供人人都能接受的理论。从某种意义来说，这是最重要的条件。

神学和形而上学的政治在探求可能有的最好政府时，往往沉浸在漫无边际的议论中，因为这个问题不是它们所能决定的。政治制度必须而且实际上早已同文明的现状联系起来。对每个时代来说，最好的政治制度都是最适合于当时的文明状态的制度。因此，从来没有而且今后也不会有绝对优于其他一切政治制度的政治制度，而只能有一个比一个更加进步的文明状态。一个时代的有益制度，到了另一个时代可能变成有害的，而且多数是变成了有害的。反之亦然。比如说，奴隶制度，在今天看来是不人道的；而在当初，它确实是很好的制度，因为它的目的是防止以强凌弱。正如我将在这项研究的第二部分专门讨论的，这种制度是文明发展过程中的不可缺少的中间阶段。同样地，这种制度所反对的自由，只要不是自由得过头，对于达到了一定文明程度和养成了某种预见能力的个人和民族来说，都是有益的，因为自由能使他们的能力得到发挥；而对于没有具备这两个条件的个人和民族来说，自由就是非常有害的，因为无论是从保护他们本身来说，还是从保护他人不受他们侵犯来说，他们都需要有人监护。因此，在可能有的最好政府这个绝对问题上，显然不会有一致的意见。神学和形而上学的政治，为了在议论中使意见一致，只有完全停止讨论原来商定的议案。除此之外，别无其他办法。在这方面，神学的政治比形而上学的政治干得更为彻底，因为它要长期存在下去，就得创造长期存在下去的条件。我们知道，形而上学在讨论政府这个问题的时候，曾经是一方面让想象自由地驰骋，另一方面又怀疑社会状态本身对人们的幸福的效用，甚至公开否认这种效用。这突出地表明，在这样的问题上是不可能意见一致的。

科学的政治与此相反，它的实践目的在于确立过去的文明发展至今促成的体系，所以问题完全是实证性质的，而且完全可以通过观察来解决。可以而且应当允许充分自由的讨论，而不必担心讲错。到了一定时候，一切有能力的人士和跟随他们的人士，尽管起初辩论时各有自己的观点，但终归会在文明发展的自然规律上和由此而来的体系上取得一致意见。太阳系的各项规律和人体组织的各项规律以及其他一些规律，就是这样建立起来的。

总之，实证的政治是使人类能够摆脱专横的唯一办法。只要神学和形而上学的政治继续统治下去，人类就得长期沉沦于专横的统治之中。

理论上的绝对化，必然导致实践上的专横。只要继续认为人类没有自身的动力，以为动力是立法者给予的，则不管立法者如何花言巧语，专横的将必然极其强大地存在下去，而且是在所有极其重要的领域存在下去。这是事物的本性所使然。因为当时人类听任立法者的摆布，让他们为人类设立可能有的最好政府，所以专横后来虽然仅存在于个别地方，但也显然无法把它从整个社会驱逐出去。不管最高的立法者是一个人还是数人，是世袭的还是选举的，在这一点上不会有任何变化。如有可能，也会给全社会安上立法者的头衔，但情况仍然照旧。在这种情况下，只不过是全社会让自己甘受专横的蹂躏，而且害处将甚于从前。

与此相反，科学的政治坚决反对专横，因为它要消灭专横所由产生和续存的绝对化和昏庸。这种政治认为人类是服从发展的自然规律的。通过观察可以确立的这个规律，毫不含糊地为每个时代指出其可以进行的政治活动。因此，专横必然消失，对人的统治将为对物的统治所取代。这样一来，政治方面就有了名副其实的规律，即有了著名的孟德斯鸠所表述的那种从哲学上来理解的真正的法律。不管政府在各方面采取什么管理办法，专横至少从根本上不能再现。在政治上一切均按真正的最高规律行事;而这个规律有其超过一切人力的威力,因为归根结底,它来自我们丝毫也不能影响的人体组织的本性。简而言之,这个规律既能有效地排斥神学的专横,即国王的神权,又能有效地排斥形而上学的专横,即人民的至上权。

如果有人要把这一规律的最高支配看成是现存专横的变形,那么,他们也应当非难万有引力定律对整个自然界的绝对支配,非难文明的发展规律所由产生的人体组织的规律对整个社会的同样支配。人体组织规律的这种支配作用是实在的,但容易变化和被误为其他作用。

以上的考察,自然要求明确规定政治上的观察和想象的各自的范围。作出这种规定以后,就会看出新的政治的一般精神实质。

为此,应当把研究工作分成两类:第一类正是研究科学政治的,它与建立适合于现代的体系有关;第二类是关于这个体系的普及问题的。显然,在第一类研究中,也像在其他科学中一样,想象经常处于观察的支配之下,起着完全从属的作用。在研究过去的时候,想象可以而且应当用作发现事实的联系的暂时手段;但必须记住,把主要的联系从事实本身直接总结出来以后,便不得再这样利用想象了。而且,只能在从属的事实上进行这样的利用,否则就一定产生错误。在第二类研究中,确定社会今天所要建立的体系,几乎都要取决于对过去的全部观察。这类研究不仅要确定整个体系,而且要确定它的最重要部门,同时使确定的精确程度达到令学者们看到这项研究时感到十分吃惊的地步。但是,只有把这个体系委托给实业家,使他们可以按照上一章所述的计划去运用这个体系，才能使这种方法所获得的精确度达到最高水平。因此，在这第二类研究中，想象在科学的政治中所起的作用仍然是从属性的：只不过给新体系画出一个轮廓，使其正确性达到必要的程度即可。这个新体系的总规划的特点，还得通过观察来确定。

但是，还有另一项研究。它虽然从属于上述的两类研究，但为使改组的大业获得最后成功，它仍然是必要的。在这项研究中，想象又将充分发挥它的全部作用。

在确定新体系的时候，必须明确这个体系的优缺点。主要的问题，即唯一的问题应当是：根据对过去的观察，今天应当随着文明的发展建设什么样的社会体系。如果只专注和偏重于这个体系的善，则将造成各种混乱，而且也与目的相悖。一般说来，我们可以认为：因为善的观念及其与文明状态的符合的观念一开始就是合而为一的，所以只要查明哪个体系最符合文明的状态，就可以发现今天可以实行的最好的体系。善的观念本身不能成为实证的，它只有同第二个观念联系起来才能成为实证的。因此，不应当把专注于第二个观念的研究，看成是直接查明哪个体系最符合文明的状态。否则，政治就不能成为实证的政治。指出新体系的优点，即指出新体系在这方面比以前的体系优越，只是次要的事情，对于研究的方向不会有任何影响。

毫无疑问，用这种方法确实可以建立起真正具有实证性质和真正与社会的重大需要和谐的政治。虽说应当用这样的精神确定新的体系，但也显而易见，为使新体系最后被社会采用，却未必以这样的形式向社会提出这个新体系来，因为这样的形式很不适于号召社会采用新体系。

为使一个新的社会体系能够建立起来，只是做了适当的筹划工作仍是不够的，还需要有社会的广大群众热心于这个体系的建立。这个条件之所以必要，不单是要战胜这个体系在没落阶级当中必然遇到的大大小小的反抗，而特别是因为要满足人们在进入新的生活时油然产生的内心感激的精神需要。没有这种感激心理，人们既不能克服自己的自然惰性，又不能摆脱陈旧习惯的强大束缚。然而，为了使人们的一切能力在新的用途当中得以自由地和充分地发挥出来，克服这些障碍却是必要的。因为在一些最简单的事情当中也经常有这样的必要，所以如在一些最广泛的和最重大的变革当中，即在使人们的生活必然发生极其深刻的变革当中不产生这样的必要，那反而奇怪了。历史也在为这个真理提供有利的证据。

由此可见，科学的政治为认识和提出新体系可以采取和应当采取的方法，完全不能直接用于创造这个必要的条件。

任何一个体系，即使它已向群众证明它的建立当初是由文明的发展准备好了的，证明它在今天负有领导社会的使命，也绝不能由此激起群众的热情。这样的真理只有极少数人能够完全掌握，而且其中一部分人需要付出很长时期的脑力劳动。它本身绝不能激起人们的热情，只有学者可能对它产生敦厚而坚决的确信。这种确信是实证的论证的必然结果，有较大的持久力；但由于这一点，它的活力就不如可以激起热情的观念所产生的生动活泼和动人心弦的说服讲解。

获得这种说服讲解的效果的唯一办法，就是向人们说明新体系的必要性和及时性，展示新体系在各方面将要使人们的地位得到改善的动人图景。只有这种展望才能够促使人们亲自进行新体系的建立所需要的道德革命，才能够抑制人们的自私心。在旧体系瓦解之后，自私心开始占了上风；但当科学的研究使人们受到启发的时候，它只会妨害新体系取得胜利。最后，只有这种展望能够使社会清除死气沉沉的景象，赋予社会的全体成员以朝气蓬勃的活力。当社会处于可以使人们的一切能力不断发挥作用的状态时，这个活力必将持久地存在下去。

以上，就是可使想象发挥优势的一类研究工作。在这类研究工作中，想象的活动不会受到任何障碍，因为它符合科学研究所确立的方向，它所追求的目的不是发现所要建立的体系，而是采用实证的政治所确定的体系。持有这样的目的的想象，完全可以任其自由驰骋。它的活动越自由和越不受拘束，它所必然发生的作用就越完全和越有效。

这就是在社会改组的整个创举中留给美术的特殊任务。因此，所有的实证力量将在这一伟大的创举中互相竞赛：学者的力量去制定新体系的规划，艺术家的力量去鼓励人们普遍采用新的体系，实业家的力量去制定实施这个体系的必要办法。这时，这三支强大的力量要互相携起手来去建立新体系，而且他们在新体系形成之后，也要互相携起手来去天天应用这个体系。

最后，在确定适合于现代的社会体系的时候，实证的政治将赋予观察以臆测的政治曾经赋予想象的那种优势；在这同时，还要交给想象一项新的任务。现在，这项新任务比其在神学和形而上学的政治中负担的任务重要得多。尽管想象在这两种政治中曾负有最高的任务，但从人类接近实证状态以来，它便衰落下来，只能想出一些陈腐的观念和描绘出一些单调的图景了。

对实证的政治的一般精神实质作了以上的概述之后，有必要综观一下至今为使政治升为观察科学所做的一些主要尝试。这会有以下两种好处：通过事实来证明这一创举已经达到成熟时机；以不同于上述的各种观点的观点来看新的政治，使新政治的精神实质更加了然。

应当说，第一个直接作出努力，把政治当做事实的科学，而不当做教条的科学来研究的，是孟德斯鸠。凡是熟悉《论法的精神》的人，都认为该书的真正目的，显然就在于此。这部书第一次在其开端对法的一般观念作了哲学的解释。只是这个令人钦佩的开端，就足以说明了该著作的这个意图。十分清楚，孟德斯鸠的基本目的，是对他所知道的一切政治事实进行适当的分类，把它们分列在几个主要的项目之下，然后阐明它们之间的联系的规律。

如果在这里评价这种研究的功绩，那就得从这种研究的盛行时代开始分析。这样，我们将会看到，孟德斯鸠在哲学上比其同时代人优越得明如指掌。证明这个问题的主要根据是：在批判的精神盛行，甚至最有头脑的人都完全听任其控制的时代，孟德斯鸠却摆脱了这种精神；而在形而上学的和绝对的政治经卢梭之手达到登峰造极的时候，他却深感这种政治是空虚的，觉得有必要从其中解放出来。

尽管孟德斯鸠的才能是出众的，而且后来表现得越来越明显，但是他的研究工作显然还没有使政治学进入实证科学的行列。他的著作完全没有满足为达到这个目的所不可缺少的上述基本条件。

孟德斯鸠未能理解支配着一切政治现象的一个重大的一般事实，这个事实就是文明的自然发展，它是一切政治现象的真正调节者。因此，在建立实证政治的过程中，他的各项研究只能当做材料来使用，即只能从其中搜集一些观察和概要，因为他用来联系事实的一般观念完全不是实证的。

尽管孟德斯鸠为摆脱形而上学的束缚尽了很大的努力，但他并没有能够成功。而且，他的主要观念显然是从形而上学演绎出来的。这个观念有两个缺点：首先，它不是历史的，而是独断的，即没有注意各种政治状态的必然的继承性；其次，它过于重视次要的事实，即政府的形式。因此，孟德斯鸠赋予这个观念的重要作用纯粹是想象出来的，同所有的确切的观察发生矛盾。简而言之，在孟德斯鸠这里，没有像在各门实证科学那里所必须做的那样，把实证的事实真正联系起来；而只是按照往往与事实的现实关系相矛盾的假设的观点，把实证的事实凑合在一起。

孟德斯鸠真正符合实证方向的理论著作中的唯一重要部分，是以研究地方的自然环境对政治的影响为目的的那一部分。他认为，自然环境在不断发生作用，可用气候一词来统称自然环境。但是不难看出，就是在这个问题上，孟德斯鸠发明的观点如果不经过全面修改，也没有用场，因为他的观点的形成办法一般说来是错误的。

其实，所有的观察者今天都十分清楚，孟德斯鸠在许多方面都过于夸大了气候的影响。然而这也是不可避免的。

当然，气候对认识政治现象有极其现实和非常重大的作用，但这个作用只是间接的和次要的。气候只能使文明的自然发展加快或减慢到一定程度，而文明的这种发展绝不会因气候的变化而改变性质。实际上，在任何气候条件下，除发展的速度以外，文明的发展基本上是一样的，因为它所遵循的一般规律来自人体组织的规律，而人体组织的规律在任何地方基本上是一样的。可见，气候对政治现象的影响，只表现在文明的自然发展的变速上面，而这种发展本身仍受其原有的主要规律的支配。因此，在确定这个主要规律之后，才能对气候的影响进行富有成果的研究和恰如其分的评价。如果先于直接的和主要的原因去考察间接的和次要的原因，则由此违反人类理性的本质的不可避免后果，就是把直接原因的作用误认为间接原因的作用，在观念上造成极大的混乱。这就是在孟德斯鸠那里出现的现象。

对于气候的影响所作的上述考察，显然也适用于其他一切不影响文明发展的本质而只会引起发展速度变化的原因。只有在确认文明的自然规律的总作用，并从其中抽象出其他因素的影响之后，才能正确规定气候的影响。天文学家就是在抽象出摄动的影响之后，而开始研究行星运动的各项规律的。发现这些规律之后，才可以确定它们的各种变形，并根据这些变形首先为主要的运动定出原则。如果一开始就想去建立这些法则，则显而易见，一个正确的理论也无法建立起来。对我们现在研究的问题，也完全可以这样说。

孟德斯鸠的政治学说的欠缺，从用它解决社会的迫切问题方面也清楚地反映出来。

先进的文明国家的社会改组，不管是在孟德斯鸠生活的时代，还是在今天，都是现实的需要，因为封建神学体系已经土崩瓦解了。后来发生的一些事件,在彻底破坏旧体系的同时,使改组的需要更加明显和更加迫切了。但是,孟德斯鸠在他的著作中并没有把建立新社会体系作为实践目的。他没有按照一个适于说明社会当时需要新的体系并适于确定这个体系的一般特征的理论,把政治事实联系起来,所以在实践方面,他只能提出和实际上也提出了一些微不足道的改良。这些改良虽然也符合过去的经验,但它们不过是神学封建体系的变形,有的改变得多一些,有的改变得少一些。

当然,孟德斯鸠的态度在这里还是明智和慎重的,因为他的实践观点没有超出事实所规定的范围。虽然当时他满可以大大空想一番,但他仍满足于在这个有限的范围内对事实进行不够充分的研究。同时,他也坚定地承认,一个理论如果不能适应最重要的实践需要,那就是不完全的。

因此,孟德斯鸠终于感到需要把政治作为观察科学来研究,但他没有写出一部具有这种特征的一般著作。然而,他在这方面的研究仍然具有重大的意义,因为这些研究为人类的理智提供了一大批按照一个理论结合起来的事实,使人们便于把政治观点联系起来。当然,这个理论远远没有达到实证状态,但比起以前的一切理论来,它还是离开这个状态最近的。

为使政治能够进入观察科学而拟出通盘研究计划的,是孔多塞。他第一个清楚地认识到,文明是一个连续发展的过程,其各阶段之间的紧密联系服从于自然规律。对过去进行哲学观察,可以发现这些自然规律,而这些规律又可以完全实证地决定每个时代的社会应当进行的全面改革或部分改革。孔多塞在这里不仅设法为政治提供真正的实证理论，而且还通过其《人类理性进步的历史概观》一书试图证明这个理论。只是这部著作的标题和导言，就足以保证其作者因创造这个伟大的哲学思想而应享有不朽的荣誉。

然而，这个重大发现至今还没有任何成效，而且几乎没有引起任何反响，也没有一个人走上孔多塞指出的道路。一句话，政治还没有成为实证的政治。如果究其原因，则大部分应当归诸孔多塞制订的方案在实施当中完全违背了这项研究的目的。他完全没有理解这项研究的最重要条件，所以他的著作必须返工改写。现在，我们就来证明这一点。

第一，在这类研究工作中，时代的分期是研究计划的最重要部分；或者更正确地说，时代的分期构成了广义的计划本身，因为时代的分期决定着所观察的事实的主要整理方法。但是，孔多塞采用的分期法是完全错误的，因为它甚至没有满足最明显的条件，即没有满足同组的事实应当同质的条件。我们认为，孔多塞完全没有认识文明的时代分期的哲学规定的重要性。他没有理解，在总论部分应当首先从哲学上规定时代的分期，而在建立实证政治时应当做的工作中，从哲学上规定时代的分期是最困难的工作。他认为，随便选一个重要事件，不管是实业上的，还是科学上的或政治上的，来标志每个时代的开始，就能对事实进行适当的整理。由于采用了这种方法，所以他始终未能走出文献史家的圈子。他不可能创出一个真正的理论，也不可能在事实之间建立起实在的联系，因为他用来联系其他事实的事实，根本与所联系的事实没有关系。

在一切学者当中，自然科学家是必须进行最广泛和最困难的分类的学者，所以他们应当大力改进一般的分类方法。这种方法的基本原则，从植物学和动物学采用哲学分类法，即采用不是以人为的联结而是以现实的关系为基础的分类法以后，才被确定下来。这个基本原则的内容是：按照共性排列的各分类阶段的顺序，应当尽量正确地符合按照共性排列的应被分类的现象间的被观察关系的顺序。因此，科、属、种等阶梯，不外是表明把被整理出来的一系列一般事实，按逐层分类的次序排列起来。简而言之，分类在这时不过是随着科学的进步用哲学的语言来表述科学。理解了分类，就等于理解了科学，或者说至少是理解了科学的最重要部分。

这项原则可适用于任何一门科学。因此，在这项原则已被发现、利用和确证的时代形成的政治科学，也应当利用其他科学发现的这个观点，并以此为基础来划分文明的各个时代。在人类的通史中按照时代的自然关系的顺序把文明分成几个时代的理由，同自然科学家按照同一规律对动物和植物的机体进行分类的理由完全一样，只是前者的理由更为充分。

这是因为事实的正确整理对于任何一门科学来说都十分重要，而对于如果不具备这个条件就将完全背离自己的实践目的的政治来说尤为重要。大家知道，这个目的是对过去进行观察，以决定文明的发展在今天所应建立的社会体系。但是，这个决定只能来自可以反映文明的发展规律的对以前状态的正确整理。由此可见，政治上的事实，不管它们多么重要，只有经过整理，才有现实的实践价值；而在其他科学，事实的认识本身就多半具有不依事实的联系方式为转移的重大效用。

因此，对文明的各个时代，不应像孔多塞那样，漫无秩序地按照比较重大的事件来分期，而应按学者们已经公认的可以作为分类基础的哲学原则来分期。时代的主要分期，应当揭示文明发展史的一般情况。以下的次要分期，不管细分到什么程度，都要层层深入地正确揭示这一历史的概况。简而言之，时代的分期表应当做得使人感到只有这样才能概括研究工作的全体。否则，不管你的研究怎么完善，也不过是暂时性的，仅有文献的价值。

不用说，这样的分期不是空想出来的，即使它已达到高度的概括，它也只能是一个草图，即只能是文明通史的最简单年表。当然，尽管这种方法对于实证政治的建立十分重要和十分必要，但如果对这项工作没有充分的准备，也采用不了这种方法，而只能在开始的时候做一些纯粹的临时性工作。尽管至今发表的历史著作，特别是最近五十年来发表的历史著作，还根本不是按照值得称道的精神写出来的，但是它们毕竟为我们预先收集了材料。因此，我们才得以直接去做最后的整理工作。

我在前一章里，已就我的想法，对于如何创造过去时代的主要分期所应具备的上述条件，作了一般的概述，但只是就精神领域叙述的。这个概述是对整个文明史进行的初步哲学研究的结果。

我认为，可把整个文明史分成三个时代或三个文明状态。这三个时代，在精神领域和世俗领域都各有十分显然的不同特点。对每个时代的文明，既要从其全体来考察，又要从其各个成分来考察。根据本章之初所做的考察，这样做显然是一个必要条件。

第一个时代，是神学和军事时代。

在社会处于这种状态的时候，理论的观点，不管是一般的，还是个别的，都来自超自然的命令。想象显然地和全面地支配着观察，观察没有探讨问题的任何权利。

同样地，在社会关系方面，不管是个别的，还是一般的，都显然是和完全是军事关系。社会以征服为其唯一的和永恒的目的。只存在一些为人类的生存所不可缺少的实业。生产者的简单奴隶制度，是当时的主要制度。

这就是文明的自然发展所造成的最初的一个大体系。从开始形成常态的正规社会以来，这个体系的各项成分就逐渐形成；而经过许多代以后，它才以整体的形式完全建立起来。

第二个时代，是形而上学和法学家时代。它的一般特点并不十分明显。它是一个中间的折中时代，起着过渡的作用。

它在精神领域的特征，已在前一章讲过了。在这个时代，观察经常被想象所支配，但也允许观察在一定的范围内改变想象。后来，这个范围逐渐扩大，终于使观察获得了可以在一切方面进行探讨的权利。最初，观察得到对一切个别理论观点进行探讨的权利；后来，通过观察的实际应用，又慢慢地使观察也获得了对一切一般理论观点进行探讨的权利。这表明到了过渡的后期。这个后期是批判和辩论的时期。

在世俗领域，实业更加发展，但还没有取得优势。因此，不管就社会的构成部分来说，还是就社会的全体来说，社会均已不像以前那样显然是军事性质的了，但也还不显然是实业性质的。私人的社会关系发生了变化，个人的奴隶制度也不再是直接的了。生产者虽然还是奴隶，但已开始取得某些军人权利。实业获得新的进步，这些进步最后使个人的奴隶制度完全废除。在获得这种解放以后，生产者仍然受着集体专横的统治。但是，在公共的社会关系方面，不久也开始发生变化。现在，社会同时有两个目的：征服和生产。实业首先是作为军事手段而被经营和受到保护的。后来，实业的重要性逐渐增大，而战争现在却被视为促进实业发展的手段。这就是这个中间状态的最后状态。

最后，第三个时代，是科学和实业时代。一切个别理论观点均已成为实证的，而一般理论观点则正在变为实证的。在前一种情况下，观察支配想象；而在后一种情况下，观察虽已推翻想象的统治，但还没有取代它的地位。

在世俗领域，实业开始占据优势。一切私人关系都将逐步在实业的基础上改建起来。作为一个集体，社会也将全体在同样的基础上重建起来，以生产作为它唯一的和永恒的目的。

简而言之，这最后一个时代，已部分地从文明的各项成分进入，并在准备开始从整个社会范围内全部进入。这个时代的直接出发点，是阿拉伯人向欧洲输入实证科学和公社得到解放的时候，即约在 11 世纪。

为避免在应用这个概述时出现误解，应当记住一个问题，即文明的发展先从社会状态的精神成分和世俗成分方面逐步开始，然后才表现在社会的整体方面。因此，三个相连的大时代，必然先从社会状态的各成分方面开始进入，然后才全部进入。如果不首先留意这个必然出现的差异，则会造成某种混乱。

这就是社会状态开始真正固定以来直至今天的整个文明史的三大时代的主要特征。我不揣冒昧，敢于把过去时代的这个重要分期方法提交学者们审查，并认为这样的分期可以满足对全部政治事实进行正确分类的主要条件。

如果采用这个分期方法，则为了便于对广泛的历史现象进行扼要的概述，还必须再往细分。主要的分期提供了对现象同时进行一般考察和实证考察的手段，所以可以容易进行以下的必要细分。不言自明，按照分类的基本原则，主要分期下面的详细分类，也必须完全按照主要分期的同样精神进行，即只应当是主要分期的简单发展。

在考察完孔多塞关于时代分期的论述之后，还必须观察一下这种分期与其实施宗旨的关系。

孔多塞没有看到，他为建立实证政治而进行的研究的第一个直接结果，应当是必须把思想家们的全部注意力引向这项研究的实践目的，即引向社会的改组，以使18世纪的批判哲学完全消失。因此，他也没有理解，想要实现这个重大创举的人士必须具备的预备条件，是必须尽可能摆脱这种哲学给人们的头脑灌入的批判的偏见。他没有这样做，而是甘受这种偏见的盲目支配。他只责难过去，而不去观察过去。因此，他的著作只是说了一通冗长陈腐的大话，实际上产生不了任何实证的教益。

一切实证科学，都必须严肃认真地放弃赞美和非难现象的做法，因为这种额外做法的不可避免的直接结果，是妨害研究工作的进行或使其变质。天文学家、物理学家、化学家和生理学家，既不赞美也不斥责他们所观察的现象。像许多实例所证明的那样，只要这些现象能为这种或那种考察提供丰富的材料，他们就进行观察。学者们有理由让艺术家也在他们实际从事的活动部门取得这样的成果。

实际上，不管是政治科学，还是其他科学，都应当这样研究它们所观察的现象。不过,政治科学尤其必须如此,因为政治研究确实困难得多,而且在这门科学当中,它所研究的现象与感情的接触要比其他一切现象直接得多,以致会影响研究的结果发生很大的变化。因此,在这一方面,即使孔多塞对过去所作的一切谴责是有充分根据的,支配着他的批判精神也是同科学的政治所应遵守的精神背道而驰的。而且,还不止于此。

当然,根据本章所指出的,政治家想出的实践措施并不总是适当的,而且往往是与文明的发展相悖的。如再明确一下这句话的意思,那它所指的不外是在任何情况下,政治家总是想方设法延长已经不再符合文明状态的学说和制度的自然寿命。当然,考虑到至今尚无任何实证的办法认识这种错误,所以这种错误也大可原谅。但是,要把只是与次要事实有关的东西联合起来,以形成一个完整的制度或思想体系;或者不顾曾为社会创造过一次暂时的重大进步的封建神学体系在其鼎盛时期取得过决定性的成果,反而举例证明从来没有一种体系曾像它那样妨碍过文明的发展;或者认为几个世纪以来一直站在一般运动的前头的阶级总是企图对人类搞阴谋——这一切想法,都是18世纪哲学的不良后果,它们不仅在原理上是不合理的,而且在效果上也是起着反作用的。像孔多塞这样的人物竟未摆脱这种哲学的束缚,实在令人惋惜。

这些错误想法来自未能从文明的一切主要部分去认识文明进步的自然连续性,所以它们显然无法解释文明的进步。因此,孔多塞的著作出现了普遍而连续的矛盾。

一方面,他坚决认为,18世纪的文明状态在许多方面都比文明的当初状态优越,而文明的综合进步不外是文明在以前的各中间状态完成的部分进步的积累。另一方面，孔多塞在逐项研究这些中间状态的时候，几乎经常是像他以前所做的那样，利用一些非常重要的观点，论证这些状态是倒退的时代。这样，他就认为文明的依次发展是一系列奇迹，把这种发展看成是没有原因的结果。

真正的实证政治必须具有与此完全相反的精神。

任何时代的制度和学说所达到的完善程度，都不能超过当时的文明状态所允许的范围。这就是说，总得等到一定的时候，因为这些制度和学说必然决定于文明。另外，这些制度和学说在它们的全盛时期总是具有进步性质的，任何时候都不曾有过倒退的性质，因为它们抵抗不了文明的发展，必须从文明发展当中汲取一切力量。只是在它们的衰落时期，它们才通常具有停滞的性质，这一部分是因为它们企图抵制政治体系和个人的自然灭亡，另一部分是因为政治当时仍处在幼稚状态。

也应当这样看待支配阶级在各个时代所表现的情感。占据优势的社会力量，在它们的全盛时期都必然宽宏大度，因为他们不再想获得什么东西，也不再怕失去什么东西。只是在他们开始衰败的时候，他们才自私自利起来，因为他们要把全部力量用去维持业已分崩离析的政权。

这些概述显然适于解释有关人的本性的各项规律，而且只有这些概述可以充分说明政治现象。总之，我们不要把过去看成是一堆乱糟糟的异常事物，而应当把它看成是一般问题，认为社会在许多方面通常是能够在事物的本性所允许的范围内认识清楚的。

在看到某些个别事实与一般事实矛盾的时候，与其通过最初的观察确认这种矛盾的存在，还不如使两者调和起来，重建失去的联系。这样做更合乎哲学的研究方法,因为让最重要的和多次被证明的事实服从次要的和不常发生的事实,就等于完全放弃已经确定的科学从属关系。

其次,显而易见,在使用这个一般观点时,也应当像使用其他一切观点时一样,要尽量避免过分。

当然,我们可以在根据这个观点考察的实证政治和乐观主义神学和形而上学的著名信条之间发现某种类似。类似在本质上也是现实的,但从观察一般事实到完全想出假说性的观念,还有很大一段距离。由此造成的差别,在结果上会表现得更为明显。

神学和形而上学的信条坚决宣称,凡是存在的一切都是最好的,而且好得无以复加,所以使人类失去了对现实进行改革的一切前景,永远处于停滞状态。认为社会组织在一定时期内总要随着当时的文明状态的改进而改进的实证观点,绝不阻止改革的思想,反而给予它以最有效的实践动力,把人们可以直接作用于社会组织的,但仍然没有发挥出来的力量引向真正的目的,即引向对文明的改进上去。此外,这种观点没有任何神秘和绝对的东西。所以它一预感到政治制度和文明状态之间的和谐关系危在旦夕的时候,就会促使人们去恢复和谐。它在说明如何去恢复这种和谐的时候,只是告诉人们不要在这种因果关系中倒因为果就可以了。

在研究这种类似的时候,提一下实证哲学也是有好处的。实证哲学不只是在这个时候,而且在其他时候,都把神学和形而上学的哲学所想出的朴素一般观念略加适当的改变,然后据为己有。真实的一般观念即使其表现形式有错误,也不失其作为推理手段的价值。人类理性的发展在于改进一般观念,然后把它纳入各个文明状态。为使我们的各知识部门进入实证状态而进行的历次革命,可以证明这一点。

举例来说,毕达哥拉斯学派创立的关于数的作用的神秘学说,后来被几何学家们归纳成如下的简单的实证观点:不太复杂的现象可用数学定律解释。再如,最终原因的学说被生理学家改为生存条件的原理。当然,这两个观点与这两个神学和形而上学的观点完全不同,但后者是前者的萌芽。正确的哲学研究,足以使人类理智在其幼年时期产生的这两个假说性观点具有实证性质。此外,一般观念的性质的这种改变,绝不会损害它们作为推理手段的作用,反而甚至可能增强这种作用。

这项考察也能同样正确地适用于以前所述的两个一般政治观念:实证的一般政治观念和虚构的一般政治观念。

在即将结束对于孔多塞的著作的详细评述的时候,应当由此演绎出可以显示实证政治的精神实质的第三个观点。

人们曾强烈责难孔多塞,说他贸然在其著作的结尾绘出一幅未来的图景。不该谴责这个大胆的设想,因为它正是孔多塞在写这部著作时采用的唯一的最高哲学观点。因此,在现代的文明史中要把它保留下来,而将来的文明如出现这样的图景,那是自然而然的。

孔多塞理应受到责难的地方,不在于他试图决定未来,而在于他决定得不够好。这是因为他对过去的研究是完全错误的,其理由已在前面说过了。孔多塞没有对过去做很好的整理,所以也不能由此总结出未来。这种观察上的欠缺,使他在构想未来的时候,基本上是依靠想象来进行的。由此而来的必然结果,是他未能很好地设计未来。但是，这个原因明显的失败只能证明，不对过去进行很好的整理，事实上就不可能对社会的未来的一般图景作出正确的决定。

这个观念之所以使人觉得奇怪，是因为人们还不习惯于把政治视为一门真正的科学；而如果把政治看成是真正的科学，则由对过去进行的哲学观察来决定未来，就是人人都已习惯的、可以用来观察其他种类现象的非常合乎自然的观点。

一切科学都以预见为目的，因为通常在运用基于现象的观察而确立的规律时，都要预见现象的继续发生。实际上，所有的人，尽管他们的知识水平不够高，也总能进行以同一原理为基础的真正预言，即根据过去的知识可以知道未来。例如，人人都能预言地心引力的一般效果，以及其他许多简单和常见得连最无能和最马虎的目击者都能知其再现规律的现象。每个人的预见能力，是衡量这个人的知识水平的尺度。可以正确预言千万年后太阳系的状态的天文学家的预见，本质上是与可以预言明天的日出的野蛮人的预见是一样的，两者之间的差别只在于知识的多寡。

因此，政治科学也能像天文学、物理学、化学和生理学所做的那样，通过对过去的观察可以揭示未来，这显然是非常合乎人类的本性的。

这样的论断，也可以像在其他实证科学中那样，用来说明政治科学的直接目的。其实十分清楚，确定文明的发展促使人类的精华去建设的社会体系，即确定实证政治的真正的实践目的，不外是一般地规定由过去发展而来的当前的社会未来。

总之，孔多塞是第一个了解要使政治进入观察科学行列的理论研究的真正精神的人，但他在研究当中所遵循的精神，在一些比较重要的方面却是完全错误的。首先在理论上，其次在实践上，都完全没有达到目的。因此，应当承认孔多塞的直接意图只在于指出科学政治的现实目的，而他的那部著作则要根据切实的哲学考察予以全面改写。

为了补充至今为使政治进入观察科学行列所做的一切努力的简单考察，还要分析一下另外两个意图。虽然这两个意图不像前述的两个意图那样，为的是人类在政治上的真正进步，但提一提它们也有好处。

使社会科学成为实证科学的要求，今天已亟待实现，而这一伟大创举的开始之日也即将到来，以致许多优秀人士正试图仿效已经成为实证科学的其他科学在自己所属的领域得到应用那样，把政治应用到它所属的领域，以期达到这个目的。但这种试图，从其本性上说是无法实现的，所以只见提出许多方案，而没有听到下文。因此，只以最一般的观点对这些试图略加考察就可以了。

第一个试图，是为把数学分析应用于整个社会科学，特别是把概率计算法应用于其各部门所做的努力。这条道路是孔多塞开辟的[①]，而后来走这条道路的也主要是他。也有其他一些几何学家走上他的道路，抱着与他相同的希望，但对他的整个工作，至少在哲学方面，并没有什么真正重要的补充。这些人曾一致认为，这样的研究方法是唯一能够使政治具有实证性质的方法。

---

① 根据以上的考察，孔多塞提出这个方案证明他并没有真正认识文明史的重大意义，因为假如他确实认为对过去进行的哲学观察是使社会科学变为实证科学的手段，他就不会再找其他手段了。

我认为，本章所做的考察可以充分证明，为使政治成为一门实证科学，完全不需要这样的条件。而且，还要指出一点，那样看待社会科学纯属空想，从而也是完全错误的。而要认识这个错误，也是轻而易举的。

如果在这里对至今所做的这类研究进行详细的评价，则我们马上可以看到，他们对于已经确立的全部观点，并没有真正附加任何具有重要意义的概念。比如我们将会看到，几何学家为把概率计算法应用到它的自然适用范围以外所做的努力，也只是在这种计算法的最重要和最实用部分，对于作为代数学的一个长期未解难题的概率论，提出几个毫不足取的命题；而这些命题是否正确，凡是具有常识的人，一眼就可看得一清二楚。但是，我们只能就这种尝试本身，并从它的最大共性方面，对它加以考察。

第一，许多生理学家，特别是毕沙所做的考察均已证明：一般说来，在有机体现象上，完全不可能就数学分析进行任何有效的和重大的应用。但是，他们仍然用数学分析去考察不外是有机体现象的特殊表现形式的道德现象和政治现象。

进行这样的考察要有一个基础：即为使现象能够运用数学定律去考察所最必要的预备条件，是使现象在量上能够测定。但是，生理现象的部分结果或整体结果，都有其很大的变化量谱，而且变化是在无法正确测定的众多原因的作用下，急速和杂乱无章地相继发生的。这种极其易变的性质，是有机体固有的现象的主要特点之一，同时也是有机体与无机体的明显差别之一。这种性质，显然使人完全失去像在天文学中那样对生理现象进行确切计算的一切希望。在一切现象当中，天文现象在对比之下是最适于这种计算的典型。

因此不难理解，由于结果的起因过于复杂而造成的这种结果经常易变的性质，对于作为生理现象中的最复杂部类的道德现象和政治现象来说，也是极其可能存在的。实际上，在一切现象当中，道德现象和政治现象是在量上变化最大、最多和最不规则的现象。

如果人们适当地研究一下这些考察，则我相信他们将不怕被指责轻视人类理性的能力，而立即断定我们的知识，不论就其现状来说，还是就其将来可能达到的进步高度来说，都必然不能而且永远不能把计算广泛地应用于社会科学。

第二，假如这个希望在某个时候可以实现，则为了实现这个希望，政治科学首先要直接研究一系列政治现象，即专心于整理这一系列政治现象。

实际上，尽管数学分析得到正确使用后会起很大作用，但不要忘记它只是纯工具性科学或方法性科学。它本身并起不了什么现实的指导作用，在它被应用于所观察的现象的时候，才能成为实证的发现的丰富源泉。

数学分析，对于可以应用这种分析的现象也不是立即就应用得上的，而是随着在相应的科学中应用数学计算和改进这种应用而应用起来的。而这个应用的自然极限，则是人们对于从观察现象的量当中发现的正确规律的认识。当这种规律被发现以后，即使它们还不够完善，也可以使数学分析立即得到应用；然后，再依靠自身提供的强大演绎手段，把这些规律还原成少数几个规律，而且往往是只还原成一个规律，从而把最初看来不能计算的大量现象也包容进来，以便对它们进行十分精确的计算。简而言之，应用数学分析,可以在科学中建立起用其他办法均不可能达到这样完整的现象的整理方法。由此可见,一些运算规律的发现,要有一定的预备条件,而当这种条件尚未具备时,凡想运用数学分析,都完全是徒劳的,更不能使我们的任何一门知识成为实证的。这样的应用,只能使自然的研究再回到形而上学上去,把观察所专有的作用让给了抽象。

比如,大家都知道,当观察的发展使物理学的各部门建立了一些正确的关于现象之间的量的定律以后,数学分析才在天文学(天体几何学或天体力学)、光学和声学上以及最近在热学理论上,得到非常成功的应用;而在发现这些定律以前,这样的应用既没有任何现实基础,又没有任何实证的出发点。同样地,化学家今天虽然深信将来有朝一日会把数学分析广泛地而且是实证地应用于化学现象,但他们还是由于没有发现现象之间的量的定律,而不得不放弃用数学分析去直接研究化学现象的想法,因为他们清楚地知道,只有经过大量的一连串探索、观察和实验,才能发现使这种应用赖以实现的数的定律。

打算应用数学分析的那门科学的现象越是复杂,前述的不可缺少条件就越是难于创造,而要求于这门科学的预备性研究和改进也就越高。因此,依次成为应用数学的一个分支的,首先是天文学,或至少是天体几何学,然后是光学,再后是声学,最后才是热学理论。化学虽然迟早要达到这个状态,但在今天,也因此还距离这个状态很远。

在根据这些无可辩驳的原理判断人类的社会生理现象可否应用数学计算的问题时,我们首先应当知道:即使证明可以应用数学计算，也绝不表明不需要再对应用数学计算的那些现象进行直接的研究了，而只说明数学计算是直接研究的预备条件。如果再仔细考察一下这个条件，我们还会发现它要求普通的有机体物理学，特别是社会物理学应当达到一定程度的发展，而欲达到这个程度，即使有实现的基础，也得经过几个世纪的努力才能实现。生理学方面的一些可以运用计算的正确定律的发现经过，说明了这门科学所需要达到的发展高度，远远超过对这门科学的未来发展抱有极大希望的某些生理学家的想象。实际上，根据上述的各项理由，应当认为这样的高度发展水平完全是一种空想，同现象的本性不能相容，而且也是人类理性的实际能力所不可及的。

这个道理也显然适用于政治科学，而且由于政治科学所研究的现象更为复杂，所以更有理由适用。想象有朝一日可以在这门科学的现象之间确定出量的定律，就等于假定这门科学要发展到足够的高度，在达到这个高度之前，凡是按理应当发现的东西，都远远超过原来合理做出的预计。因此，数学分析只有在它没有任何实用价值的时候才可以得到应用。

从以上考察可以得出结论：一方面，政治现象的本性使人们完全失去了将来用数学分析来研究它的一切希望；另一方面，即使可以应用数学分析，这种应用也无助于政治进入实证科学的行列，因为数学分析在它可以应用于政治现象的时候，要求政治先得成为实证科学。

几何学家至今没有充分注意我们实证知识的一个最主要划分，即无机体研究和有机体研究的划分。这种划分应当归功于生理学家，它现在已被建立在巩固的基础之上，并随着人们的深入考察，而被日益证明是正确的。它把数学的合理应用正确地和固定地限制在一个尽可能大的范围之内。我们可以从原则上证明，数学的适用范围绝不能超出物理学领域，唯有物理学现象具有使人们能够导入数的定律所需的单纯性和恒常性。

既然我们看到在数学的最简单应用当中，要想把抽象状态和具体状态充分调和起来都十分困难，而且这种困难随着现象的复杂程度的增加而增加，所以我们可以认为，数学的实际职能范围与其说是被上述原理缩小了，不如说被它夸大了。

认为社会科学一旦应用数学就可以变为实证科学的想法，来源于一种形而上学的偏见：认为除数学以外，其他任何东西都不可能有真正的确实性。在一切实证的知识都属于应用数学的时代，亦即在应用数学所未包括的知识都被认为是暧昧的和臆测的知识的时代，产生这种偏见是自然的。但是，自从化学和生理学这两门主要实证科学形成以来，就绝不能再容许这种偏见存在了，因为数学分析在这两门科学中没有发生任何作用，而且人们认为这两门科学和其他科学一样，同样是真实的。

天文学、光学等之成为真实的实证科学，绝不是因为它们应用了数学分析。它们的这个特点来自它们本身，即来自它们是建立在它们所观察的事实的基础之上的。除此之外，不可能再有其他原因，因为数学分析一与自然的观察分离，就只能有形而上学的性质。当然，在不能应用数学的一些科学当中，人们要特别注意直接的精密观察。在这些科学当中，演绎也绝不可能精确地展开，因为推理的手段还很不完善。此外，确实性只有在适当的限界内才能是完全的。当然，对观察所做的整理可能不够完善，但可以满足科学应用的实际要求。

空想追求不可能实现的完善，必然推迟人类理性的进步，因为这完全是浪费大量的智力，使学者的努力脱离获得实证效果的真正方向。这就是我自信可以对人们已经和将要把数学分析用于社会生理学的试图所作的最终判断。

第二个试图是想把社会科学本质上看成是生理学的简单的直接结果，并以从此使社会科学成为实证科学为目的。这个试图在性质上虽不如第一个试图那样有欠缺，但同样是不可能实现的。卡巴尼斯是这一思想的发明人，而且促其实现的也主要是他。他的名著《人的身心关系》，就是以实现这个思想为其真正的哲学目的的。任何一个人都认为这部书提出的一般学说是有机的，而不是纯批判的。

本章对实证政治所作的考察证明，这个试图也与前一试图一样，必然是想得不正确的。但是，当前的问题在于正确地指出它的缺点。

这个缺点是使对社会的过去进行直接观察变成无用，而这种观察本来应当是实证政治的根本基础。

人之所以比其他动物优越，只是因为和实际上也正是因为人体的组织比动物完善，除此再不可能有其他原因。因此，归根到底，应把人所做的一切和人可能做的一切，看成是人体组织随外界状况的不同而改变其作用的必然结果。从这个意义上说，社会物理学，即关于人类的集体发展的研究，实际上不外是生理学的一个分支，即关于广义的人的研究的一个分支。[1] 换句话说，人类的文

---

① 因此，孔德有时也称社会物理学为社会生理学，即后来他所创立的社会学。——译者注

明史不外是人的自然史的不可缺少的继续和补充。

但是,既要正确认识和不可忽视这个确实存在的联系,又不要误解社会物理学和所谓的生理学之间不该有明确的区别。

当生理学家研究某种具有社会性的动物的自然史时,比如在研究海狸的自然史时,他们当然可以把这种动物的共同体所进行的集体活动的历史包括进去。他们认为不必在动物的种的社会现象的研究和与个体有关的现象的研究之间画出一条分界线。尽管这两种现象互不相同,但不把它们精确地分开,这时也不会产生任何实际的不便。这是因为:即使很有智力的具有社会性的种的进化,也会首先由于它们的身体组织不够完善,其次由于人类比它们优越,而仍然几乎停滞在起源的水平上,所以在这样不很长的联系中,可以把所有的集体现象直接与个体现象结合起来。因此,为便于研究而要求这种划分的一般理由,即人的智力不可能十分广泛地进行演绎的问题,在这时是完全不存在的。

反之,如果假定海狸的种的智力更加发达,它的文明已可自由发展到使其各代之间存在不断的进步联系,则显然会感到必须单独研究种的社会现象的历史。但是,对于最初几代,还是可以把这个研究同个体的现象的研究结合起来的。只是离开起源越远,这种演绎越加困难,以致最后完全不可能演绎。人正处于这样最高的发展水平。

当然,人类的集体现象同个人的现象一样,也承认人体组织的特性是最终原因。但是,每一代人的文明状态,只是前一代文明状态的直接继续,并直接产生下一代的文明。只有把各代从前到后依次直接连接起来,才有可能十分精确地从起源开始研究这种联系。反之,把数列的中间各项完全舍去,而只拿其中的任意一项与最初的出发点连接,也是我们的理性所绝对办不到的。

在种的研究中出现的这种轻率态度,与一位生理学家在个体的研究中所表现的轻率态度类似。这位生理学家认为,年龄递增的个体的各种现象完全是身体最初组织的产物和必然的发展,所以他竭力想从个体出生时的可以正确地规定出来的状态去推论生命的任意时期的历史,并相信不必直接研究不同年龄的现象就可以正确认识个体的整个发展过程。这种错误在个体的研究中固然是个大错,而对种的研究危害尤甚,因为在种的研究中,应当整理的相连各项,比在个体的研究中要复杂得多,同时项数也要多得多。

如要坚持实行这种办不到的办法,则不仅完全不能充分研究文明史,而且必然要犯重大的错误,因为在完全不能把文明的各种状态与人的特性所确定的最初的一般出发点直接连接的时候,我们就不得不立即把机体组织的基本规律的间接结果与次生的有机状态直接联系起来。

比如,许多值得尊敬的生理学家,在解释政治现象的时候,就曾认为民族的特性具有重大意义,而且显然把这种意义夸大了。他们把民族间的差别归因于民族的特性,其实民族间的差别,几乎在任何时候都因不同的文明时代而各异。由此产生的不良后果,是把显然是暂时的东西看成了永久不变的东西。这种错误的例子可以举不胜举,错误的原因完全来自研究方法上的同一错误。这种错误清楚地证明,必须把社会现象的研究同一般生理现象的研究分开。

从哲学观点高瞻问题的几何学家认为：总的说来，宇宙中的一切现象，不管是有机体的现象，还是无机体的现象，只是遵循着为数不多的几个共同的不变规律。关于这一点，生理学家有根有据地提出，即使将来有一天能够完全认识这些规律，也不能无限地演绎生物的研究和无生物的研究之间这种至今仍要保持的以规律多样性为基础的区分。也可以用完全相同的理由，来直接区分社会物理学和所谓的生理学，即直接区分种的生理学和个体的生理学。当然，两者这时的差别很小，因为这种区分只是次要的，另外还有主要的区分。但是，演绎也照样是不可能的，只是不可能的程度有所不同。

这种研究方法的重大欠缺是不难证明的。如果我们不只从实证政治的理论方面来考察，而且还从这门科学的当前的实践目的来考察，即从社会今天应当建立的体系的宗旨来考察，就很容易看到这个欠缺。

当然，我们可以根据生理学规律知道什么状态一般是适合于人类本性的文明状态。但是，从以上的叙述可知，我们依靠这个手段只能达到这个地步，由此再不能前进。要知道，这样的提法本身就是纯思辨的，在实践当中产生不了任何实在的和实证的效果，因为它完全不能使我们以实证的方法获悉人类现在距离这个状态尚有多远，为了达到这个状态应当走什么道路，与这个状态对应的社会组织的总面貌应该是什么样子。这几个不可或缺的答案，显然只能来自文明史的直接研究。

如果我们不顾这一切，而要想方设法去进行这种思辨的和必然不完全的概括，则避免不了要立即犯绝对化的错误，因为我们在这时将像臆测的政治所做的那样，把社会科学的一切实际应用，都归结为形成没有任何时代划分的和并不完善的不变典型。决定这个典型的优劣的条件，当然要比神学和形而上学的政治所依据的条件更具有实证性质。这个变化改变不了这类问题内在的绝对性。不管从哪一方面去研究这类问题，政治也绝不会由于采用这种研究方法而真正成为实证的政治。

因此，不论从理论的观点来看，还是从实践的观点来看，把社会科学看成是生理学的简单结果都是错误的。

有关人体组织的知识和本章讨论的政治科学之间的真正的直接关系，在于前者应当为后者提供出发点。

只要人类居住的行星不发生不可克服的障碍，生理学就完全能够以实证的观点说明使人类的文明能够不断进步的原因。只有生理学能够指出人类文明的真正特点和必然的一般发展。最后，也只有生理学能够解释人的最初联合体的形成，把人类的历史从幼年时期开始总结到语言的创造所引起的文明飞跃发展的时代。

从这个阶段开始，直接的生理学考察当然就不在社会物理学中发生作用了，社会物理学这时要完全建立在对人类的进步进行的直接观察之上。再往前发展，演绎的困难就会马上加深，因为文明的发展将从这个时代开始突然加速，而且需要整理的项数也要猛然增加。另一方面，生理学在研究社会的过去当中应当完成的使命，这时也不再是必要的了。也就是说，生理学将失去其补充直接观察之不足的有益作用，因为从语言出现以后，便有了促使文明发展的直接条件，从而使整个实证考察不会产生任何空白。

为了全面概括生理学在社会物理学中的真正作用，除了上述的考察以外，还应当附加如下的考察：正如孔多塞所正确理解的那样，人类的发展不外是联合起来的个人的代代相传的发展的总和，所以它必然要反映出它与个人的自然史的一般共同点。由于有这种类似，对单独的个人进行的研究，还会为对整个人类进行的研究提供若干验证手段和推理手段。这些手段虽与已述的各种手段不同，而且也不那么重要，但它们有一个好处，即可以适用于各个时代。

总之，与其说人类生理学和个人生理学是完全同类的两门科学，不如说它们是一门科学的两个不同分支。但是，这样说并不排除对它们分别进行研究和考察的必要。前者要想成为真正的实证科学，就得从后者寻找基础和出发点；但是，在找到基础和出发点以后，就应当依靠社会现象的直接观察，独立地进行研究。

首先，在没有其他办法使社会物理学具有实证性质的时候，自然要试图把社会物理学完全纳入生理学的领域。但是在今天，当人们不难相信可以通过直接观察社会的过去而使政治科学具有实证性质的时候，这种试图的错误就是不该原谅的了。

其次，自从知能和官能的研究脱离形而上学的领域而进入生理学的领域以后，试图在确定生理学的真正范围时完全避免夸大和不把社会现象的研究包括进去，那是十分困难的。何时可以克服这些困难，是无法确切规定的。因此，对这次大革命做出主要贡献的卡巴尼斯在这方面产生的错觉，就特别值得原谅。但是在今天，当严密的分析可以而且应当取代凭初次印象进行的粗浅研究的时候，任何理由都不能再妨碍人们确认人类的弱点所要求的必然分工是不可缺少的。

再次，没有一个真正的理由可以在研究个人的时候把特别称之为道德的现象同其他现象分开，而使这些现象全都联系起来的革命，则应被视为生理学今天在哲学领域迈出的最重要一步。

反之，一些最重要的考察却在证明，绝对需要把人类的集体现象的研究同个人现象的研究分开，但又要承认在整个生理学的两大部门之间存在着自然的联系。如果试图取消这个不可或缺的区分，就会犯下一个虽然不太严重但与真正的生理学家应当反对的下述错误类似的错误：认为生物研究是无生物研究的结果和附属。

这就是至今为使政治进入观察科学的行列而表现出来的四种主要试图，它们完全确切地证明这项创举是必要的和即将完成的。对其中的每一试图进行特别研究，将以十分明显观点证明本章在前面对能使政治具有实证性质的真正手段提出的几项原则。这种手段因其能使政治具有实证性质，所以又能确切地规定出唯一能使文明的欧洲解除当前的危机的新社会体系的一般概念。

因此，我们可以认为，根据切实的论证，已经先天地和后天地证明：为了达到这个主要目的，必须把政治科学看成是特殊的物理学。这种物理学以直接观察有关人类的集体发展的现象为基础，以整理社会的过去为研究的对象，以决定文明的发展在今天要求建立的体系为最终目的。

这个社会物理学，当然同其他一切观察科学一样，也是实证的科学。它的固有的确实性也完全是实在的。① 社会物理学发现的

① 毫无疑问，不必在这里反驳许多作者，特别是沃尔涅* 对历史事实的确实性提出的过于夸大其词的异议。即使我们认为这些作者提出的异议全部合理，他们的异议对于文明的研究所考察的具有一定程度的重要性和普遍性的事实也毫无影响。

* 沃尔涅，康斯坦丁·弗朗斯瓦(Volney，Constantin François，1757—1820 年)，法国资产阶级启蒙运动者，自然神论哲学家。——译者注

各项规律能够满足所观察的全部现象，所以这些规律的应用是完全可靠的。

同其他一切科学一样，这门科学虽与生理学有必然的联系，但有其独立性，所以也拥有一般的证明手段。这种手段的基础是，认为在整个人类所处的目前状态下，地球上的不同地点同时存在着发展程度不同的许多文明：从新西兰野蛮人的文明，一直到法国人和英国人的文明。因此，时代的相接所建立的联系，可以通过文明地点的比较来证明。

乍一看来，这种新科学好像只限于简单的观察，而完全不必求助于实验，但这并不妨碍它成为实证科学。天文学就是证明。但是，在生理学当中，除对动物进行实验外，还在研究病理的时候对人进行直接实验，以改变现象的正常秩序。同样地，而且基于同一理由，应当把政治措施曾经或大或小损害过文明发展的许多时代，看成是为社会物理学提供了真正实验的时代。只要这种实验能够发现或证明支配人类的集体发展的自然规律，那它比纯粹的观察还更有用。

如果本章所做的论述能像我贸然预期的那样，使学者们认识到按照上述的精神建设实证政治的重要性和可能性，那么，我就来比较详细地谈一谈我对这第一组研究的实施方法的意见。但是，我认为在即将结束本文的时候，再提醒人们注意一下把研究工作分成两类，即分成一般研究和特殊研究的必要性，还是有好处的。

第一类研究应以指明人类的一般发展为目的，其方法是对能够改变文明的发展速度的一切原因进行抽象，也就是对在各民族之间可能观察到的一切重大差别进行抽象。第二类研究的目的应当是:评价这些致变原因的作用,进而绘出每个民族适应其发展水平而应占据的特殊地位的基本轮廓。

这两类研究,特别是后者,在实际进行的时候,还可能获得程度不同的普遍性。我认为学者们也会承认这个普遍性是必要的。

第一类研究所以要先于第二类研究,是基于种的生理学和个体的生理学都适用的下述简明原则:特殊问题的研究应在一般规律确立之后开始。如果违反这个准则,就不用想获得任何明确的概念。

因此在今天,当许多特殊的东西已经十分清楚,使人们可以直接进行一般的整理的时候,就出现了按照这个准则进行研究的可能性。生理学家不是等待所有的特殊机能都被认识之后,才产生了整个机体这个概念的。对于社会物理学来说,情形也应当是这样。

在进一步分析上述的考察时可以看到,这些考察在叙述政治科学的形成的时候,都力图证明研究的顺序必须由一般到特殊。而且,如果直接研究一下这个准则,也不难看出它的正确性。

从我们的研究来看,人类理性探索支配自然现象的规律的过程,随人类理性所研究的是无机体物理学还是有机体物理学而有重大的差别。

在无机体物理学中,人们所接触的只是无数现象当中的极小一部分,除非贸然假设,是没有希望认识这些现象的全体的,所以在人们以实证精神研究它们的时候,必须先考察最特殊的事实,然后再逐步去发现某些一般规律,最后再以这些规律为出发点继续进行研究。有机体物理学与此不同。在这种物理学中,人是所研究的全部现象当中的最典型现象，所以必须先用最一般的事实去对人进行实证的发现，然后人们才能得到一线希望，去研究那些本来永远无法正确认识的细节。简而言之，在这两种物理学中，人类理性的发展都是从已知到未知。但在前者，人类理性是先从特殊上升到一般，因为对人类的理性来说，对细节的认识要比对整体的认识直接得多。而在后者，人类的理性是先从一般下降到特殊，因为人类理性对整体的认识要比对细节的认识直接得多。这两门科学中的每一门科学的最后成立，主要表现在它能从哲学方面采用另一方的方法，但另一方的方法同本方的方法在效果上是不同的。

用最高的哲学观点考察这个规律之后，再观察各门自然科学从其完全消除神学和形而上学的性质一直到今天的发展过程①，就会容易确信这个规律是正确的。

其实，在无机体的研究中我们一联系它的几个主要部门来考察这个规律的时候，就会发现天文学、物理学和化学最初是彼此完全没有关系的，后来逐渐在许多方面互相接近，以至最后到今天我们可以认为它们之间出现了形成单一的学说的明显倾向。同样地，在单独考察其中的每门科学时，我们将会看到该门科学都是先从研究不连贯的事实开始，随后才逐渐获得目前的这种普遍性的。人类的理性至今主要只能在地球物理学的某些科目和天文学方面采取相反的程序，即由特殊到一般。我们甚至可以说，万有引力定律也只是在我们虽然认为是重要的，但从全体现象来说实际上却

① 必须注意这个断代，因为我们认为这个规律并不能正确地适用于为每门科学进入实证时代预作准备的神学或形而上学时代。

是次要的领域改变了天文学的最初认识程序，因为这个定律在应用的时候还没有把我们至今还完全没有认识的各式各样的太阳系的相互关系所构成的最一般天文学事实包括进去，而且恐怕永远也包括不进去。这项注意虽然是对无机物理学的最完善部门提出的，但它能为我们所讨论的原理提供清晰的证明。

如果我们现在分析一下这项原理中的与生物研究有关的部分，则可发现这个证明也同样是清楚的。首先，今天对机体的各项机能间的一般联系的认识，要比对每个器官的局部作用的认识清楚得多；同样地，从最广泛的观点来看，对动物或植物的各机体间存在的一般关系的研究，也无疑比对每个单独的机体的研究进步得多。其次，有机体物理学今天所包括的几个主要部门最初都是混杂的，后来只是由于实证生理学的进展，才能正确区别可以用来观察生物的各种一般观点，并根据这些区别为这门科学进行合理区分的。十分明显，有机体物理学成为真正的实证科学还为时不久，所以它的主要分科还没有十分明确地规定下来。从考察这门科学转而考察从事这门科学的学者，便会更加明显地看到这个事实，因为这些学者对本专业的研究远不如从事无机物研究的学者。

因此，通过观察和推理，我们可以认为：人类的理性在无机体物理学中主要是遵循由特殊到一般的程序，而在有机体物理学中，则遵循由一般到特殊的程序；毫无疑问，自从科学获得实证的性质以来，科学的进步至少要在很长时间内遵循这种程序。

如果说这项规律的第二部分至今尚未被人承认，而人们仍然认为在某些研究中总是必须遵循由特殊到一般的程序，那么这种错误也是极其自然的，因为我们看到无机体物理学是最先得到发展的，而实证哲学最初又必须以观察这种物理学所固有的发展为基础。但是，如果这种错误长期继续下去，则将是不可原谅的，因为今天已经可以对自然科学的两个部门进行哲学观察了。

如果把我们提出的原理应用于不过是生理学的一个分支的社会物理学，则这个原理显然可以证明：在研究人类的发展时，必须先从整理最一般的事实开始，然后再逐渐下降到一个比一个明显的联系。但是，为了避免对这个主要问题产生任何误解，最好在这个特殊情况下直接证明这个原理。

至今出版的一切历史著作，虽然很有价值，但实质上只具有编年史的性质，而且也必然和只能如此。这就是说，这些著作只是叙述和按年代排列了一连串的特殊事实。这些事实虽有一定程度的重要性和正确性，但经常是彼此孤立的。不错，人们并没有完全忽视政治现象的考察，而是把它们整理和联系起来，特别是五十年来在这方面做了许多工作；但是我们也看到，加进这种考察之后，这些著述的原有特点并没有改变，而依然具有文学的性质。[1] 至今还没有人写出过合乎科学精神的真正历史，即没有人写出过以探索支配人类的社会发展的规律为目的的**历史**。本章所考察的一系列研究的目的，正在于探索这个规律。

以上的对比叙述，可以充分说明为什么人们至今几乎普遍相信在历史的研究中必须遵循由特殊到一般的程序，以及为什么今天却应当与此相反，必须遵循由一般到特殊的程序，否则毫无

① 问题只在于证明事实，而不在于判断事实。我还十分确信，这些著作作为准备性研究还是有价值的和绝对必要的。请不要以为我会认为历史不该有编年的纪事。但是，同收集气象上的观察不是物理学一样，编年纪事本身当然也不是历史。

成果。

这是因为在问题只是涉及正确地编著人类的编年通史时，显然必须先从编著各民族的编年史开始，而各民族的编年史又只能以各地方和城市的大事记或单纯以某些人物传记为基础。同样地，在其他领域，比如在编著某一居民集团的编年全史时，必须整理与据以观察这个集团的各种观点有关的一系列文件。因此，为了能够整理一般事实，就必须这样处理，而这种一般事实与其说是政治科学的材料，不如说是政治措施的对象。但是，一俟这门科学开始直接形成，即在着手研究现象的联系的时候，便立即需要采取相反的程序。

实际上，各种社会现象的发展，基于它们的本性，都是在相互影响之下进行的。因此，不预先对它们全体的发展有一个大致的了解，是绝对搞不清其中的各个现象的发展过程的。

比如，今天每一个人都知道，欧洲各国间的相互影响是十分巨大的，以致它们的历史不可能真正彼此分开。但是，对于单一社会出现的各种政治事实来说，也显然存在这种不可能性。一种科学或一种艺术的进步不是同其他科学或艺术的进步有着明显的关系吗？自然研究的改进和改造自然的活动的改进不是相互为辅的吗？这两者不是同社会组织的状态有着密切的关系吗？反之，也不是一样吗？因此，为了确切认识社会的最简单部门的特殊发展的真正规律，就必须同时和同样确切地知道其他部门的发展。但是，这个要求显然是不合理的。

因此，我们应当与此相反，要首先把人类的发展作为最普遍的现象来加以考察，即首先观察人类在其各项主要活动方面相继实现的最重要进步，并把这些进步相互联系起来。然后，我们再逐步细分观察的期间和应当观察的现象的种类，使人类发展的画面一步比一步清晰起来。同样地，在实践领域，也要随着逐步广泛地理解人类的以往发展，根据对过去所做的基本研究，首先对社会的未来的图景作出一般的描绘。这门科学的发展恐怕永无止境，但它的最终结局将是：在理论领域，可对人类起源以来各代相继获得的进步之间的联系，无论是表现在全体社会方面的，还是表现在各门科学、各项艺术和各种政治组织方面的，得到正确的理解；在实践领域，可对文明的自然发展必然造成的优越体系的一切重要细节，作出精确的决定。

这就是社会物理学的本性所严格要求的方法。

第四册

前　　言

这第四册分为两个部分，并且具有这样一个特点：尽管构成本册的两个部分都研究同一思想，但是它们具有完全不同的性质。

在第一部分，我们只向理智呼吁，叙述教化状况和文明成就所要求的社会组织体系，说明应当成为整个现代政治的基础的下述真理：**社会的普遍利益，无论是物质方面的，还是精神方面的，都应当由能力最有用、最全面和最实际的人士来主持。**

在第二部分，我要激发能力最实际的人士的高尚情操。我将尽一切努力把他们的活动引向所能想到的公益的最伟大目标上去，也就是把社会的最高领导权过渡到这些人士手里。换句话说，我要努力激发最有能力的人士关怀他们的个人利益，因为我认为这种方式最能取得有利于公益的结果，而所以能够取得这种成果，则是因为最有才能的人士的个人利益最能为全体利益服务。

我认为应当在这篇短序里概观一下我们要在本册中叙述的观点，以及促使我们采用两种不同方式叙述这些观点的各项理由。

几个世纪以来压迫实业阶级，即压迫民族中的绝大多数人的奴隶制度，刚刚在法国消灭干净。只是在革命以后和由于革命的影响，奴隶制度的最后残余才消失了。由此可见，只是从这个时期以后，而且只是在法国，才出现了研究建立以改进大多数人的命运为直接目的的社会组织的可能性，因为在没有完全消灭奴隶制度以前，政治只能利用间接手段来达到这一伟大的目的。

问：虽然您在这篇前言里只是概述您的观点，但是您也应当证明您的意见所依据的严正事实，哪怕是简单的证明也好。

请您向我们证明：为什么只是在法国而且正是由于革命的影响，才完全消灭了奴隶制度的残余。许多人的意见都与您相反，他们认为法国的奴隶制度早在革命以前就被消灭了；还有更多的人认为，美利坚合众国在法兰西民族开始革命以前，就在本国实现了这一重大改革。

答：1789 年，在革命爆发的时候，法兰斯孔太[①]和法国境内的某些地方，还有人不得购置地产。可见，民族中还有一部分人由于愚昧无知而处于被奴役地位。整个民族在这个时期也还没有从奴

① 法国的古代地区，包括现在的上索恩省、杜省和汝拉省。——译者注

隶制度当中彻底解放出来，因为“没有无主的土地”这一古老的封建公理仍被承认，只是在著名的8月4日之夜[①]，它才最后失去了作用。用一句贵族爱说的话来说，民族中的绝大多数人还被恩免了人头税和徭役。

至于美利坚合众国，弗吉尼亚州和南部其他各州还保留着使用黑奴的制度；而在北部各州，则存在着一个由所谓契约工构成的人数众多的阶级，他们在被迫服役期间完全处于奴隶地位，谁买下这些由船长们从欧洲贩运来的契约工，谁就有权在这段期间内出售他们。

问：如果您想在这个前言里使读者明确了解您在本册里叙述的观点，您就必须明确解释几个要点，比如解释下述一点。

您确信：一旦消灭了在1789年还存在的某些奴隶制度残余，就一定会引起社会组织的根本变革。您对这个问题所持的观点，特别需要加以论证，因为几个世纪以来的经验证明，社会组织的改进只能逐渐地、不断地，从而非常缓慢地进行。我们认为，奴隶制度是随着教化的进展而逐渐衰落下去的。我们认为，社会组织的体系是随着奴隶制度的衰落而完善起来的。1789年还存在的一些奴隶制度残余，后来被革命所消灭，这一点毫无疑问会使社会组织臻于完善。但是，我们并没有看到证明这种改革是根本改革的证据，我们完全不理解为什么要把这个事件以前的政治同这个事件以后的政治截然分开。

---

① 法国资产阶级革命建立的制宪会议，在1789年8月4日夜里召开，它基本上废除了封建制度。——译者注

答：如果我们观察一下人类的个体即个人从出生到成年的身心发展过程，就会发现这一发展是沿着两条不同的道路前进的，但它们却奔向一个共同的目的，即极大地改进身心的能力，使它们达到人体组织所能达到的最完善地步。

人从出生到成年时期，个体的身心发展是逐渐地和不断地，而且是非常缓慢地进行的。

个体将经历数个转变期，这些转变期标志着个体的全面和加速发展的阶段。

换牙转变期是七岁儿童的特点。换牙以后，儿童的感情特征和记忆能力都得到突出的发展。

在十四岁左右，个人的有倾向性情欲达到最旺盛时期，促使他摆脱对于父母的依赖，按照自己的选择建立他同外界的联系。同时，他获得了同年龄人应有的一切能力。

到二十一岁的时候，人的身心发展已经完全成熟：他形成了自己特有的性格，他的各种特点互相协调起来，并趋向最适合他的个体组织的特点的目的。

其次，如果再观察一下社会为指导儿童从出生到二十一岁的行为所规定的法律和所遵行的惯例，我们就可以看到：立法者也承认我们所述的三个转变期的存在和实况；他们按照自己对于正在成长的一代在七岁、十四岁和二十一岁时的智力发展所持的看法，赋予这一代人以在各个时期的不同权利。

于是，他们宣布未满七岁的儿童不会作恶，也就是说，这样的儿童不能独立指导自己的行为，从而不能犯下应当由他们负责和应受神的法律或人的法律惩处的罪行。因此，立法时对于未满七岁的儿童所作的法律规定，以建立社会对于儿童的自然监护人的行为进行公共监督为目的，而在儿童没有自然监护人的时候，则应定出指定代理监护人的办法。

立法者对于未满十四岁的儿童，即使犯了严重罪行，也只采用矫正性的惩罚措施；这种儿童只有在丧失父母以后，才被认为失去监护。

人在二十一岁的时候，始被看做成年；人在这个年龄时期的智力发展水平和预见能力，一般均已达到不再需要社会对他进行特别监护的地步。

如果继这些观察之后，我们再看一下全国教师在教育和教学方面所遵行的惯例，我们就可以看到，这些惯例完全符合于我们刚才所述的立法规定。

儿童的国民教育的开始时间不应早于七岁。

从七岁到十四岁，教养的作用大于教学的作用。也就是说，在这一时期，在宿舍和学校负责监督学生行为的教师对儿童的影响，要大于对儿童进行教学工作的教师的影响。

从十四岁到二十一岁，教师对学生的影响特别大于监护人对学生的影响。

到二十一岁后继续在法兰西学院①或其他高等学校学习的人，就完全不需要任何监护了。

最后，如果考察一下法兰西民族（由于进行了革命，法兰西民

① 法兰西学院（Collège de France）是当时设在巴黎的一所高等学校，它不受教会的管辖，没有经院习气。——译者注

族已在文明方面居于人类的前列)的智力发展目前达到了什么程度,那就应当承认法兰西民族已经度过了第三个转变期,它的社会年龄正相当于个人的二十一岁。也应当承认,法兰西民族是在废除一切关于奴隶地位的规定以后,而于8月4日之夜宣布自己进入成年的。奴隶地位是这个民族的主要成员,即实业阶级的最初状况。

如果您想从以上所述得出一个结论,那就要总结一下我们所作的各种观察,仔细研究这些观察的结果。这样,您就必然会得出如下的结论:

法国人民作为一个民族来说,在智力发展方面已达到了成年,所以它的社会组织也应当发生根本变革。

哲学家根据我们指出的方向进行考察而达到文明的进展所能达到的最高观点以后,就会一方面看清悠久的过去,另一方面看清遥远的未来;他会在这幅图景的深处看到奴隶制度的形成,而这一制度在它建立的初期曾经有过慈善的性质,因为它拯救了数十亿人的生命,对人类的数目现在能够繁殖得无法计算是有贡献的,它促进了教化的进展,使军人阶级有了从事发展自己智力的工作的可能。如果不建立奴隶制度,军人阶级就不可能这样,因为它的全部时间和精力都要用于从事满足自己的日常生活需要所必需的工作。随后,哲学家在前瞻他走向将来应当占有的地位时,他会十分满意地看到奴隶制度的衰落,看到教化的进展和人类命运的不断改进。最后,在目前已经成为人类先锋的法兰西民族身上,他还会看到奴隶制度已被完全消灭,看到它有能力接受以造福大多数人为直接目的的社会组织。

最后，当他展望未来的时候，他会看到以传授社会科学的基本原理为己任的三大教职，会在文明的进一步发展道路上初步形成。这三种教职是：

一般教职。或者更正确点说，是在法国设立的数量相当多的教职。这种教职教导各行各业实业家学习他们应当持有的政治和实业行为，以保护他们的自身利益，最充分地满足本阶级的需要，发展他们的强烈自尊感。同时，这种教职还向各行各业实业家说明他们这一阶级最能担任管理工作，应当把管理公有财产的大权交给最卓越的实业家。

道德学教职。这种教职不问个人的社会地位如何，教导每个人如何能够把个人利益同公共利益结合起来。担任这种教职的教师要使学员们明白：一个人如果在有害于社会的方面寻找个人的幸福，他将自作自受，感到最沉重的精神痛苦；而如果他努力在显然有利于大多数人的方面改进自己的个人命运，他会得到无上的快乐。

实证科学教职。这种教职向人们传授以最有利于人的方式改变人可以施加影响的自然现象的一般方法，并教导每个人怎样能把个人利益同公共利益结合起来，怎样把个人利益同每个人因有功于这种结合而得到的最大好处结合起来。

从这个观点来瞻前顾后的哲学家，越来越发现我们的先驱者和后继人的社会存在之间的显著差异。在他回顾过去的时候，他会看到我们的先驱者的社会地位的高低，决定于他们的家庭出身、亲友的庇护和统治的能力；而在他展望未来的时候，他会看到人们的社会地位，将依靠他们的道德、科学或实业方面的优异才能。

在考察过去时代的人民群众的时候，他会看到他们彼此械斗；而在展望他们的未来的时候，他会看到他们之间将在道德、科学和实业这三大方面互相竞赛。

人们至今在文明的道路上前进时都不顾未来，他们一般都把视线放在过去，只是偶尔和极其肤浅地看一看未来。现在，奴隶制度已被消灭，人们应当把注意力集中于未来了。

在奴隶制度没有废除以前，统治活动应当是最主要的活动；而在目前，统治活动应当日益退居次要地位。

以上，我用不多几句话，十分明确地表述了我们准备在这一册中发挥、讨论和说明的一般观点。

现在，我来详细说明这个前言的开始部分提出的问题，以及这一册的第一部分和第二部分叙述这些观点的方式有什么不同。

第一部分内容提要

概述从苏格拉底直到今天的文明的进步。

在总结这一概述的时候，我将首先指出和证明：采纳本前言所拟定的社会组织计划，是我们十四个世纪以来的整个文明发展史的自然继续和必然结果。

其次，我将考察应当用来建立新的社会组织的方法，指明应当循着前进的道路，以便在实现这一根本改革时可以毫不破坏社会的安宁，使政府和公众不致因此而感到任何微小的不安。

最后，我将说明由我拟议的过渡方式所产生的一个重要的真理：建立新的社会组织，不会违反宪章中的任何一项条款，不仅不会损害王权，而且甚至能为王权增加光辉和势力，从而更使我们的国王满意，因为这会防止无数的危险经常威胁国王，使国王免遭王权的建立方式中至今存在的缺点所带来的灾难。

第二部分内容提要

首先，我向具有最普遍的和最适用的才能的人士呼吁，对他们说：

诸位实业家、道德家和学者先生！当一个民族宣布它已经成年，完全消灭了奴隶制度残余以后，应当由最有才能的人士管理民族的精神生活和物质生活，也就是应当由你们管理这方面的工作，而统治的职能应在社会组织中退居次要的地位。但是，情况迄今还几乎没有改变。国家官吏的人数依然很多，民族要为他们缴纳巨额的款项。有一部分国家官吏，只是由于政府继续尊重家庭出身，才得以占据俸禄优厚的职位；另一部分官吏，则只是由于政府认为他们有统治才能，才飞黄腾达起来。诸位先生，社会本来可以减轻的负担究竟被什么东西推迟了其减轻呢？

我们社会生活的改善之所以被这样推迟，显然是由你们自己、由你们不关心政治而造成的。你们清醒清醒吧！只要你们不准备行使新的权利和履行由于民族达到成年而为你们提出的新的义务，我们就得不到我们的现状、我们的教化和我们的文明能使我们得到的好处。

最卓越的实业家先生们，这要求你们必须表示，当责成你们管理公有财产的时候你们打算怎样管理；这还要求你们必须向群众的喉舌即向舆论证明，你们要把公有财产管理得给民族中的大多数人带来比迄今的管理大得多的好处。

道德家先生们，这要求你们证明“己所不欲，勿施于人”这一神的基本道德原则，只有在教化的进步得以彻底消灭奴隶制度的残余以后，才能得到崭新的和无限的正确应用。

学者先生们，这要求你们提出关于个人利益怎样能够同公共利益结合的明确观点，并拟出一项使既得的实证知识能尽快地在一切社会阶级和各等级人士当中传播的国民教育计划。

我们这样分别地向拥有这三大实证才能中的每一种才能的代表呼吁的时候，必须：

明确地向实业家指出他们应当根据什么基本原则管理公有财产；

明确地向学者指出他们应当怎样促进个人利益同公共利益的正确结合；

明确地向道德家指出他们在目前条件下应当从“己所不欲，勿施于人”这一神的道德原则得出什么结论。这项原则对于社会发展的支配作用，应当大于以往任何时期，因为在教化的进步使彻底消灭奴隶制度成为必要之前，这项原则只能够间接地应用于统治者和被统治者之间的关系上，即应用于制定法令的人们和不参与法令的制定而只服从法令的人们之间的关系上。

第 一 部 分

问：您想不想把我们在第二册开始的研究继续进行下去呢？您想不想把业已开始的谈话继续下去，直到完全阐明我们的观点，使我们对这个重要问题得出一定看法为止呢？

法国人应当在政治上仿效英国人吗？法国人是应当为自己建立大不列颠所采用的那种社会组织呢，还是应当赶快采纳您的建议，为自己建立十分纯粹的实业制度，并把这一制度作为首要的政治措施，以使国王恩准最卓越的实业家编制国家预算草案和宣布实业阶级为他的臣民中的第一阶级呢？

答：我准备以后再来讨论您提出的问题，我们今天的谈话将叙述我们的创举的一般目的，研究我的体系的基本原则。

我们的创举的目的，是敦请国王陛下把国务工作中的财务工作的管理大权交给最卓越的实业家，而把财务工作和行政工作以外的各种工作的管理大权交给最有才能的学者。

但是，为了达到这一目的，必须做到以下三点：

一、清楚地向实业家说明他们应当用什么方法去使国王恩准他们当中的最卓越人士编制国家预算草案；

二、向学者介绍他们应当用什么方式去使国王把管理国民教育工作和社会的其他道德事宜的大任赋予他们当中的最有才能的人；

三、最后，应当向实业家和学者指出他们为了达到双方的目的而必须联合起来的基础，指出应由最卓越的实业家编制国家预算草案和由最有才能的学者管理国民教育工作和社会的其他道德事宜。

我在前两分册中，已就下述两个问题对实业家提出了建议：

一、关于他们为了达到上述的目的而应当走的道路；

二、关于他们的力量和政治才能同学者的力量和政治才能联合的方式。

在这第四分册中，我要直接向学者呼吁。

问：您应当首先向学者呼吁，因为这是极其自然的和十分合理的。

答：学者对实业阶级有非常重大的贡献，但是实业阶级对他们的贡献更大。他们依靠实业阶级而生存，实业阶级满足他们的日常生活需要和各种物质爱好。实业阶级向他们提供可以对他们完成自己的工作有用的一切工具。

实业阶级是供养整个社会的基本阶级，没有这个阶级，其他任何阶级都不能生存下去。因此，它有权向学者宣布，而且更有理由向其他一切非实业家宣布：我们只是在一定的条件下，才愿意向你们供给衣食住和满足你们的各种物质需要的。

您的意见使我产生了同您所希望的完全相反的印象，您好像劝我完全不去向学者呼吁，或者更正确点说，要我只把学者看成是次要的阶级。

问：虽然您不同意我们的意见，但是它毕竟对您有很大的帮助，因为它使您的观点更加坚定了，使您的政治体系所依据的原理更加明确了。

因此，请您向我们说明：您认为实业家应当同意养活学者和满足他们的一切物质爱好的条件是什么？

答：我现在就向您解释学者应当怎样组织起来，应当把他们的劳动用于哪些方面，以便在最有利于实业家的方式下享用得自实业家的生存资料。

应当把最有才能的学者分成两类，即分别组成两个独立的科学院：其中的一个科学院，应以制定最完善的公益约法作为自己的主要工作目的；而另一个科学院，则应以改进情感约法作为其主要工作目的。后一约法的一些原则，早由著名的柏拉图规定出来，并被初期的教父们加以发展和应用。

路易十四成立了这两个科学院之中的一个，即成立了物理和数学科学院。这个科学院已经在改进观察和推理方面做了很大贡献，只要略加补充，就足以使它能够制定出公益约法。[①]

以改进情感约法为己任的另一个科学院，已经以道德和政治科学部的名称，初具规模地存在了若干时期。这个科学院的功用，可与法国科学院的功用比美。在目前条件下，它的功用甚至还要大一些，因为从阿拉伯人建立实验科学和数学以来，在最近十二个世纪内，对于道德的研究日益退居次要的地位，以致我们知识的这一部门现在特别落后于物理学和数学的各个分科。[②]

道德科学院应当由最著名的道德家、神学家、法学家[③]、诗人、画家、雕刻家和音乐家组成。

音乐家、画家和雕刻家参加以改进情感为目的的科学院并不奇怪，就像现在的眼镜匠、钟表匠和工具制造匠参加物理和数学科学院之不足为奇一样。创造理论的人不应当同在应用理论方面有

① 这个科学院的一项最重要的扩充工作，应当是成立一个政治经济学部。

② 社会感到特别需要成立道德科学院。既然政府不关心满足社会在这方面的合理愿望，社会就只有尽一切可能用自己的力量来满足这一需要。这种情感激起人们在法国成立了"基督教道德自由协会"，在英国成立了"圣经公会"，以及在欧洲的一切国家中成立了许多其他慈善团体。

③ 也应当在法国科学院里设立一个法学部，因为无论在社会成员之间的利害关系方面，还是在他们的相互情感方面，社会都要有固定的规范。为了能够定出正确的规范，就要求具有特殊的才能和专门的知识。在这一部门受过专门教育的法学家，也最善于完成劳动法规方面的工作。

卓越成就的人分开。以后，我们还有机会证明应当聘请大批有实践经验的技工参加法国科学院的工作。

问：谁来下令成立情感科学院呢？

答：最初应当由国王发布成立这个科学院的命令；然后，像法国科学院现在所做的那样，由情感科学院向陛下推荐新院士候选人。

问：我们认为，成立这两个彼此独立而具有同一作用的科学院，是一件良好而有益的事情。当然，社会一致需要把人们的情感和人们的观念协调起来，使它们服从于良好的共同规范，即服从于良好的法律。不过，这两个科学院可能互相争执：从事于改进情感约法的科学院自然要努力使公益约法服从它的约法，而研究公益约法的科学院自然要竭力使情感约法服从它的约法。谁来维持两个科学院之间的平衡呢？为此目的不需要成立一个最高科学机关吗？

答：当然，成立一个皇家科学委员会或最高科学委员会是完全必要的。这个委员会的职能，在于协调情感科学院和推理科学院之间的活动。这个委员会要把两个科学院研究出来的原则和规范合而为一个学说。它首先制定一般原理，然后对它加以改进。这个一般原理将是对一切社会阶级，从最穷的无产者一直到最富有的公民[①]进行国民教育的基础。它也需要编纂最有利于大多数人的共同法典。

---

① 富人比穷人经常具有可以用更多的时间钻研学问的优越条件。因此，他们研究一般原理能比穷人深入。但是，最贫穷的阶级所受的教育，还是足以使富人不能利用自己的知识优势去损害穷人的。

皇家科学委员会当然要在一切社会机关中拥有最高的势力，因为它总揽领导社会的共同活动的大权。因此，似乎应当在成立其他一切机构之前，就先成立这个委员会。但是，按照事物的常理，情感科学院和推理科学院应当先于最高科学委员会而成立，因为只有在融洽情感和协调推理方面最有才干的人，才能正确地判断哪些学者兼有这两方面的最高才能。显而易见，由此可以得出结论：最高科学委员会的委员只能从情感科学院和推理科学院的院士中选出。为了这一目的，两个科学院只召开联席会议就可以了。

经情感科学院和推理科学院选入最高科学委员会的学者，可为自己聘请最有能力的法学家，委托法学家对他们拟出的一般原理赋予立法的性质。他们也可聘请他们认为能给他们提出有益建议的实际政治活动家，并从一切国家管理部门选拔这种人才，以便能够了解各种意见和收集各类情报。因此，他们可以从内务部、外交部、陆军部、海军部、财政部和警察总署等机关选拔这种人才。

当实业家首先使国王恩准他们当中的最卓越的人编制国家预算草案，然后使陛下成立我们方才所说的三个科学机关的时候，就会把社会组织得符合于教化和文明的现状，组织得十全十美而使人类的一切身心需要能够得到满足，因为这四个单位构成了最有利于生产和最便于把一切有益于人们身心的东西都结合在一起的社会制度的基本组织。

最后，当这种社会制度在法国建立起来的时候，立刻就会实现教父们的那句著名预言：将来只有一个社会学说为整个人类所公认。那时，还会看到各族人民相继采用法国所宣布和实行的原则。

方才所述的观点，乍一看来可能有些离奇，不能立刻被人们接受。但是，头脑清楚的人士很快就会承认，我们的社会组织方案是人类理性发展的直接结果，而采用这个方案则是欧洲社会的全部政治发展史的必然结果。

神圣同盟、法国政府、英国政府、美国政府、法国大革命开始以后形成的各政党和在这个期间发表言论的政论家，至今只讨论了一些次要问题。他们只是致力于研究日常的事件，其中的任何一个人的观点都没有达到可以概观整个大局的高度。为了走出由于职业或爱好而研究重要政治问题的一切人所陷入的迷宫，首先必须解决三个问题，同时使一切受过初等教育的人都能够评定解决的结果。

这三个问题如下：

一、用什么方法可以彻底克服目前的危机？哪些社会组织原则符合于教化和文明的现状？

二、折磨了居住在欧洲的欧洲人和迁移到美洲的欧洲人五十多年的危机的真正原因，即它的最一般原因究竟是什么呢？

三、在导致英国的北美殖民地获得独立的战争以后采取的一切措施当中，哪些措施对于克服折磨了欧洲人五十多年的危机起了促进作用？哪些措施对于这个危机的克服发生了延缓作用？

问：请您只谈事实，而抛开一切评论。我们感兴趣的和我们打算知道的，是您是否已经完成了神圣同盟、法国政府、英国政府、法国大革命开始以后成立的一切政党和在这个期间发表言论的政论家至今没有做出成效的事情。我们现在就来同您讨论您方才提出的那三个问题。

我们首先要求您的，并不是教您说出什么机构应当成为新社会组织的基础，因为您已经向我们叙述了这方面的原则。但是，我们首先请您概括您方才对我们说的一切，以使我们一眼看清您的整个体系。

答：我现在就来回答您的第一个疑问。这个疑问值得您注意，因为它可以使我概括您可能向我们提出的最重要问题。回答如下：

“根据长子继承制世代相传的王权，是现代一切巨大的政治社会的基本机构。

“按照我在前面所述的方法成立的最高科学委员会，是国王陛下的咨询机关。

“咨询机关通过的方案，送交情感科学院和推理科学院审查。

“这种方案经过情感科学院和推理科学院审查后，添附审查意见，送交最高行政委员会。

“最高行政委员会由最卓越的实业家组成。它所以要由实业家组成，首先是因为实业家已被证明是全体法国人当中最有行政管理才能的，其次是因为他们是构成民族中的绝大多数的实业阶级的天然代表。

“这个委员会负责每年编制国家预算草案，审查各部是否正确地使用了上一年度预算规定拨给它们的经费。

“这个委员会在编制国家预算的时候，为各科目规定相应的经费，以实施由它核定后认为行之有益的预算草案。

“用这种方式编制出来的国家预算草案，送交内阁会议；内阁会议再根据国王的命令，把这份草案提交议会的两院审查，以使草案得以按细节执行。”

问：这个概括十分清晰明了，凡是认真读完它的人，都不难理解您的体系。但是，只理解您的体系是不够的，还需要同意和接受它。为了达到这个目的，您应当证明您方才在前面只是用几行字概括过的东西，您必须解释这个体系是人类理性发展的直接结果，而采用这个体系则是欧洲社会的整个历史发展的必然结果。

答：苏格拉底学派认识了一些非常重要的真理。

它认识到人有两种完全不同但彼此密切相联的能力，即一方面有体验、产生、培养和协调情感的能力，另一方面有思考、产生、形成和协调观念的能力。这个学派还知道，要想发展这两种能力，就得有两种不同的研究工作，而这两种研究工作，又得有两个不同的学派来进行。最后，这学派也知道，情感的发展在初期快于观念的发展，所以它主要从事于道德原则的制定工作。

苏格拉底认为，应当依靠神的威信向人传授道德原则。他认为，信奉许多神可以大大促进各种欲念的发展，但又会妨害各种不同欲念服从于公益的欲念，所以苏格拉底宣布神是单一的。

其次，苏格拉底学派一方面承认，只有在情感派和推理派取得很大的成绩，为哲学提供了足够多的材料来进行大量的比较和综合研究的时候，哲学才能正确和不断地发展。另一方面，这个学派又承认，只有在两个学派所普及的知识深入到社会的最下层阶级，足以轻而易举地彻底消灭奴隶制度的时候，人们才能够建立起直接有利于大多数人的社会组织。

我们在讲述欧洲社会的历史时，不能从苏格拉底以前开始，因为只是从苏格拉底以后，文明才不断向前发展，因为苏格拉底第一个使人类理性得以在这位哲学家开始活动以后，用于建立直接有利于实业阶级（这个阶级最有益于社会，并构成民族中的绝大多数）的社会组织。

问：苏格拉底逝世已经二十四个世纪。从这位伟人出生直到现在的人类理性发展史，对于可以加强证实您的论断的观察，提供了相当广阔的基础。因此，请您不要担心人们指责这一系列观察过于简单，但要说清这一系列观察中的几项最主要观察。如果您接着能够清晰地、简单地、合理地说出您方才向我们叙述的新社会组织的基本结构，那么，凡是正直的人，不管他们的家庭出身和社会地位如何，都会愿意采纳您的观点，即接受您的体系。

答：我把从苏格拉底到现在的文明史分成两个相等的时期，其中每一个时期都包括十二个世纪。第一个时期从苏格拉底那时开始，到阿拉伯人翻译亚里士多德的著作和恢复这些著作的威望，并献身于物理和数学科学研究的时代为止。第二个时期从哈仑-阿尔-拉希德和阿尔-马门[①]时代开始，一直到如今，其间发生了文明史上的重大事件。

问：请您向我们叙述一下这段历史的第一个时期，即回顾从苏格拉底出世至阿尔-马门和查理大帝执政时期文明发展史中的值得大书特书的重大事件。

答：在进入正题之前，我应作几点说明，以便使你们了解苏

① 见第一卷第126页注①。——译者注

格拉底出世以后的文明发展史的两个时期的各自特点。这种事先说明特别有助于理解我们即将谈到的一个重大事实。这个事实对于政治具有非常重要的意义，就像万有引力对于天文学具有的意义一样。它至今还没有直接引起人们的注意，但终会成为一切政治组织的建立基础，就像万有引力成为一切天文学计算的依据一样。

就一般哲学工作的意义来说，苏格拉底学派的活动，从它的奠基人逝世以后就停止了。还有一个值得注意的事实，就是从这时以后，未曾出现过一种真正的哲学，没有存在过一个真正的哲学学派，即没有一个人和没有一个学派同时研究过作为精神存在的人和作为物质存在的人，没有同时对两者兼顾而不偏废。但是，苏格拉底逝世以后，过了不多几年，他的学派在科学方面被两个亚派所代替：其中的一个亚派主要研究作为精神存在的人，另一个亚派主要研究作为物质存在的人。第一个亚派基本上致力于情感方面的改进工作，第二个亚派完全献身于物理观察，即献身于物理事实的整理和系统化。第一个亚派被称为学院派，由柏拉图领导；而亚里士多德则是第二个亚派的创始人，这一派常在回廊下集会讨论学术，它的信徒自称逍遥派。

在着手概述从苏格拉底至今的文明发展史以前我们打算指出的伟大历史事实，就是在头十二个世纪内，**柏拉图学派**对于文明的进步发生了最大的促进作用；而在以后的十二个世纪内，**亚里士多德学派**对于人类理性的发现史起了非常重大的作用。由此可以得出结论：在我们即将概述的伟大哲学时代的前半期，学者多半是唯灵主义者；而在这个时代的后半期，学者主要是唯物主义者。我们由此还可以断定：人类理性在唯灵主义[1]方面和唯物主义方面具有同样的能力，在这两方面都作出了同样重大的发现；这两种能力的发展同样地促进了文明的进步，真正的哲学应同样地协助关于作为精神存在的人的知识和关于作为物质存在的人的知识去建立良好的社会组织。

问：我们别谈这些题外的东西了，请您言归正传吧！请您向我们概述一下苏格拉底死后头十二个世纪内人类理性在道德方面的

---

① 我愿意用唯灵主义(Spiritualisme)一词来表示对于作为精神存在的人的研究，表示道德家想使作为物质存在的人服从于作为精神存在的人的意向。除此以外，我不用这个词表示其他任何东西。

我愿意用唯物主义(Materialisme)一词来表示对于作为物质存在的人的研究，表示物理学家想使作为精神存在的人处于从属地位的意向。除此以外，我不用这个词表示其他任何东西。

我必须作这一附带声明，免得引起各种误解：以为我们打算颂扬形而上学，而用唯灵主义一词来表示它。我认为我们知识的这一部门向来只有暂时的价值，目前它是一个混乱的、虚伪的、荒谬的思潮，因为它竭力把比较重大的作用都归之于臆测的观念和甚至完全模糊的观念，而不把这种作用归之于实证的观念。因此，我认为实证哲学应当同形而上学斗争，并尽可能打垮它的威信。

柏拉图，甚至亚里士多德，都在他们的一些实证的和有益的著述中掺杂了许多形而上学的论断；但是，鉴于他们那时的实证知识还十分缺乏，所以可以原谅他们。现在，物理学家清除了自己著作中的污点，使其完全抛弃了形而上学的思辨，这就使他们比道德家更加占有优势。一般说来，道德家的观念仍然陷于没有用处的胡思乱想当中。

当然，道德家有权跟物理学家占有完全平等的地位。在目前条件下，他们甚至可以发生比较重大的作用，因为最近十二个世纪以来，人们轻视道德方面的研究，以致这方面的研究工作现在能比物理学容易作出新的发现，但要具备一个条件，这就是道德家应当十分明确地和不参加任何形而上学成分地叙述自己就一般情感和特殊情感对于社会和个人发生的影响所作的观察。

在这一册的第二部分，我将尽力向道德家指出他们应当怎样叙述自己的观点，以便使自己在学者之林占据应有的地位。

发展，并证明情感学派即柏拉图学派在这一伟大哲学时代的前半期，比起主要是研究支配物理世界的规律的逍遥派更加有力地促进了文明的发展。

答：在研究道德和情感方面，柏拉图比他的老师向前迈进了一大步，他发展了苏格拉底学说的原理。苏格拉底宣布神是单一的，而柏拉图则认为：为了便于道德家进行思考，以及便于他们叙述自己的学说，必须把神的单一性分解，于是他宣布神是三位一体的存在。

柏拉图逝世以后，他所领导的情感学派分裂成数个支派。这些支派都竭力反对多神论，创造以信仰单一神为基础的道德规约，把单一神的属性分在数个人身上，或者更正确点说，从数个不同属性的观点来研究单一神。

当罗马人占领希腊的时候，柏拉图学派逃往亚历山大城。他们在亚历山大城同当地的犹太人联合起来，成立了基督教学派。

在柏拉图学派与犹太人共同建立起来的基督教中，结合着犹太教的宗教仪式和柏拉图学派的学说，而这种结合物后来便得名为基督教。

基督教学派的创始人使情感的狂热达到了顶点。他们内心里充满了对于公共幸福的热情和热爱，而且其程度大大超过了历史上提到的任何其他团体。在这个学派里建立了分工：一部分人把人所能做出的一切行为分成善良的或是罪恶的，分成对做出这种行为的那个人和社会是有益的还是有害的，分成合乎神意的还是不合乎神意的；另外一些人的著作，则宣传基督教的道德和与此有关的宗教仪式。献身于第一类活动的人深入底比斯沙漠，为的是不受各种引诱，专心从事改进基督教道德和制定这种道德法规的工作。大多数基督教初期传教士，都曾献身于基督教的传布工作。这是一种使人感到美妙的宗教，它证明自己高于其余一切宗教，甚至证明自己拥有绝对的优势，因为唯有信奉基督教的人民，才不断地改善了自己的命运，才逐渐使奴隶制度削弱，以致最后把它彻底消灭。[①]

① 圣西门在1825年5月19日突然逝世，以致未能把《实业家问答》第四册的第二部分写完。——原编者注

适用于19世纪的几个哲学论点[①]

第一论　关于哲学

人人都在谈论哲学，每个人都对不同哲学家的著作持有自己的见解。但是，只有极少数人明确地认识到哲学工作与其他一切脑力劳动之间存在的关系，只有极少数人对于哲学家经历的道路和哲学的发展所采取的形式具有明确的观念。

哲学是总括性的科学。哲学家的主要任务，是为他们所处的时代找到最好的社会组织体系，以促使被统治者和统治者采纳，把它完善到可能完善到的地步，而当它已经达到完善的最高阶段的时候，就把它推翻，然后利用专门从事脑力劳动的人在各自的专业方面收集的材料，在这个体系的基础上建立新的体系。

中世纪的哲学家（他们都属于僧侣阶级，因为这个阶级在当时是唯一具有一定知识的阶级），在推翻以至彻底破坏希腊和罗马的哲学家所创立和实现的社会体系之后，创立和制定了神学的和封

---

① 这篇文章最初载于1825年发表的《论文学、哲学和实业》一书内。这本书除序言外，还收有圣西门自己写的和他与自己几个学生合写的七篇独立论文。中译文选集除翻译了这篇文章外，还有《论社会组织》(未刊稿片段)。译文所据的原文，载1966年法文版《圣西门全集》第5卷。——译者注

建的社会体系。

中世纪哲学家的成果比希腊和罗马哲学家的成果优越，即神学的和封建的社会组织体系比古代各族人民实行的一切政治体系优越，这就证明了中世纪的哲学家比古代的哲学家优越。

第二论　关于古代各族人民的文明状况和中世纪各族人民的成就

神学的和封建的社会组织体系比古代各族人民采用的各种政治制度优越，是显而易见的，但这个事实还没有引起贤明人士的注意，还没有一个哲学家公开指出过这一点。目前，在学者中占有统治地位的，依然是来自古希腊罗马的哲学思想和政治思想。哲学教授们只是津津乐道地和毕恭毕敬地大谈米诺斯、莱喀古士[①]和梭伦等古代立法者，而对于查理大帝、亚勒弗烈大王、格雷哥里七世[②]却只字不提。他们对拉栖第蒙人、雅典人和罗马人的政治体系钦佩不已，而把中世纪形成的和在政治上把广大欧洲居民联合起来的社会组织体系，看成是微不足道和毫不足取的发明。

我们现在来略述一下这种谬见的产生原因。人类的一切理性活动，归根到底是对事物进行比较，比如说某种东西好或坏，这就是说它好于或坏于与它相比的另一种东西。当近代的哲学家看到

① 米诺斯(Minos)，据古希腊传说，是克里特岛上的一个强大国家的奠基人和国王，他给这个国家制定了最初的一些法律。

莱喀古士(Lycargus，公元前9世纪)，据说是古斯巴达的立法者，斯巴达的国家制度和社会制度都是由他制定的。——译者注

② 格雷哥里七世，见第一卷第271页注①。——译者注

神学封建体系达到其发展的顶点，不能适应文明的进步而必须进行改革，从而必然被推翻的时候，他们便起来批判这个体系。于是，为了证明这个体系是不好的，他们必须有比较的对象；否则，他们没有办法建立更高的体系，因为这种体系只有在当时存在的体系被推翻以后，才能被创造出来。他们决定拿当时的体系同它以前的希腊人和罗马人的体系相比较，而为了达到自己的目的，他们又拿古代人民的体系中的好东西与神学封建体系中的坏东西对比。

但是，当人们可以看到目前的社会组织体系高于神学封建体系的时候，也就不难断定神学封建体系比古代各族人民实行的体系优越。我们现在就来论断这一点。

为了能够清晰而简易地判断我们对这个问题所要说明的一切，我们先来解释一下一个社会组织体系所应满足的几项基本条件。在做完这一步之后，我们就只须拿古代各族人民的政治制度同欧洲人在中世纪建立的政治制度比较一下就行了。

我们只拿希腊人和罗马人的政治体系与中世纪的社会组织体系进行这一比较，因为学者们斩钉截铁地认为希腊人和罗马人在一切方面，特别是在政治方面，都比他们当代的一切民族优越。

下面是我们的看法，我们认为不会有人对此加以怀疑：

“优良的社会组织会是这样的制度：首先，它尽可能使社会上的大多数人过着幸福的生活，拥有最多的资料和便利条件来满足自己的日常生活的需要；

“其次，在这个社会组织中，最有才能和最有德行的人，拥有最多的机会居于社会的前列，而不管他们出身于什么家庭；

“再次，这种社会组织能把数量最多的人团结在一个社会里，使他们拥有最多的手段来抵御外敌；

“最后，这种社会组织能鼓励劳动，因而可以出现重大的发明，导致文明和教化的最大进步。”

现在，我们从这四个不同方面，拿希腊人和罗马人的社会同中世纪的社会进行比较。

第一个比较　在希腊人和罗马人的社会里，奴隶直接属于他的主人，主人对奴隶握有生杀予夺的大权。

没有一条法律、没有一个机关、没有一项社会道德原则、没有一种宗教诫命保护奴隶和设法限制奴隶主对奴隶的专横。

在神学封建体系下，奴隶被固定在领地上，只是间接属于他出生的那块土地的所有者。关于赎罪的法律，承认奴隶的生命及其身体的每个器官和各个部分的价值：奴隶的眼睛和奴隶的耳朵都有一定的价格，所以把自己的一个奴隶杀死或打伤致残的奴隶主，必须按照规定的罚金额向被害者的子女支付赔偿费。

公认的道德和宗教也都保护奴隶，使他们不受主人的虐待。基督教道德责成人人都要兄弟相待，它要求每个人对待他人时就像自己希望他人对待自己那样，而且基督教还教导人们说：在神的面前，人人一律平等。

在希腊人和罗马人的社会里，奴隶主们经常身带武器，每天在公共广场集会；他们几乎都住在设防的城郭里，而绝大多数的奴隶，则散居在乡村从事农业劳动。由此可知，奴隶主毫不害怕奴隶起义，因为发动起义几乎是不可能的。相反地，在神学封建体系下，住在城市里的主要是手工业者；奴隶主们则住在自己的乡间领地上，以致孤立地分散在自己的奴隶当中，因此他们在一定程度上害怕奴隶报复。这种报复是可能发生的，而且当奴隶们受到过分的虐待而陷于绝望境地时，有时也确实进行过报复。

拉栖第蒙人的青年常拿奴隶当做狩猎的对象，而他们用这种方法得到的野蛮享乐，绝不会给他们带来任何麻烦。在神学封建体系下，绝对不许有这种残忍的行为。

可见，占社会的绝大多数的人们的命运，在神学封建体系下，已不如在希腊人和罗马人的社会组织体系下那样悲惨。

第二个比较 在希腊人和罗马人的社会里，公职一般或几乎完全由贵族担任；他们在世俗权力方面占据最重要的职位。元老院的成员都是贵族，大祭司、肠卜师和乌卜师也都出身于贵族。平民所担任的官职，具有从属的和下级的性质，而且绝不能使他们参与领导工作。他们仅有一些防止贵族无限专横的微弱权力。平民只是依靠起义，才得到了一些比较重要的职务，而他们由此获得的地位，也绝不是巩固的。

在日常生活中，平民差不多都处于贵族的家奴地位。根据当时的习惯，平民都找最有势力的贵族来保护自己，并以被保护人的身份跟随贵族上街，或在贵族宅第里听候使唤。

平民比奴隶多享有的最大特权，就是他们可以为自己选择保护人，法律保护他们不受任何人身虐待，他们可以比较容易地联合起来举行规模巨大的起义。

简而言之，凡是不怀成见地考察希腊人和罗马人的社会组织的基本制度的人，都一定承认这些制度只对成为世袭贵族的特权分子有好处；他们也一定承认，领导社会公益工作的大权经常操在贵族手里。贵族的政治权力的这种继承制度还用法律固定下来，法律准许父亲对子女握有生杀予夺之权。这种情况妨害了年轻人献身于建立平等的崇高理想，因为法律把他们置于完全从属于老子的地位，而老年人在接受崇高壮丽的理想方面是大大不如年轻人的。

最后，如果仔细考察一下妨碍非贵族出身的德高望重的人士居于社会前列的原因，那就必须承认希腊人和罗马人的社会组织，总是使出身于占民族中的人数最多的阶级的人士默默无闻，而不管他们的真正能力比贵族如何高强。

作为神学封建体系的基础的原则，跟作为希腊人和罗马人的政治体系的基础的原则大不相同，甚至在某些方面还是针锋相对的。

在希腊人和罗马人的社会里，精神权力从属于世俗权力，是后者的驯服的助手。

在中世纪欧洲人的社会里，精神权力的影响占据上风；精神权力具有全欧的权威，而世俗权力只具有地方性的权威。

在希腊人和罗马人的社会里，精神权力完全掌握在贵族手里。

在中世纪欧洲人的社会里，在神学封建体系发生作用的整个时期，精神权力一般由平民掌握。

简而言之，在希腊人和罗马人的社会里，把社会的公益工作交给了贵族办理；而在整个中世纪的欧洲社会里，平民一直作为领导者居于社会的主要地位。

僧侣阶级大部分出身于平民，而且经常由平民领导，甚至在教皇是由贵族中选出来的这种罕见的情况下，也是如此。从希尔德布兰德教皇到16世纪，人类应把文明的进步归功于僧侣阶级。这一进步是无法估量的，它把人类理性提高到希腊和罗马社会的最灿烂时期都没有达到过的高度。

正是天主教的僧侣阶级使高卢、日耳曼和整个欧洲北部的全面开发工作得以实现，正是他们指导和亲自进行了初期的开发工作。

正是僧侣阶级使欧洲人能够走上智慧的进步，他们在整个中世纪一直关心于在欧洲各地开办学习读书写字的学校。

正是僧侣阶级把希腊人和罗马人创造的和后来遭到蛮族劫掠而幸存下来的科学、文学和艺术文物保留下来。

正是僧侣阶级定出神的休战诫命以后，才控制了世俗权力的领袖们的好战野心。

正是他们开始使交通便利起来，鼓励人们修桥铺路，宽恕献身于这种工程的人的罪恶。

正是他们通过立法规定了在民事和刑事诉讼中保护私人利益的准则。

最后，正是这个阶级从希尔德布兰德教皇一直到路德时期，从事于科学和其他脑力劳动部门的工作。

有人可能反驳我们对于僧侣阶级掌握社会公益工作领导大权时期的基本情况所作的赞扬，而说古代埃及人的精神权力就曾高于世俗权力，并且也是由当时的平民所掌握的。

我们对此回答说：神学和封建体系的完美结合，在于它使僧侣阶级成为一个把欧洲的各族人民联系起来的政治纽带；在于它为精神权力划定一个无论如何不能超越的范围，以免社会受到巨大的阻碍。僧侣阶级领导了对欧洲各族人民都有益的工作，但它并没有直接统治过欧洲的任何一个民族，而古代埃及的祭司却完全吞并了世俗权力，使埃及的全体居民都服从于修道制度并完全不关心道德。

我们认为，已经没有必要再把第二个比较继续加以发挥。我们从这第二个比较可以得出如下的结论：在中世纪欧洲人的社会里，德高望重的人，不管他们的家庭出身如何，都比在希腊人和罗马人的社会里有更多的机会升到社会的前列。

第三个比较 罗马民族的人数比希腊民族的任何一族都多得多，但罗马民族的任何一代的人数始终没有超过五十万人。

罗马人的国土比希腊的任何一族的疆土都辽阔得多，但从来没有达到诺曼底人的国土那样大。

罗马人把一切非罗马人都叫蛮族，并且说："**对付蛮族，不是使用镣铐，就是把他们杀掉**。"希腊人采用这个惨无人道的原则还要早，他们把外国人看成敌人，认为外国人和他们的财物是最好的猎物，只要他们能够抢到手的话。

希腊人和罗马人把自己置于人类之敌的地位，结果必然被人征服，而他们的政治社会也终于消灭。尽管他们在军事力量和智力发展上占有优势，但是他们仍然不如人类的其余部分强大，因为在他们宣布一切外国人都是自己的敌人以后，就使人类的其余部分团结起来反对他们。他们越扩大自己的侵略，也就必然加快自己的灭亡。

最后，由于希腊人和罗马人的社会组织具有这种根本缺点，所以他们的政治社会便被完全消灭了。

从中世纪欧洲人接受神学的和封建的社会组织体系以后，他们的社会情况就完全变成另一种样子。他们的政治社会已由六千多万人构成，整个中欧和西欧都属于他们，成了他们的公共领土。

后来，这个社会无论在领土方面，还是在人数方面，又不断扩大。

这个社会开始遭到萨拉森人和萨克斯人的疯狂进攻，但是萨克斯人后来信奉了基督教，而加入中世纪的欧洲社会；至于萨拉森人，则被欧洲社会用武力从法兰西驱逐出去，挤到西班牙南部。后来，欧洲社会把战争推到萨拉森人的国土，从而迫使他们放弃重新征服欧洲的一切企图。

由此可见，这个社会最初也是反对基督教的，可是后来皈依了基督教，并把长期骚扰危害它的北方各族联合进来。

最后，经过数个世纪，这个社会发展得比人类的其余一切部分更加优越，达到毫不惧怕外国人侵袭的地步。

如果观察一下中世纪欧洲人的政治社会的作用是怎样不断增长的，他们的政治社会的人数是怎样变得比以前任何政治社会的人数都多，这个政治社会最后怎样达到从 15 世纪开始不再害怕任何外国人入侵的巩固程度的，那么，中世纪欧洲人应当把自己享有的这种优势归功于基督教所宣布的如下原则："人人都应当兄弟相待"。

因此，在作完这第三个比较以后，显然可以看到中世纪建立的神学封建社会，是比希腊人和罗马人建立的社会拥有更好的政治组织的，因为同以前的一切社会比较起来，这个社会人数最多，而且拥有更多的手段去防御外敌，最后还因为它比人类的其余一切部分占了绝对的优势。

第四个比较　古代的各族人民发明了语言、文字和计数方法。他们也制造了一些原始的工具，人类利用这些工具可以开始做出更多的工作。

古代的各族人民创造了各种艺术，他们把艺术提高到空前未有的完美高度。

在真正的发明方面和创造直接影响情感的艺术形象方面，古代各族人民仍然是我们的老师。

应当承认，古代各族人民在这方面的成就，至今还没有一个后继者能够超越。

但是，在深入的观察、巨大数字的计算和概念的抽象方面，在认识支配自然现象的规律方面，古代的各族人民还没有脱离幼稚阶段。他们几乎完全不知道物理科学和数学，而他们所掌握的一般道德观念，也只对他们具有理论的价值，因为他们还完全没有想出把这些观念用到政治上去的方法。

如果有人说太阳比伯罗奔尼撒半岛大，希腊人一定认为这是荒谬绝伦的臆造。

至于在政治方面，他们认为一切民族都是天生的不可调和的敌人。他们下了很大的工夫，去为本民族寻找统治其他一切民族的手段，而不去努力使自己了解：要想得到好处，就得联合和团结他们的力量去影响自然界，并用最有利于提高他们福利的方法去改变自然界。

在他们看来，军人等级应当永远占据优势；他们认为实业活动是下贱的，所以按照他们的意见，人数最多的奴隶阶级，是政治社会存在的必要条件。

他们只能发明出使领导大权掌握在贵族出身的人们手里的社会组织。社会被他们分成三大阶级：拥有奴隶的主人，没有奴隶的主人，奴隶。没有奴隶的主人也必然依附于拥有奴隶的主人，因为当时认为为生计而工作是下贱的事，而且他们也不能做这种工作。此外，政治活动也在吸引他们，时常要求他们到公共广场去集会。

他们只把精神权力看做是世俗权力的助手。他们也不理解：一般道德是一门应当调整社会活动的科学，而可以加速文明进步的最好手段，则是在一切军人权力和世俗权力之上，建立起一个负责一般道德的教育和维护工作的机关。

中世纪欧洲人所持的观点，比古代各族人民高得多，他们已经向前迈出了一大步。

他们认为，艺术体系已被他们的先驱者发展到足够的高度，而且符合于文明所处的状况。他们没有从事艺术的改进工作，而把自己的一切力量和精力都放在道德和政治体系上了。①

古代各族人民以建成含有最纯洁的一般道德原则的基督教，使自己的活动达到顶峰，但是他们还没有在政治上对自己所创造的这个高尚的学说加以任何应用。中世纪的欧洲人以他们从前轻视的基督教原则作为自己的社会组织的基础，并且为了使基督教

---

① 在希腊人和罗马人的社会体系与查理大帝和格雷哥里七世建立的体系之间，隔着很多世纪，应当把这几个世纪看做过渡时期。由于人类的理智不够健全，在形成一个新体系的理论和实际用它去代替旧体系以前，都得把原有的体系打得粉碎。

野蛮民族由于彻底破坏了希腊人和罗马人建立的社会组织，而对人类做出了巨大的贡献。

适应于欧洲社会长期遭受北方入侵的蛮族蹂躏之后所处的愚昧状态，而赋予基督教以天主教或教皇宗教的形式。

如果以哲学观点考察中世纪文明的发展进程，那就必须承认：人类理性在这一大段期间的活动，接连表现了三个明显的特点。

在9、10、11和12世纪，以及在13世纪的上半期，智力出众的欧洲人曾专门从事社会组织体系的改进工作，也就是说，他们要解决一项非常艰巨的任务。

他们要改善奴隶的命运，准备完全废除奴隶制度。

他们要使道德家高于军人，要使和平人士高于好战分子，并且要使没有财产的主人，即没有奴隶的主人得到光荣的生存手段和能够容易升到适合于他们所表现的才能及其对社会的贡献的社会等阶。

然后，他们还要保证新社会永垂不朽，并促使新社会采取如下的一般政治原则：这些原则既不会引起人类的其余部分敌视新社会，同时又使新社会很容易同不再是死敌的其余民族结成同盟。

最后，这个新社会还要为人类理智的向前发展和研究支配自然现象的规律的工作提供各种手段，并促进以改造自然为目的的实业家竭力使自然尽量适合于社会的用途和需要。

这项任务被查理大帝、亚勒弗烈大王、格雷哥里七世和其他许多人出色地完成了。凡是研究过他们的工作成果的人，都完全承认他们的才华。

集合在亚历山大城的一些希腊思想家和犹太哲学家，在那里创立了基督教哲学；他们宣布的一些原则，后来成了神学封建体系的基础。但是，中世纪的哲学家们，为了把这些原则按照那个时候的条件应用于当时的社会制度，也曾做了许多工作！

基督教本质上是民主主义的，所以要想把它原封不动地用于政治体系，必然把社会引入无政府状态。中世纪的哲学家用天主教代替了整个基督教。天主教本质上是君主主义的，所以它满足了建立新社会组织所需要的条件。

为了使一些基本观念发生如此巨大的变化，必须事先把教会永无错误的伟大原则变为僧侣阶级永无错误的原则，然后再把僧侣阶级永无错误的原则变为教皇永无错误的原则。然而，在基督教产生的初期，教会永无错误的原则只意味着大多数信徒永无错误。

也必须把以前鼓舞过僧侣阶级的无私心变成完全相反的另一种情感，即变成贪财心，以激发僧侣阶级去保卫他们的物质利益。只有利用这一手段，才能使僧侣阶级创造真正的政治制度。

最后，为了用天主教代替由于过于纯洁而不宜用于政治的基督教，必须想出一些虚构的宗教诫谕，臆造出许多其他莫名其妙的东西，因为只有依靠这些东西，欧洲社会才得以巩固，以至成了人类的荣誉和希望。

简而言之，哲学家们现在看到了一个颠扑不破的真理，那就是他们必须掌握物质权力，换句话说，就是掌握中世纪期间属于僧侣阶级，特别是教皇的那些财富，以便使军人政治服从于科学领导，使狂暴的欲念服从于欧洲人的理性才华。这种情况一直继续到路易九世继位为止。

这位哲学家通过以最高的道德原则为基础的治理活动，使研究欧洲社会的工作得到了新的方向。这个在当时很杰出的人物，似乎想到了百科全书计划。

在9、10、11和12世纪，以及在13世纪的上半期，正如我们在上面指出的，欧洲人几乎完全从事于自己的政治社会的建立和巩固的工作了；到了13世纪中叶，由于他们五个世纪以来几乎一直从事政治活动，而终于超过了人类的其余部分，并意识到自己的优越性，感到他们再也不害怕外国人了。

欧洲人由于再也不害怕外国人，才有可能自由支配迄今用于对外政策方面的那一大部分智力。当时，他们立即决定很好地利用这种智力，以促进他们的福利的增长。

为了达到这一目的，平民阶级曾同时献身于两种活动，其中一部分平民开始发展各种实业部门。从事实业活动的这部分平民是世俗平民，而加入僧侣阶级的平民则研究物理科学和数学。罗吉尔·培根[①]是这个时代的伟大物理学家，他也是一位修道士。

指出下述事实是非常重要的：开始研究物理科学和数学的，正是僧侣阶级；一直到15世纪以前，这两门科学几乎全是由僧侣阶级发展起来的。这个事实证明，僧侣阶级的存在对于15世纪以前的社会有过极大的好处。这个结论，同目前仍在科学中占统治地位的错误的哲学观点针锋相对。显而易见，我们正应当把15世纪以前的文明进步归功于僧侣阶级，但是我们的一些作者却责难僧侣阶级，说他们是文明发展的最大障碍！

现在，我们来考察神学封建体系的第三个时期。这个时期包

① 培根，罗吉尔（Bacon，Roger，1214—1294年），英国的哲学家和自然科学家，他建立了研究自然的实验方法，反对当时占据统治地位的教会经院哲学。培根曾因批判僧侣阶级的道德堕落而屡遭迫害。——译者注

括15世纪和16世纪。

一些伟大的发现绝不是偶然产生的，它们向来都是劳动的成果，劳动培育人类的理性去思考或寻找这些发现。

一方面，15世纪以前很久就出现了指南针的发明；另一方面，13世纪和14世纪在航海技术方面取得的成就，为15世纪的欧洲人提供了发现美洲的手段。美洲的发现，对于思想体系起了极其良好的哲学影响，使人们由此切实知道了自己居住的行星的大小，驱散了认为整个宇宙是为了人而创造的观念。当人们比较其他天体之后而知道了我们的行星的大小的时候，那种使人自高自大和不善于从事改善自己状况与提高自己的真正福利的观念，便显得十分荒谬无稽了。

13世纪和14世纪进行的天文观察，以及这一准备时期的数学成就，使天主教修士哥白尼得到了发现太阳系的真实构造的可能性。

14世纪制作雕版的最初尝试，以迅速增加手稿的复制份数为目的，这促使15世纪的人发明了活字印刷术。

我们对于15世纪的一些发现所作的上述说明，还只是对于这方面的某些专门领域进行的考察。现在，我们从更一般和更高的观点来考察这一令人惊奇的世纪。

15世纪的欧洲人，不仅在物理科学、数学、艺术和手工业方面有惊人的成就，他们同时还在人类理性可及的一些最重要和最广泛的部门十分热心地工作。他们是全面发展的人，而且是自古以来首次出现的全面发展的人。他们恢复了艺术的青春，复兴了基督教亚历山大学派的高尚道德。一方面，他们使这种道德摆脱了天主教对它的轻视和加诸它的一切迷信；另一方面，他们又完善了这一学说，从其中排除了一切违反自然科学方面的新发现的观念。因此，15世纪的人在道德科学和宗教科学方面、物理科学和数学科学方面、艺术和手工业方面的活动，同样都是很出色的。可见，正如我们上面所说的，他们是全面发展的人，因为没有一种有益的活动不是上述四个方面之一的构成部分。

特别值得注意的是：真正的人民领袖，即领导人民日常工作的人士，开始站在这个运动的前列，保护人类这种普遍的奋发热情，并对它加以指导和调整。美第奇家族[①]都是商人和工厂主，正是他们这种人在15世纪起了最出色和最重要的作用。

由此可见，在15世纪，控制世界的权力终于转到健全的思想或常识[②]方面来。

15世纪是人类理性发展史上的光辉灿烂时期。应当把这以前的一切活动只看做事先的或准备的工作。好像一切已故的人士在这个时代又复活了，并结成一个团体，研究如何把一切智力用于提高人类的福利。只是在这个时代，人们才掌握了为把他们在一切和

---

① 美第奇家族是1434—1737年统治佛罗伦萨的一个意大利工商业家族，出过许多大银行家和商业家。——译者注

② 我们是按“健全的思想”或“常识”这两个词的本义来使用它们的。我们把“健全的思想”或“常识”理解为最大多数人或绝对多数人的观点或思想。我们的目的是指出只有在这个时代，人民的呼声才能够作为神的声音而受到重视。

社会上的多数，过去是而且今后永远是由从事手工劳动的工人所构成的。因此，事物的本性决定了实业工作的经营者是领导者，是多数人意见的代表者。

在15世纪，美第奇家族宣布的人民的呼声，从世界存在以来第一次表现出它的真正的神的性质，因为到这个时候，人民才开始通过自己的领袖，大力保护科学、艺术、哲学和一切能够改进人类身心福利的和平劳动。

平劳动方面的力量和才华结合起来所需要的一切智力活动手段。

从此以后，人们就已经可以预感到，一种一定要把天堂移到人间，并把这个人间天堂从过去搬到将来的伟大的道德、理想和科学活动，有了实现的可能。

这种智力活动，是可能发生的这类活动中的最重要活动。它将以最直接的方式改进社会状况，发展社会道德；它将清除那种认为今不如昔的错误的和悲观的思想；它将创造一种真实的、令人快慰的和特别振奋人心的观念，即叫人们认为我们付出的劳动可以改进子孙后代的福利。从本质上说，这个观念是宗教观念，因为它认为升入天堂是对生前所做的一切有助于改进人类命运的活动的最终善报。

现在把我们的第二个论点概括如下：中世纪形成的神学封建体系，比希腊人和罗马人的政治和宗教体系大大地向前推进了人类的文明；它最终在 15 世纪创造出来的劳动成果，使现代的各族人民比古代的各族人民提高了许多。

从 15 世纪开始，哲学家们主要应当破坏神学封建体系，因为这个时期做出的一些发现，已经提供了必要的材料来建立大大超过中世纪的社会体系的社会组织体系。

到目前为止，破坏的工作已经有了充分的发展，而在创立新原则的道路上也只存在着偏见之类的小障碍，所以哲学家们应当同心协力来建设符合于教化和文明现状的新社会体系。

第三论　关于 15 世纪以来的文明的进步

破坏一个曾在世界上起过主要作用的政治社会，并根据新制度建立一个新的政治社会，是一项十分重要和十分艰巨的工作，它比我们的任何其他智力活动都需要更多的时间。

因此，用去许多世纪来彻底破坏希腊人和罗马人建立的政治体系和准备建立中世纪各族人民所实行的社会组织，这是不足为奇的。

对于下述现象更不应当感到惊奇：从15世纪开始，直到今天，欧洲的哲学家专门从事的工作，一方面是破坏神学封建体系，另一方面是准备建立科学实业体系；他们对于应当作为新社会组织的基础的各种机构，还没有形成系统的见解。

破坏神学封建体系的工作，是从批判在整个体系中占有优势地位的制度开始的。

对于教皇宗教的信仰，受到路德①的直接攻击和哥白尼的间接攻击。

① 路德对于欧洲人有很大功劳，因为他攻击了教皇权力，使整个欧洲北部消灭了这项权力，而在教皇权力不再符合新的教化水平和社会需要之后仍继续信奉天主教的各族人民中间，则大大破坏了教皇权力的威信。但是也不能讳言，路德的观点只是因为含有批判精神才有价值。如果从本质上考察他的观点，并且不拿它们与天主教观点比较，那就应当承认他的观点是不正确的，绝不能指导人类理性。

路德创立的道德和宗教，一点也不符合当时社会的需要。这位宗教改革家打算使基督教恢复到初建时的原样，但是他的这种想法是不对的。

基督教的最初目的是消灭奴隶制度。在它达到这一目的之后，应当为自己规定出新的、继续向前迈进的目的，这就是要建立一种可以保证一切无产者经常有工作、一切社会成员都受到实证教育和得到能够促使他们的智力发展的享乐的社会组织。

从另一方面来说，路德的宗教也是不对的，即这位宗教改革家从宗教仪式中取消了艺术作用，但这是愚蠢的做法，因为神学同艺术是姊妹。

我们准备在另一论里再来研究这个问题*。

* 圣西门没有在本文的另一论中研究这个问题，而是在《新基督教》中讨论了这个问题。——译者注

路德谴责教皇宗教,说它贬低了基督教道德。他宣传说,教会永无错误的原则最初只是信徒的最一般观点,而把这一原则变成教皇永不错误的原则,便为社会带来了大害。他证明说,罗马教廷在精神权力和世俗权力方面没有万能的职权。

哥白尼证明了宇宙不是专为人而创造的,因为人在宇宙中只起着非常次要的作用,人居住的行星是我们已知行星中的较小行星之一,同时它完全不是古代人所想象的那样位于宇宙的中心,而是围绕太阳周转,太阳又围绕另一些更为巨大的天体周转。

由路德和哥白尼奠基的工作,直到南特敕令废除以前,都是学者和整个社会的注意中心。

到这个时期,罗马教廷完全丧失了它对世俗权力的重大影响,因为北方的一切国家都建立了不受教皇管辖的精神权力,而南方各国则迫使教皇放弃对于政治和宗教的最高大权的要求;作为神在尘世的全权代理人的教皇,在这以前一直提出这种要求。从这个时代开始,哲学家只把批判精神权力看成辅助的和次要的工作。

批判家从神学和科学观点出发,完全推翻了神学封建体系在精神权力方面所依据的原则以后,便把自己的主力用于批判世俗权力方面。

伏尔泰、狄德罗、达朗贝尔和18世纪法国与欧洲其余部分的一切有名的著作家,都证明了某些国王对人民有过很大功劳,因为他们镇压了势力强大的诸侯,从贵族手里把全部政治实权夺取过来,并掌握了原来被地方领主肢解了的国家主权。这些著作家还证明,世袭的贵族制度应当废除,因为不必再用它来维持社会秩序。

另一些重要工作,从15世纪到现在,也一直吸引着整个社会的注意。这种工作有两类：一类是由学者进行的，另一类是由实业家进行的。我们先来研究实业家的活动。

实业家同王权结成反对贵族的同盟，国王靠着他们的支持，才得以掌握原来把持在贵族手里的政权。

作为对王权服务的交换条件，实业家得到王权的保护；他们利用这项保护，彻底摆脱了自己所处的奴隶地位。

后来，实业家自己组织起来，并利用自己的组织终于形成一支巨大的社会力量。这是和平的力量，但比贵族至今领导的军事力量还有威力。国王之所以能毫无困难地把世俗权力的领导权交给实业家，从而使社会摆脱它当时仅有的一个负担即贵族，这就说明了实业家的力量。

实业家的组织通过银行的成立而全部完成。银行把实业的一切部门彼此联系起来，并指导实业界的资本用于政治方面。

科学和艺术界的人士也跟王权结成了同盟，他们向国王献策推翻教皇的统治，并以科学的论据和艺术杰作的展示①来反对人民中

---

① 在15世纪以前，人民的注意力一直被宗教观念所吸引，甚至在他们消遣的时候也没有忘记宗教观念。圣体出巡是一种大规模的群众性娱乐。剧院里上演宗教的神迹剧，音乐主要是教会歌曲。人们认为圣物是最好的礼品。显而易见，生活上的这类消遣，使教皇得到了高于国王的政治好处。

艺术家得到自由以后，把关心社会的公共消遣的工作担负起来。

剧院里不再上演宗教神迹剧，而开始在戏剧中描写大的历史事件和风俗人情。刻画美丽风景的优雅装饰品，快乐活泼的舞剧，代替了圣体出巡。教会的歌曲不再是唯一的音乐，音乐家找到了用自己的乐音表达各种情感的手段。音乐家同诗人合作，共同努力使人们摆脱神秘主义。最后，圣物也不再被人认为是最好的礼品了；绘画和雕刻的杰作开始变成人们所能获得的最珍贵物品。

毫无疑问，这种新的消遣使国王得到了大于教皇的政治好处。

的迷信观念，而教皇的最高权力就是以这些迷信观念为基础的。

作为替国王效劳的交换条件，学者和艺术家受到了各种特殊庇护，以至国王承担了为他们成立学术科学院和艺术科学院的责任。

他们使这些科学院脱离了僧侣阶级而独立。当然这是必要的，因为不这样的话，神学家就要妨害他们的发展，拿教皇永无错误的学说同他们的科学论据和他们把社会注意力吸引到最有益于社会的各种职业的努力相对抗。

我们认为不必进一步发挥这一节的论点了。我们从此以后只想论证一个在这种情况下具有非常重大意义的事实，即王权后来成了支持精神权力和世俗权力方面的革新者的机构。

第四论　关于一七八九年以来的历次社会改革的尝试

从15世纪开始到1793年，欧洲人一直十分热心地致力于破坏神学封建体系，但是他们始终未能达到发现应当代替行将灭亡的体系的新体系的地步。[①]

① 有人可能反驳我们，说英国人在15世纪以后已经改革了他们的社会。我们对此回答如下：

一、英国的社会组织同中世纪欧洲建立的社会组织根本没有什么差异，它不过是略加改变的神学封建体系。

二、欧洲大陆上的人所以钦佩英国的宪制，只是因为他们对英国的宪制还不够了解。其实，分析英国的宪制以后，就要承认在这种制度下，政府是民族的敌人，民族尽量保卫自己不受政府的侵害。因此，我们由此看到混乱和专制之间不断进行斗争，当然这种斗争完全不是事物的安定和稳定的秩序。

三、最后，我们应当注意，英国的社会组织只能适于单一民族的国家，不能把它用于由多民族构成的社会，因为英国的社会组织是以民族利己主义为基础的。

只是在1793年,才开始了以改革社会为目的的工作。

从这时开始,社会经过了四次实验。我们现在就来依次考察这四次实验。

对法国社会进行的第一次实验,是试图把希腊人和罗马人的风尚和制度移植到法国社会里来。①

这个毫无根据的观念,是一些最狂热的革命者构想出来的。为使这种尝试获得成功,首先必须具备以下几个基本条件:

(1)再把二十分之十九的居民沦为奴隶;

(2)把基督教费了很大力气才灌输到人们心里的一般道德的崇高原则从一切人的思想中连根铲除;

(3)把欧洲各族人民的人数减少到可使每个民族得以每天到公共广场上集会,并在那里讨论与他们有共同利害关系的问题的地步。

这第一次实验达到了如此荒谬的地步,以致企图叫成年人穿上儿童服装的做法,都不再被人看成是可笑的事情。这个企图是开倒车,所以也是错误的。

第二次实验是由波拿巴进行的,他企图恢复查理大帝时代的盛世。这次实验不如第一次实验那样荒谬,因为它倒退得并不太远。

---

① 我们评述历次的社会改革尝试是从1793年开始的。我们不准备在这里叙述1791年宪法,因为它实际上只具有破坏旧制度的价值。它消灭了王权这一现代社会的基本的和必要的制度,而没有继之建立任何一种其他的基本制度。

制宪会议确实比后来的一切类似会议都具有革命性质,但空谈并不能改变事物的状况。

但是，在查理大帝那里表现为雄才大略的东西，在他的模仿者波拿巴这里变成了得到巨大的才能和坚强的意志所支持的任意妄为。

波拿巴的尝试起初获得了光辉的成就，这对于被他的军事胜利所陶醉的法兰西民族来说，是很有诱惑力的。这个尝试特别受到民族当中的一部分谄媚逢迎和贪得无厌的人的完全拥护，因为心甘情愿为侵略者充当驯服工具的人，是要依靠战利品来生活的。但是，这位将军，即最有能力的革命家和长于剽窃的立法者所创立的制度，实际上对于法国和整个欧洲只有破坏性的作用。这种制度所以不能永久存在，有以下两个原因。

首先，波拿巴建立的社会体系，是以法国从物质上奴役欧洲为基础的。这种局势不能为欧洲所忍受，所以只能存在很短期间，何况法国人的力量抵不过欧洲其余部分居民的联合力量。

第二个原因同法国的国内局势有关，来自这个制度的根本缺陷，即把新贵族置于民族的首位。在第一代，这种局面还勉强能够抑制日益占据优势的平等感，而从第二代开始，这种情感就必然发泄出来，变成愤怒的情绪。

由此可见，波拿巴建立的社会组织制度也具有倒退的趋势，它既不能在欧洲长期存在，又不能在法国永久存在。

目前正在进行的第三次实验，是把英国的宪制搬到大陆上来。

毫无疑问，这次尝试要比头两次尝试好一些，因为它打算实现的倒退运动非常无力，但它仍然是错误的。

它之所以错误，首先是因为它的目的在于把一百多年以前所创造和实行的社会组织形式强加在大陆的各族人民身上。在一百多年前，整个欧洲大陆的知识界在政治方面还是停滞不前的，而从那个时候以后，我们的一切知识部门，特别是在道德科学和政治科学的实际应用方面的知识，都有了长足的进展，以致我们得到了建立比英国人在一百多年以前发明的制度无限优越的社会制度的手段。

这次尝试的错误还表现在另一方面，即英国的政治制度是以王权服从于贵族阶级为目的的，而实际上也得到了这种结果，但这显然同文明的发展进程相矛盾。在希腊人和罗马人的社会里，世袭贵族占据统治地位，而合法的王权只是在中世纪才建立起来。王权的体制从它诞生之日起就是人民的体制，它总是竭力限制世袭贵族的权力；它的使命显然在于消灭这种贵族，所以神圣同盟的任务就是宣布和实际消灭英国的宪制。

最后，这个尝试的第三个错误，在于英国的政治制度是由一个岛国人民建立的，而且只是用于他们自己。要知道，岛国居民不能升到一眼就可以环视和鸟瞰大陆的各族人民及其相邻各岛的居民的利益的高度。

一句话，把英国的宪制搬到大陆上来，不能提供达到改革欧洲社会的既定的伟大目的的手段。

但是，尽管如上所述，我们仍然认为向大陆介绍英国的政治思想，无论是在过去，或者是在目前，对于大陆的各族人民还是有好处的，因为这种思想便于由封建制度向实业制度过渡。

我们在研究英国政治制度的基本情况时得出这样的结论：英国的宪制不过是封建制度和实业制度的中间产物。

英国的贵族都是大地主，他们的地产根据继承权传给家属，国家的最高大权都掌握在他们手里，因为他们是巨大的土地所有者，即巨大的资本家。因此,从任何方面来说,英国的政治制度仍是封建主义的。

但是,英国的一切贵族又都是工业企业的巨大投资者,所以同实业的发展具有切身的利害关系。如果居民群众不竭尽全力促进实业的发展,英国的贵族阶级就必然同居民群众发生直接的斗争。因此,无论从哪方面看来,英国的政治制度又是实业性质的。

然后,如果考察一下真正的实业制度将来应当怎样的问题(毫无疑问,人类在向往这种制度),那就应当承认:在这种制度下,主管公有财产的责任应当由实业企业的领导人担负起来,因为领导者阶级无疑要比一般投资者阶级拥有更大的经营实业的才能。

我们现在来研究第四次实验。这次实验与前三次实验有着本质的不同,因为它没有拉着文明倒退,而是以最积极的办法推动文明前进。

显而易见,我们在这里指的是神圣同盟。只用三言两语,就足以证明几个大国结成同盟作为欧洲的最高当局,已经给欧洲带来了巨大的社会福利;同样地,也用不了很多话,就足以证明这个同盟是文明的先前发展的自然结果,是从封建制度向实业制度过渡的最好手段。

毫无疑问,我们应当把欧洲享受到的普遍和平归功于神圣同盟;同样地,也不应当怀疑,神圣同盟最希望这种和平局面能够尽量长期地维持下去。要知道,和平是一切社会福利中最伟大的东西,因为只有和平才能用最迅速和最可靠的办法去发现最好的农业、工业、商业和政治措施。

由此可见,神圣同盟的存在对于欧洲人是有利的。

王权从诞生之初起就一直在保护人民的利益，反对僧侣阶级试图用神秘恐怖手段建立的专横制度。因此，王权的体制应当受到欧洲大陆各族人民的爱戴。经验也确实证明如此，因为甚至最初发起革命的民族，也热心地恢复了王权：最初建立了一个新的王朝，后来很快又把权力交回昔日的王朝。欧洲社会的最普遍的利益和愿望，是号召各国君主联合起来，对欧洲的社会公益工作进行最高的领导。

为了使封建制度能够和平地过渡到实业制度，必须建立一个最高权力机关。神圣同盟完全符合这个条件，因为它高于一切精神权力和世俗权力。

由于神圣同盟的存在，《福音书》所传播的道德开始在欧洲占据统治地位；而其他各种宗教派别所创立的道德，只能具有地方性的意义，它要服从于这一个历史上最仁爱和最宽宏的道德。这样一来，哲学家便可以自由而大胆地从事于改进社会组织的工作了。

最后，在欧洲的舆论对于符合文明现况的制度表示明确的态度以后，欧洲的社会便可以在神圣同盟的帮助下得到切实的改革。

这是因为神圣同盟虽然凌驾在现存的一切机构之上，拥有建立新机构的绝对权力，但要经常受到舆论的监督；而舆论可以支配着整个世界，任何人不论他有多大的力量，都不能把权杖从舆论手里夺取过来。

第五论　关于必须出版新的《百科全书》以准备社会改革

我们在第一论中说过：

"哲学是总括性的科学。哲学家的主要任务,是为他们所处的时代找到最好的社会组织体系,以促使被统治者和统治者采纳,把它完善到可能完善到的地步,而当它已经达到完善的最高阶段的时候,就把它推翻,然后利用专门从事脑力劳动的人在各自的专业方面收集的材料,在这个体系的基础上建立新的体系。"

我们现在来把这条原则应用于欧洲社会目前所处的形势,并把哲学家现在应当研究的工作的程序规定出来。

15 世纪以后,神学封建体系就已无力继续发展,它已对社会做出了社会能够期待于它的一切贡献;而哲学家们便致力于推翻它的工作,把它完全消灭掉,就像以前消灭希腊人和罗马人的社会体系一样。

哲学家们首先攻击这个体系的神学方面,然后打倒它的封建方面,最后同时批判它的精神方面和世俗方面。

为了彻底打垮这个体系,为了完全把它消灭,为了把它从思想体系中永远驱逐出去,哲学家们结成了一个团体,它的全体成员共同写了一部著作,名叫《百科全书》。他们在《百科全书》里分析了一切思想,并证明了神学和封建原则对于每一种思想的影响都是有害于社会的。

应当把《百科全书》的出版看成是引起革命的最重要原因。这次革命是一个可怕的危机,但是它产生了良好的结果,因为它使社会有可能组织得比在神学封建制度下更有利于公共福利。

18 世纪的哲学家很好地完成了自己的任务。他们完全达到了自己的目的,因为舆论不再支持以前的任何一种体制,而只有王权例外。波拿巴努力恢复贵族体制而一无所得,便十分清晰地证明了这一点。

目前,19世纪的哲学家应当开始担负起自己的任务,这项任务同18世纪哲学家已经完成的任务截然不同。

19世纪的哲学家应当联合起来,以便全面地和充分地证明在教化和文明的现状下,只有实业和科学原则能够成为社会组织的基础。或者更正确点说,就是证明在教化和文明的现状下,社会可以把自己建设得能够直接致力于改进社会的精神福利和物资福利。

18世纪的哲学家为了推翻神学封建体系,写了一部《百科全书》;而19世纪的哲学家,为了建立实业科学体系,则应当写出自己的《百科全书》。

在这部《百科全书》中,应对一切思想加以分析,通过分析证明科学和实业原则对这些思想发生了影响,并代替了封建和神学原则至今对社会发生的影响,这一情况的必然结果将是普遍的幸福。

应当组织征文工作,以便收集用来编纂欧洲的《百科全书》的各种著作。

亚历山大皇帝知道经过激烈的政治动荡以后,需要重新研究欧洲社会组织这个重大的问题。数年前,他在波兰议会上十分坦率地表示了对于这个问题的看法。下面是他的大臣们当时记下的他的发言摘要:

"教化和文明的发展,毫无疑问引起了进行巨大变革的必要性;但是社会所要求的变革,应当用和平方式实现;准备提出的各项改革方案,无论如何不得具有可能再度引起暴乱的性质;改革家绝不应当依靠刺刀来实现自己的想法。如果以适当方式向政府提出关于改革社会组织的新建议，政府准备予以审查，但是政府将坚决镇压新的暴乱。”

我们响应亚历山大皇帝对哲学家提出的号召，并谨向他以及欧洲其他列强和各位君主献上我们的《百科全书》方案。

论社会组织[①]

（未刊稿片段）

第一片段　比较个人智力和集体智力的发展[②]

如果我们考察一下人类的个体即个人从出生到成年的身心发展过程，就会发现这一发展是沿着两条不同的道路前进的，但它们都奔向一个共同的目的，即极大地改进身心的能力，使它们达到人体组织所能达到的最完善地步。

人从出生到成年，个体的身心发展是逐渐地和不断地，而且是非常缓慢地进行的。

个体将经历数个转变期，这些转变期标志着个体的全面和加速发展的阶段。

换牙转变期是七岁儿童的特点。换牙以后，儿童的感情特征和记忆能力都得到突出的发展。

在十四岁左右，个人的有倾向性情欲达到最旺盛时期，促使他

---

① 参看《适用于19世纪的几个哲学论点》的题解注（见本卷第254页）。——译者注

② 这一片段的内容是《实业家问答》第四册前言的摘录（见本卷第231—238页）。——译者注

摆脱对于父母的依赖，按照自己的选择建立他同外界的联系。同时，他获得了同年龄人应有的一切能力。

到二十一岁的时候，人的身心发展已经完全成熟：他形成了自己特有的性格，他的各种特点互相协调起来，并趋向于最适合他的个体组织的特点的目的。

其次，如果再考察一下社会为指导儿童从出生到二十一岁的行为所规定的法律和所遵行的惯例，我们就可以看到：立法者也承认我们所述的三个转变期的存在和实况；他们按照自己对于正在成长的一代在七岁、十四岁和二十一岁时的智力发展所持的看法，赋予这一代人以在各个时期的不同权利。

于是，他们宣布未满七岁的儿童不会作恶，也就是说，这样的儿童不能独立指导自己的行为，从而不能犯下应当由他们负责和应受神的法律或人的法律惩处的罪行。因此，立法者对于未满七岁的儿童所作的法律规定，以建立社会对于儿童的自然监护人的行为进行公共监督为目的，而在儿童没有自然监护人的时候，则应定出指定代理监护人的办法。

立法者对于未满十四岁的儿童，即使犯了严重罪行，也只采用矫正性的惩罚措施；这种儿童只有在丧失父母以后，才被认为失去监护。

人在二十一岁的时候，始被看做成年；人在这个年龄时期的智力发展水平和预见能力，一般均已达到不再需要社会对他进行特别监护的地步。

如果继这些观察之后，我们再看一下全国教师在国民教育和教学方面所遵行的惯例，我们就可以看到，这些惯例完全符合于我们刚才所述的立法规定。

儿童的国民教育的开始时间不应早于七岁。

从七岁到十四岁，教养的作用大于教学的作用。也就是说，在这一时期，在宿舍和学校负责监督学生行为的教师对儿童的影响，要大于对儿童进行教学工作的教师的影响。

从十四岁到二十一岁，教师对于学生的影响特别大于监护人对学生的影响。

到二十一岁继续在法兰西学院或其他高等学校学习的人，就完全不需要任何监护了。

最后，如果考察一下法兰西民族(由于进行了革命，法兰西民族已在文明方面居于人类的前列)的智力发展目前达到了什么程度，那就应当承认法兰西民族已经度过了第三个转变期，它的社会年龄正相当于个人的二十一岁。也应当承认，法兰西民族是在废除一切关于奴隶地位的规定以后，于 8 月 4 日之夜宣布自己进入成年的。奴隶地位是这个民族的主要成员，即实业阶级的最初状况。

如果您想从以上所述得出一个结论，那就要总结一下我们所作的各种观察，仔细研究这些观察的结果。这样，您就必然会得出如下的结论：

法国人民作为一个民族来说，在智力发展方面已达到了成年，所以它的社会组织也应当发生根本变革。

哲学家根据我们指出的方向进行考察而达到文明的进展所能达到的最高观点以后，就会一方面看清悠久的过去，另一方面看清遥远的未来；他会在这幅图景的深处看到奴隶制度的形成，而这一制度在它建立的初期曾经有过慈善性质，因为它拯救了数十亿人的生命，对人类的数目现在能够繁殖得无法计算是有贡献的，它促进了教化的进展，使军人阶级有了从事发展自己智力的工作的可能。如果不建立奴隶制度，军人阶级就不可能这样，因为它的全部时间和精力都要用于从事满足自己的日常生活需要所必需的工作。随后，哲学家在前瞻他走向将来应当占有的地位时，他会十分满意看到奴隶制度的衰落，看到教化的进展和人类命运的不断改进。最后，在目前已经成为人类先锋的法兰西民族身上，他还会看到奴隶制度已被完全消灭，看到它有能力接受以造福大多数人为直接目的的社会组织。

从这个观点来瞻前顾后的哲学家，越来越发现我们的先驱者和后继人的社会存在之间的显著差异。在他回顾过去的时候，他会看到我们的先驱者的社会地位的高低，决定于他们的家庭出身、亲友的庇护和统治的能力；而在他瞻望未来的时候，他会看到人们的社会地位，将依靠他们在道德、科学或实业方面的优异才能。

在考察过去时代的人民群众的时候，他会看到他们彼此械斗；而在展望他们的未来的时候，他会看到他们之间将在道德、科学和实业这三大方面互相竞赛。

人们至今在文明的道路上前进时都不顾未来，他们一般都把视线放在过去，只是偶尔和极其肤浅地看一看未来。现在，奴隶制度已被消灭，人们应当把注意力集中于未来了。

在奴隶制度没有废除以前，统治活动应当是最主要的活动；而在目前，统治活动日益应当退居次要地位。

第二片段　证明法国的无产者能够管理好财产

问题在于，应在这里证明人数最多的阶级，简而言之，即人民，现在已由不需要再受特殊监护的人所构成，他们的智力已经相当发达，他们的预见力已经相当敏锐[①]，足以毫无困难地建立起一个把他们接受为平等成员的社会组织体系。

可以把人民分成两个阶级：一个阶级由从事农业劳动的人构成，另一个阶级由受雇于工厂主和商人的人构成。

我们先来研究属于农民的那些人。

在出售国有财产以后，有成千上万的无产者突然进入土地所有者阶级；他们现在得到无限的便利条件，凡是敢于在欧洲贵族阶级面前坚决宣布自己购买这种财产的人，都可以得到这种条件。请看，突然变成财产所有者的这批无产者管理自己财产的方式，也在证明和证实一个伟大的政治事件：民族中的这个最低阶级，现在都是一些智力相当发达的人，他们的预见力相当敏锐，使得法律可以把他们迄今受到的监护取消，而不至于给国家的安宁带来任何损害。从这个时候起，就应当把民族看成是由能够管理财产的人构成的了，而法律所应当建立的政治体系，则要委托最有能力管理公益和实际工作的人士负责管理公共事务，政府只对行为不端而威胁社会秩序的人采取治安措施就可以了。

我们现在举一个我们亲眼看到的事实。它证明管理财产的能力现已十分普及，就是出身于无产阶级家庭的人，一般也有这种

① 参看本片段末的注释。

能力。

卡托-坎布列吉小教区，原来完全属于坎布列大主教和其他几个教会机关管辖。这里的居民全是家无恒产的赤贫无产者，以致没有一个人能够离开他们的领主而生活。

但是，下令出售这里的土地以后，产生了什么情况呢？

这里的全体居民根据相互协商的原则联合起来，通过拍卖的方式买下了本区的土地。然后，他们把土地分给各户，使居民中人数相当多的一部分人居然由无产阶级转变为土地所有者阶级。

好得很！这一突然的变化丝毫也没有打乱土地的耕种；土地的新主人表明他们的才能比旧主人的才能大得多，因为从第二年开始，他们就使土地得到了大大超过以往任何年份的丰收。

根据出售国有地产以后出现的情况，以及我们方才引来证实一般情况的这个地方的事实，可以清楚看到法兰西民族（从它的智力发展的目前水平看）能把国家管理得比现在又好又省，而一俟政府的活动由于以最有能力管理公益和实际工作的人士的活动为主而发挥优势时，法兰西民族就能进入稳定的社会状态。

我们现在来证明在工商业企业劳动的工人的才能。

在大革命之初，大部分工商企业所有主都在暴乱时被洗劫一空，而幸免于难的人，也因为实施最高限价法案而告破产；至于侥幸避过这两种实业灾难或保住钱财的人，则因为征用和焚烧英国商品而使他们的财产受到损失。

在这些破了产的和被浩劫弄得精神沮丧的工业家和商人那里工作的大多数工人，如果没有足够的能力来代替他们的话，那么，在这种普遍的浩劫之后将会出现什么景象呢？

法国的工商业必然长期失去它的大部分作用，而整个法国这时向外国人献呈的实业贡物将要比大革命前多得多。一言以蔽之，法国的生产将要大大下降。

实际的情况与此相反。各种物品的生产在革命的灾难过去以后，甚至在发生这种灾难的当时，都不断发展。实际上，以前在各种工商企业工作的普通工人，现在都成了企业家和这方面工作的领导者，而且比他们的前任更有才干和能力。由此可见，虽然法国农工商业的目前领导者大部分出身于平民，但是法国现在比革命以前更加繁荣，生产出更多的产品，农工商业的地位有了更大的提高。

平民阶级即民族中的绝大多数人的智力发展水平，可以达到足以在法国毫不损害社会安宁地，反而还要大大有利于一切社会阶级地建立一个以实现普遍幸福为直接目的的社会组织的地步，这一点已无须加以更有力地和更全面地证明了！

* * *

第二片段的注释

一切阶级的成员的教育都分成两个部分，即分成教养和教育。

对于增进社会福利来说，改进教养比改进教育更为重要。

教养就是培养习惯，陶冶情感，锻炼一般的预见能力。它教导每个人如何应用原则和把原则作为自己行为的可靠指南。可以把教育看做是社会成员之间为了维持彼此的关系而不断获得必要的知识的过程。

假如有些儿童受过了完善的教育，但是没有受过任何教养；再假设有一所学校，儿童可以在这里听到各科优秀教师的讲课，但在课余期间不准学生同外界接触，以免学生分心。儿童由这样的学校毕业以后将会怎么样呢？他们在进入社会的时候又会怎样呢？

这些儿童将不会知道，为了正确地过社会生活，哪些知识是最有用的；他们在人与人的关系方面，将没有任何生活经验；他们还必须学习很长时间，才能担当起某一项社会工作。如果对如此成长起来的一代放任不管，听其自然，那么，从文明的观点来说，他们还不如初民社会的人。

为了证实上述的一切，我们再补充一点：每一代人从以前各代学来的知识，有一部分是非常普通的，儿童的父母或监护人都是具有的，所以他们能在这方面代替教师。可见，不经过任何特殊训练就去掌握这种普通的知识，也可以发展儿童的智力，使儿童更加容易接受从真正的教师那里得来的比较抽象的知识。

在无产阶级当中，而且对于这一阶级来说，教养比教育具有无比重要的意义。

这个真理可能发生重大作用，所以我们现在对它再作若干发挥。

设想有一个俄国贵族要求他所属的全体农民学习认字和写字。如果他们是一些西欧人，他们通过互相的学习方法，用不了几年，就可以达到完全满足他们的预定志愿的地步，而且不必花费很多钱。

如果公认那个俄国贵族的农民已经学成，我们再拿这些认字会写的俄国农民与同样人数的不认字不会写的法国无产者比较，就会知道哪一方面的人的劳动最有益于社会，哪一方面的人最有可能依法成为权力平等的社会成员。

毫无疑问，这将是法国人，因为这些法国人尽管不认字不会写，但由于他们从父母那里受到了教育，所以他们的才能要比在学校里学会认字写字的俄国人大得多。他们能够管理好自己的财产，其中从事耕种的人能够领导本行的工作，从事艺术和手工业工作的人也能如此；而学过认字写字的俄国人从他们父母那里受到的教育，只是他们父母当年由其双亲那里受到的那类教育，也就是说，是很糟的教育。如果你让这些学会认字写字的俄国人去管理某种财产，你就会看到这些财产将毁在他们手里。种地的工具或手工业的工具，种子或原料，将被他们卖掉喝酒。

人们还没有充分理解法兰西民族的最低阶级已经达到的文明高度，人们还没有足够重视无产阶级已经取得的真正的智力发展。他们拥有的预见才能，足以控制自己的欲念和自然意愿，甚至几乎能够守着粮食而忍饥挨饿。

法兰西民族所以超过了其他一切民族，主要是因为它的人数最多阶级的文明程度高于其他民族的人数最多阶级。这种优越性毫无疑问是真正的优越性。

如果拿法国的无产者同英国的无产者比较,便可以看到英国的无产者怀抱的情感,促使他们一有机会便要发动穷人对富人进行战争;而法国的无产者,则一般都对富裕的实业家表现爱戴和善意。

在概括这个注释中和正文中所提出的见解时,我们认为:

(1)对无产阶级来说,教养比教育重要得无可比拟;

(2)法国无产阶级所受的教养好,而且比欧洲其他民族的同类阶级所受的教养都好;

(3)法国无产阶级比其他民族的无产阶级优越,无论在善良的感情方面,还是在认识的坚定性方面都是如此,所以整个法兰西民族也比其他民族优越。

我们由此得出结论:提高法兰西民族的优越性的最好手段,就是在无产阶级中间普及适当的教育,而利用相互学习的方法,就可以十分容易地办到这一点。

只用各部门的高级机关的尸位素殒的官僚的薪俸的十分之一,就足以在十年之内教会法国的全体无产者写字、读书和计算。

此外,还可以教导他们学习一点图画和音乐,并把艺术用作鼓励他们从事公益活动的手段。

第三片段 既然无产者已在基础文明上达到所有者的地步,法律就应当承认他们是平等的社会成员

当社会组织的大多数成员还处于无知和没有远见的状态,甚至不能管理自己的事务的时候,社会组织的机构就必然十分复杂。由于社会成员的理智没有得到这样充分的发展,所以他们还受着粗暴的欲念的支配,使他们走上叛乱的道路,从而产生了各种动乱。

这种在良好的社会组织出现之前必然存在的局面,势必使少

数人按照军队的编制把自己组织起来，将立法权力完全据为己有，把法律体系建立得足以巩固自己的一切权力以及控制多数人和压制全民族。因此，社会的主要力量至今都被用于维持社会的秩序，而用于改进民族的精神福利和物质福利的劳动，只能而且必然被看成是次要的活动。

目前，事物的这种局面是可以而且应当完全改变了。最重要的劳动的目的，应当是改进我们的精神福利和物质福利，因为只用一小部分力量就足以维持社会的安宁。绝大多数的人都热爱劳动（这种情况使他们不会产生任何图谋不轨的想法），他们现在是由已经证明自己能够管理动产和不动产的人所构成的。

因为少数人不必再用暴力去迫使无产阶级服从，所以这些人一定愿意实行：(1)使无产阶级本身更加关心社会安宁的措施；(2)以尽量便利不动产的转让为目的的措施；(3)以使经营者受到高度的政治重视为目的的措施。

这些措施非常简单，而如果人们肯于根据自己的知识去判断事物，完全打碎压在我们头上的我们祖先所采用的政治原则（这些政治原则当时是良好而有益的，但已不能用于目前的条件）的桎梏，也就可以十分容易地找到这些措施。

因为目前的居民完全是由能够管理好动产和不动产的人构成的（只有少数例外，而这种例外几乎是在一切阶级当中都同样可以看到的），所以人们可以而且应当把自己的力量直接用于改进社会的精神福利和物质福利。

最能直接促进提高大多数居民的精神福利和物质福利的手段，就是使国家的重要开支只包括：使一切身体健康的人能够有工作以保证他们的生存所需要的费用；以尽快地在无产阶级中间普及现有的实证知识为目的的费用；为帮助这个阶级的成员可以得到有助于他们智力的发展的享乐和消遣所需要的费用。

为了把管理公共财产的工作交给最能管理这项工作和最想把这项工作管好的人掌握，即交给最卓越的实业家掌握而必需采取的各项措施，也应列入在这种手段之内。

根据这些基本规定，就可以把社会组织得最能满足社会的一切阶级的通情达理人士的要求。[①] 那时，就不必再害怕人民造反了，从而也不需要再用人数众多的常备军去镇压造反了；那时，就不必再用大量的经费去维持警察机关了；那时，也就不必再害怕外敌入侵了，因为三千万过着幸福生活的居民可以击退联合起来入侵的一切敌人。

我们对此再作如下的补充：无论哪一位君主，也无论哪一个民族，都绝对不会昏庸到敢于进攻对邻居毫无敌意并且由于自己利益的正确结合而团结一致的三千万人民。

我们再补充一点：在绝大多数居民都希望维持规定的秩序的社会里，不需要有什么密探。

发动法国大革命的人，领导这场革命的人，以及从 1789 年至今身为民族领袖的一切人，犯了一个重大的政治错误：他们都竭力加强政务活动，而不把这项活动降低到从属的地位，也不把管理活动规定为最高活动。

他们本应当先从提出最简单和最容易解决的问题入手。

---

① 参看本片段末的注释一。

他们本应当自问：在道德风尚和教化发展的现阶段，哪些人最能领导好民族的公益事业？

这时，他们必然发现：在理性发展的目前条件下，学者、艺术家和实业工作领导者，是具有最发达、最广博和最有益的才能的人士。他们也将会发现：学者、艺术家和实业家无论在发明创造方面，还是在应用发明创造方面，都能最大地促进民族的繁荣。

他们一定由此得出结论：应当把管理权力交给学者、艺术家和实业工作领导者，也就是委托他们负责领导民族的公益事业，而政府的统治职能则应缩小到只维持社会安宁的范围内①。

1789 年的革新家们，还应当对自己说：

在英国，任何法令不经过大臣的同意或副署，国王都不能公布实行；英国国王在使王权服从于这种制度方面，为其他国王做出了良好的榜样。如果法国国王能对自己的人民表现出更为高尚的气度，同意有关人民公益的一切法案不经最能判断这项法案的人士赞同，即不经最有才能的学者和艺术家赞同，不经最卓越的实业家赞同，就不批准实行的话，那才符合于法国国王的宽宏大量。

人们常把社会比作金字塔。我们假设民族是应当按照金字塔的形状组织起来的，我们深信民族金字塔的顶端应当是王权；但是我们也认为这座金字塔从它的基础到顶端，应当由一层比一层好的材料筑成。在我们观察现代的民族金字塔时，我们感到金字塔的基础是由花岗岩构成的，由基础到一定高度之间的各层，也是由很好的材料筑成的，但支持那块光芒四射的宝石的最上一层，却是

---

① 参看本片段末的注释二。

一层镀金的石膏。

现代的人民金字塔的基础，是从事长年劳动的工人。这个基础上面的最初几层，是实业工作的领导者，是改进生产过程和扩大生产领域的学者，是赋予一切生产品以美感的艺术家。这个金字塔的上面几层，我认为完全是由镀了一层黄金、看上去很美的石膏筑成的。他们是宫廷官宦，他们是所有的贵族：既有旧贵族又有新贵族，他们是有钱的寄生虫，还有那些从内阁首相起直到最下级官吏的统治者。王权是耸立在这座金字塔顶尖的光芒四射的宝石。

*　　　*　　　*

第三片段的注释一

人们并不像他们自己想象的那样坏。他们对自己所作的判断，要比他们应得的评价慎重得多。诚然，从理论上讲，人们一般都非常喜欢专横；但在实际上，他们是倾向平等的。

比如，一个英国人在印度得到一个官职，他迫不及待地前往那里赴任，他的想象在他的面前描绘出一幅可以使他尽情享乐的专横的图景。如果他愿意的话，他在那里可以娶妻纳妾，养尊处优；他在那里可以雇上几百个仆人，终日侍奉他，有的给他驱散可能打扰他的苍蝇，有的经常侍候在车前轿后，准备随时听用；一切居民群众都在他的面前卑躬屈膝；任何一个印度人，如果他们没有温顺地或伶俐地执行他的意旨，他可以任意棒打他们。

但是，这个在印度作威作福的英国人，一旦搜刮了大量金钱之后，便急于返回英国，而享受平等给予他的那些人生乐趣。他一到达英国的港口，就马上感到街道上的行人拥挤，妨害着他的行动；但是这种情况，丝毫也不会使他产生返回那个人人都给他开道让路的国度的念头。

再如，可以看到一些非常有钱的俄国人，离开祖国到西欧居住；然而西欧人到俄国去，只是为了到那里发财致富，并急于衣锦荣归。

有十分可靠的根据说，富人愿意居住在社会成员之间非常平等的国家里，因为在这种国家里，他们可以容易而充分地满足自己的一切愿望。

在法国的一些著名城市里，有钱的人都可以随时和毫不费事的吃到山珍海味，并且花钱不多；而在俄国，只有那些高官显贵在饮食方面才能讲究豪华。

如果一个旅客在英国游览，他的马车在途中的某个地方损坏了，他可以根据自己的选择，或者把车修好，或者立刻换上一辆与他原来的同样好的马车；而如果他在俄国旅行，马车在途中离大城市很远的地方坏了，那他除了改乘农民的大车以外，毫无其他办法来继续自己的旅程。

由此可见，最有钱和最有势力的人，实际上都关心发展平等，因为这可以使他们随着社会成员的逐渐划一，而增加满足生活享受的条件。

有些人认为，因营私舞弊而得到好处的人最爱干这种勾当。这种想法是错误的，因为他们所要坚持的事情，是不把自己的利益让给他人。

在法国，有一些贵族对废除他们享有的特权发生过促进作用；他们只是因为看到原来的平民对他们表示高傲，才俨然以特权阶层自居，但后来看到由这些平民形成了新的贵族阶层，而他们这些旧贵族反而成了下属，这才为自己受到的损失表示惋惜。

在结束这个注释的时候，我们要说出起初就似乎应当说出的见解，这就是：必须用改善群众命运的办法来保证一切阶级的成员获得幸福；而为了改善群众的命运，仅仅重新分配特权那是不够的，而是应当消灭特权；只是不准原来的一伙人舞弊和改由另一伙人来干这种勾当也是不够的，而是应当完全消灭舞弊。

第三片段的注释二

我们再少说几句。在目前条件下，由政府机关负责管理工作有很大不便，因为民族的基本成员已不需要特别监护了，并已证明自己有能力管理好各种各类的财产；因为无产阶级目前只在管理民族的公益事业的人无能和自私得使他们失业的时候，才会危害社会的安宁。

我们自己不难相信，同时也容易使他人相信，人人都有统治的能力，因为这种能力或这方面的无能，只有用事实来证明；每个人在没有担任统治工作以前，都可以认为和相信自己有能力做好统治工作。

对于数学、物理学、化学、生理学、心理学、力学、作诗、绘画、雕刻、音乐、建筑、农业、工业、商业和银行业，可就不能这样说了。

每个人都不难知道自己在科学或艺术方面是否具有巨大的才能，他也不难了解自己在某一实业方面是否起了重大的作用。再说，这方面的错误并不可怕，因为他人很快就会使那些妄自尊大的人清醒过来。

从上述可以得出结论：学者、艺术家和实业家的功名心，在促使他们去担任民族的公益事业的最高管理工作的时候，对整个社会不但不会有危险，甚至还有好处，因为他们只能依靠自己在专长方面的出色工作来达到这个目的，而那种只想到政府去做官的功名心，才会给社会带来大害，因为一些庸碌无能之辈可能迷恋于这种野心，而为了实现这种野心，他们会颠覆整个社会大厦。

在不幸的路易十六的政府被推翻的时候，差不多全体法国人都产生过上述的野心。指出这种野心的一个严重后果，是很有意思的。民族发动了革命，为的是减轻统治者的压迫，减少政府的支出。但是，民族由此获得的结果，却是至今仍然受着统治者的压迫，而且压迫的程度比革命以前大得多了，政府的支出也比革命以前多得多了。

实业家的生产规模比大革命以前大大扩充，而所增加的产品大部分用于养活没有用处的高级官吏和他们的大批下属。这群人把自己的时间，多半消耗在读报和修尖鹅翎笔头上，也就是用在既不能满足生产者的需要又不能满足他们的自尊心的工作上。

第四片段　论社会工作的管理和统治

人们可能对我说：

“您的政治观点的中心点，您的一切论断的出发点，是认为在欧洲建立安宁而稳定的秩序的最好办法，在于把管理权置于统治权之上。您首先应当明确指出两者的内容。在作出这种划分和规定之后，您才能说清管理能力为什么应当高于统治能力。”

社会的最高管理工作包括创制、审查和实行有利于居民的各种工作计划。

因此，所谓最高管理能力，应当指下述三种才能而言：艺术家的才能、学者的才能和实业家的才能。他们三者的联合活动，可以创造满足社会的精神需要和物质需要所必要的一切条件。

在开始以直接建立公益体系为目的的活动的时候，艺术家，即想象力丰富的人，将在这一伟大事业中走在最前面。他们向人们报知人类的未来；他们把黄金时代从过去移到将来，以此丰富未来的各代；他们鼓舞社会提高自己的幸福，向人们描绘新的繁荣的美丽图画，叫人们相信在不久的将来，社会的全体成员都会享受至今只有人数很少的阶级可以享有的快乐；他们歌颂文明的优良成就，在自己的作品中运用一切艺术手段，即雄辩的言辞、诗歌、绘画和音乐来达到自己的目的。一言以蔽之，他们在发展新体系的富有诗情画意的一面。

学者的主要工作是观察和判断。他们将证明社会上的一切阶级，只要是勤劳的阶级，不管它是人数最多的无产阶级，还是最有钱的富人阶级，其福利都能大大提高；他们将明确指出最可靠和最迅速的手段来保证生产者大众经常有工作；他们将拟定国民教育的基本原则，规定社会的卫生保健规则。于是在他们手里，政治将变为对人类科学的一种补充。

最卓越的实业家把自己的全部思想都集中在生产方面，判断学者和艺术家的联合劳动所设计和制订的造福社会的计划有哪些可以立即实现；他们拟定实施办法，把执行工作的领导权交给经常掌握财政动向的银行家。

这就是管理的道路。它是一条坚定的、直接的和正直的道路，学者、艺术家和实业家在他们受托领导公益事业的时候，应当沿着这条道路前进。

现在,我们拿这条道路同目前政府所走的统治道路比较一下。我们看一看统治能力已由于教化和文明的发展而缩小到如何可怜的地步。

为腐朽的封建学说所囿,然而一般尚抱着为社会造福的善良愿望的统治者,正在枉费心机建立安宁而稳定的事物秩序,但是徒劳无功,白费力气。

他们认为保持政权的唯一办法,是养活一切行政部门和大量政府暴力机构的为数众多的官员。结果,只有通过赋税和公债来尽量搜刮人民的金钱,并千方百计防止人民的强烈不满。可见,他们的活动只在于挖空心思地规定和征收赋税。

他们不得不把国家的绝大部分财富用于大部分对社会无益的工作上,而只把其中的很小一部分用于确实对生产者有益的工作上。

他们不得不听任贵族和宫廷官宦继续拥有巨大的政治势力,并想方设法供给他们必要的款项来维持他们认为不可缺少的骄奢淫逸的生活。

我们先来观察一下比任何人都清楚地了解实业的意义和社会的状况的内阁首相[①]的活动,然后再来研究一下他对统治权力的运用。

我们看到他利用自己作为大臣的一切权力,把很多游手好闲

① 指在1822—1828年间领导法国内阁的极端保王党人威列尔(Villèle)。——译者注

的显贵和富人安插在下议院里，设法从下议院中把最著名的实业家和最有能力的学者与艺术家排挤出去。

他规定议会的任期为七年，但没有改变竞选下议院议员的年龄资格（四十岁）。因此，他大大地削弱了议会的权力，使议会从属于内阁，同时服从于高官显贵的影响。

他把领导国家公益事业的大权集中于贵族、主教、军人、法学家和行政官手里。所有这些人，由于他们的个人品质或他们和他们的祖先可能有功于民族，而值得备受尊敬。但是，他们是依靠牺牲社会的办法才学会管理工作的，而且社会由于他们的错误常常要付出很高的代价；但实业家就不是这样，他们一切都依靠自己。

他重视大臣的地位，把内务大臣的职位让给一个著名的律师，然而这位律师对于实业、科学和艺术却一窍不通。这个人既对实业、科学和艺术的作用毫无理解，又对它们应当受到的尊敬完全无知，以致听任他的部下粗暴无理地对待那些以自己的活动为法兰西带来伟大荣誉的人。

这位内阁首相也尊崇陈腐的学说，认为自己有责任把领导国民教育的大任交给一些耶稣会会士，而这些耶稣会会士则企图向青年人的头脑里灌输如下的思想：平凡无能的人应当超过和领导才智出众的人，没有用的知识应当高于有益的和实证的知识。

最后，威列尔先生为了庇护实业界，设立了一个最高商业委员会；但是参加这个委员会的大部分人，从来没有在实业界的任何一个部门中做过实际工作。而聘请两三名早已不做实业工作的实业家为委员，显然是为了装饰门面。

以上这些都是统治能力的可悲残余。统治能力在文明的急流的冲击下,妄图继续发挥它在社会发展的过去曾经起过的那种卓越作用,表现了它对过去的恋恋不舍。

现在,我们拿管理者和被管理者的相互关系的基本特点同统治者和被统治者的相互关系的基本特点作一比较。

管理工作的基本原则是:应根据被管理者的利益办事,以便尽量增值社会资本,得到大多数社会成员的赞同和支持。

为了得到大多数人的支持,换句话说,为了形成一个同意被管理的多数,管理者所能利用的手段,只是证明和说服人们相信他们的活动是最有利于社会的。

管理者知道,节省管理费用总是社会成员所希望的,所以他们经常设法缩减这种费用。

例如,银行的管理费用最少;银行的董事会不花分文,而国王财库的管理费用却十分巨大。

统治者和被统治者的相互关系具有完全不同的性质。贵族们说,而且他们也确实相信,他们就是为了进行统治而生下来的,而老百姓则注定应当服从统治。

在贵族们看来,社会的基本需要是使贵族阶级放射出唯有豪华和权力才能使他们得到的光彩。按照他们的意见,王权应当同贵族合为一体。当然,他们承认国王有权把领导国家工作的职权交给他认为合适的任何人,但是在他们的内心和灵魂的深处,却认为国王的职责只应当信任贵族。

在他们看来,统治的艺术在于有才能把统治活动置于管理活动之上,在于延续神学封建制度的存在,虽然这个制度的根基已被摧毁,而批判和知识发展又已彻底破坏了它的基本原则。

简而言之，统治者认为使被统治者永久服从的最好手段，就是增加国家官吏的人数，重用他们当中最显赫的人物，即发给这些人以优厚的薪金。暴力和欺骗，雇佣军和警察，是他们活动时使用的主要手段；而说服和证明，只被他们看做是次要的手段，但是管理者却只用说服和证明的办法。

如果国王愿意把领导国家工作的大权交给实业管理者，则管理费用将会立即大为减少，因为学者和艺术家已用自己的活动证明他们具有高度的管理才能，他们为了得到人们的尊敬，不需要铺张浪费和讲究排场。至于最卓越的实业家，则把管理公共财产而不取分文报酬看做是最高的荣誉。

我们认为下述的四项证明最能支持我们的观点。按照我们的观点，在目前情况下，把管理活动置于统治活动之上，这不仅不会造成巨大的损失，甚至会带来很大的好处。首先，我们要证明人民群众已经达到相当高的文明水平，他们对于自己真正的利益有了十分深刻的了解，从而足以能够在良好的管理下维持社会的安宁和对抗野心家们破坏社会秩序的一切企图。

其次，我们要证明艺术家、学者和实业家具备的广博才能，已经足够正确解决有关公共福利的一切问题和恰当领导社会的公益事业。

再次，我们要证明社会的大多数成员在许多方面都养成了足以使自己的私事接受管理部门指导的习惯，所以把实业管理的作风用于公益事业的领导方面，完全不会引起人们的惊异。

最后，我们要证明管理活动高于统治活动时绝对不会损害法国的国际地位；相反地，管理活动的这种优势将使法国得到一些盟友，在这些盟友的帮助下法国将比欧洲的整个封建体制还要强大。

我们现在分别来研究三个问题。

一、在前面的一章中，我们已经证明法国的无产者已用充分可靠的事实证明了他们具有足以能够管理动产和不动产的知识和高明远见。显而易见，有能力管理好财产的人，在良好管理的指导下也能够管理好自己。

大部分艺术家、学者和实业家，目前都在研究公益问题：从大革命一开始，他们就在这方面做了深入的研究，这种研究培养了他们可以管理好国家大事的能力。

国民教育问题得到了许多著述家和学者的研究和阐述。

对于能够使公共开支节约的一切问题，也已由实业家们做了研究。实业家在经营自己企业方面所获得的成就，证明他们具有很大的理财能力。

二、银行、保险公司、储金局和运河开凿公司的开设，以及旨在管理规模宏大的事业的其他大批社团的成立，使法国人养成了管理大型事业的工作能力。由此应当得出结论：可以把这种工作方式用于公益工作的管理方面，同时在公益工作的最高领导方面采取这种新办法，既不会引起人们的诧异和震惊，又不会同现今一代人已经养成的新习惯相抵触。

三、正在显示出伟大的道德后果的革命，在政治方面鼓舞了法国人，所以人们对于法国人在有关组织工作的思想方面目前大大超过英国人并不感到惊奇。但是，在人类理性的这一活动方面曾经走在法国人前面，并在我们的这一知识部门有过一定创造的英国人，至今曾因自己的政治才能而凌驾于其他民族之上，所以他们将会迅速地追随法国人，采取把管理活动置于统治活动之上的体系，这同样也是不足为奇的。这样一来，由于新体系的本性，将在地球上两个实业最发达的民族之间建立起真诚的和不可分割的联盟；而且大家也都清楚地知道，法国和英国的联盟是文明世界的最强大的社会力量。

第五片段　上一片段的继续

大家一致同意，社会组织方面的巨大变革是不可避免的。换句话说，人人都认为：只要在公益工作的管理方式方面实行根本改革，就能使政治原则具有巩固的性质，达到革命的最终目的，最后使社会处于安宁和稳定的状态。

现在的问题在于：应精确地说明教化和文明的现况所要求的这种变革究竟是什么。这个问题也正是我们所要讨论的对象。

为了说得明确起见，我们把这个问题分成三个部分，并且认为它们是三个独立的问题。据我们看来，每个问题都是需要专门加以讨论的。

这三个问题如下：

教化的进步所引起的变革的性质是什么？

要通过什么途径去进行这种变革？

要怎样把新机构同保存下来的旧机构结合起来，以建立可以立即开始活动的社会组织？

在前一片段里，我们已经研究了其中的第一个问题，同时我们也认为已经充分令人信服地证明：为了满足社会的迫切需要，为了建立适应于教化现状的社会组织，必须把管理活动置于统治活动之上。

在这一片段中，我们要讨论第二个问题。

这就是要确切说明为使管理活动高于统治活动而必须采取的手段。

这种变革是应当通过激烈的和一举即成的方式来完成呢，还是应当通过循序渐进的措施慢慢地来实现呢？

我们认为这种变革正应当通过激烈的和一举即成的方式来完成。

我们的这种观点，首先是以下述的重大事实为依据的。从性质来说，这个事实在历史上是一贯的。

我们现在来研究一下，历史上唯一给我们留下清晰而详细记载的一次社会体系变革是通过什么方式完成的。我们回想一下，人类从多神论向一神论过渡，从希腊和罗马的制度向欧洲的中世纪社会制度过渡，都不是通过循序渐进的措施慢慢地实现的。

我们看到：初期的基督徒是一举就把多神的信仰改为一神的信仰的；他们也没有试图把所信仰的神数逐渐由几千个减少到几百个，再由几百个减少到几十个，而后得出一神的观念。由此，我们有理由断言，人类是一举就由多神论过渡到一神论的。

同样地，执政官和总督的政权也是一举就被哥特人、东哥特人、西哥特人、丹麦人、英吉利人、法兰克人、萨克斯人和日耳曼人等的部族首领政权所接替的。

最后，当奴隶不再直接依附自己的主人而被固定在土地上的时候，奴隶制度也就一举改变了自己的性质。

我们还可以用另一个事实来证明我们的观点，这个事实与我们方才所说的事实具有本质的不同。

从第一个事实自然可以得出社会体系的变革是一举而实现的结论;而我们即将谈到的第二个事实,则会使我们得出治标办法不管多么坚决都不能使社会体系发生改变的结论。

人们想象不出一种比革命初期对僧侣和贵族采取的措施更加有力、更加坚决和更加断然的措施。在革命之初,把他们差不多全部抢光、杀光或赶出国境,同时把他们的动产和不动产全都夺取过来,把他们至今掌握的政权全部接收过来。结果,公益事业的领导权完全落到了平民手里。

这一切残酷的措施产生了什么结果呢?

它们没有引起任何根本的改革:封建体系没有被完全摧毁,不久死灰复燃,几年之后又改头换面重新出现了。由于封建体系的复活,无政府状态才结束了;而最重要的是,应当指出封建体系是平民自己把它恢复的:他们建立了新贵族,恢复了长子继承制,即恢复了继承人指定制度。于是,外国人看到法国**又恢复了封建制度**,自己又能在法国发号施令了。

我们现在对这个乍一看来不易理解的现象加以简单扼要的说明,因为人们至今对它还没有进行过适当的分析。

对贵族采取的屠杀、驱逐和剥夺财产等措施,即使十分残酷,也只能是治标办法,仅仅把政权由一伙人手中移转到另一伙人手里罢了。

社会继续受统治权力的支配;在革命进行期间,统治权力仍然高于管理权力。

支持或维护政治上的继承权,是统治权力的本性;而管理权力的实质，则是在家庭出身方面实行尽可能大的权利平等的原则，并把真才实学的优势作为政治权力的基础。

从我们方才为支持自己的观点所做的说明中，可以得出下述的结论：

一、在历史上唯一给我们留下清晰而详细记载的一次社会体系变革，是通过从根本上改变原则的激烈办法一举而完成的；

二、革命，即使它具有暴力的性质，也没有完成教化的发展所要求的那种变革，因为它丝毫也没有改变封建体系所依据的原则。

有人曾对我们的上述观点提出不同的意见。我们认为某些读者也可能有这种想法，所以要在这里把它重复一遍。

“就算社会体系的根本变革只能通过激烈的方法完成，那还不能由此得出结论，说这种变革只应当用激烈的办法来完成，而不需要谨慎小心。”

对这种意见我们的回答是：

在教化发展的现状下，可以顺利地用来从根本上改变社会组织的唯一手段，就是创立比现在各国政府所支持的政治学说优越的新政治学说。

但是，创立新的学说，是一种本性上要求迅速而激烈的行动，因为这种行动极想立即改变公众已经养成的思维习惯。

因此，社会组织的改革，也应当像新学说发生作用那样激烈地来完成。

另外，每个人都不难想象目前在政治方面应当发生什么改革，因为现在应当发生的事情，不过是过去发生的事情的结果，具体地说，就是15世纪以来的文明发展进程的继续。

为了正确地和有效地说明这一点，必须把我们的研究分成五个部分，并按照这五个部分依次提出下述五个问题：

一、15世纪以前的政治状况如何？

二、社会在15世纪遭受的危机产生了哪些政治后果？

三、15世纪以来发生的政治变革是什么？

四、目前的政治状况如何？

五、应当采用什么措施来建立安宁而稳定的秩序？

为了便于读者了解这项研究，我们向读者简略叙述一下我们对上述每个问题的观点。

一、15世纪以前，精神权力完全掌握在僧侣阶级手里。这种情况符合于社会的需要，因为神学观念在当时占有统治地位；此外，僧侣阶级在中世纪欧洲拥有的范围不大的世俗知识方面的修养，是俗人们望尘莫及的。

15世纪以前，世俗权力集中在贵族手里。这种有组织的制度也是有益处的，因为贵族在当时是最有能力的实业家。这就是说，他们领导着农业，而农业当时是唯一重要的实业。

由此可见，在15世纪以前，有过一个良好的社会组织，因为那时的精神权力和世俗权力，都是由一些在科学和实业方面最有能力的人士所掌握。

二、人类理性经过15世纪发生的危机之后，在世俗科学方面和实业活动方面都进入了一个高涨阶段。

在科学方面，俗人成了革新者；而在实业方面，平民则成了革新者。

三、在15世纪当中，神学逐渐丧失了自己的势力，因为俗人大大地推进了世俗科学，发现了一些能够使世俗科学为社会造福的手段。这种手段养成了人们热爱劳动的习惯，从而提高了社会的道德。

平民发展了工商业活动，他们变成了企业家，从而做了农业工作的领导人。他们完全改变了自己的社会地位，因为他们从最低的等级升到领导人民的日常活动的指挥员的行列。

四、目前的政治状况，是一幅颠倒了的世界的图景：领导国家工作的人，本身就需要被领导；被统治者阶级具有高度的才能，而由于家庭出身当了统治者的人，却是一些庸碌无能之辈。

最能以自己的活动促进人类的道德发展和福利提高的人，都出身于俗人阶级，但精神权力仍然控制在僧侣阶级手里，他们仍然领导着国民教育工作。

保证社会的一切物质需要得到满足的各种工作的领导者，都出身于平民，然而最高的世俗权力却把持在贵族手里。

五、建立安宁而稳定的秩序的手段，显然在于把脑力活动的领导权交给在艺术和实证科学方面最有才能的人士，同时委托他们领导国民教育工作。

这个手段也就是把世俗权力交给最卓越的实业家，完全剥夺贵族和有钱的寄生虫的一切政治势力。

凡是对从中世纪到现在的文明发展做过适当研究的人，都必然得出以上的结论。

有许多人很值得尊敬，但是每当他们即将执行一项具有公共性质的措施时就缺乏毅力。我们要消除这个人数众多的阶级的局促情绪。

首先，我们要对他们说：采用治标办法的时代，显然已经成为过去；需要用一举即成的办法为社会造福；在目前条件下，应当最全面最广泛地表达这一真理，因为转变期已经到来。

这是《旧约全书》上的许多先知书早已预言过的即将来临的转变期。

这是一些圣经公会多年来一直热心酝酿的转变期。

这是基于最一般的道德和宗教原则建立“神圣同盟”以后就开始了的转变期。

这是犹太人从他们被撵出祖国，流浪各地，受尽迫害，但始终没有放弃看到人人都兄弟相待的时代即将来临的希望时起，就一直期待着的转变期。

最后，这也是直接导致建立真正的世界宗教和使一切民族采纳真正和平的社会组织的转变期。

其次，我们要对那些谨慎怕事的人士说：

由著名学者和实业家领导的运动，是不会引起任何动乱的，因为学者和实业家比其他社会成员更关心维持秩序，他们也比其他人更厌恶各种暴力行为。

毫无疑问，学者和实业家应当发挥他们最大的才能去促使社会体系变革，但是他们用来变革的力量将是道德的力量，即舆论的力量。

我们要对那些胆小如鼠的人说：在两个力量悬殊的党派之间，不可能发生任何实力斗争。他们之间的斗争，只能是在道德方面的。力量较弱的党派只能利用一种手段，即诉诸正义或公益的原则。革新者将来也要依靠这一切原则。

这个在一切方面都具有和平和道德性质的运动，最后一定会得到王权本身的大力支持，因为王权越来越想清君侧，而欲与人民群众建立日益密切的联系。

第六片段　在文明的现状下完善社会组织的基本条件

一种体系、理论或规划只能完善到一定的限度，超过这个限度，它们所依据的原则就不足以用来继续改进它们；那时，只有一条出路，就是建立新的体系、新的理论或新的规划，以满足新出现的需要。

中世纪的社会组织体系不可能产生使自己适应于目前社会所需要的变革。只有一种手段可以在欧洲确立安宁而稳定的秩序，这就是建立新的社会组织体系。

在中世纪，统治的能力，即控制全体人民的技巧，被人们看做是而且必然看做是主要的才能。绝大多数居民当时所处的无知状态，也要求社会如当时所建立的那样。

但是，在文明的目前状况下，科学和实业的才能开始成为最有益于社会的才能。因此，统治的活动不应再受重视，而只应具有从属的性质。它应当主要用于反对游手好闲分子，因为这些人总是喜欢破坏公共秩序的。

在中世纪，军人阶级应当是最有权势和最受尊敬的阶级，而且也应当是领导阶级；至于人民，则应当服从他们的军人当权的政府。但是在目前，当人民感到需要和希望按照最有利于生产的方式组织起来的时候，终生献身于军职的军人阶级的人数应当大为减少；只应当把这个阶级看做是从属的阶级。

我们也依据这种观点来研究我们就要在下面叙述其基本特点的社会组织体系。

以后，我们还要证明这个体系比中世纪的体系优越，就像中世纪的体系比希腊人和罗马人的社会组织体系优越一样。

论精神权力或科学权力

"应当把学者分成两类，并分别成立两个科学院，其中的一个科学院应当主管良好的公益约法的制定工作，而另一个科学院则应当制定良好的情感约法。

"路易十四成立了这两个科学院中的一个，即成立了物理数学科学院。这个科学院已对观察和推理的发展做出了很大的贡献。

"这个科学院再增聘一批政治经济学家，就能够使它定出良好的公益约法。

"另一个科学院是艺术科学院，它研究我们的想象能力和情感特点的发展。

"让一批道德家和神学家参加文学家、诗人、画家、雕刻家和音乐家的这个学术团体，就可以使这个科学院定出良好的情感约法。

"在这两个科学院中的每个科学院里，都应当有一批法学家，因为社会需要使它的成员的情感也像他们的公益一样，服从于规定人们在这两方面的相互关系的固定准则。

"物理数学科学院和艺术科学院在一个联席会议上选出哲学科学院的成员，这个新科学院将命名为最高科学院。

“这个最高科学院应当首先制定国民教育所应依据的一般原理，然后继续发展这些原理。

“组成这个科学院的哲学家要同最卓越的法学家合作，请他们对本科学院制定的一般原理赋予立法的性质。”

论世俗权力

“应当委托最卓越的农场主、工厂主、商人和银行家领导世俗权力机关。由他们组成一个名叫实业家委员会的机构。

“这个委员会有权吸收政府各机关的最优秀工作人员作为自己的成员。

“这个委员会审查精神权力当局向它提出的有关公益的一切计划，由其中选出它认为应当采纳的计划。”

新社会组织开始活动

“根据长子继承制世袭的王权，是作为新社会组织的基础的机构。

“由最高科学院组织一个直属于国王陛下的咨询委员会。

“经咨询委员会批准的计划，送交艺术科学院和物理数学科学院审查。

“送审的计划经过这两个科学院审议后，添附审查意见送交实业家委员会。

“实业家委员会每年编制国家预算草案，检查各部是否正确地使用了上一年度预算拨给他们的经费。

“用这种方式编制的国家预算草案，送交内阁会议，内阁会议再根据国王命令把它提交议会的两院。”

人们可以看到，这个方案不过是在王权和议会权力之间插入了一个中间环节。

* * *

当查理十世陛下驾返巴黎的时候我们正在巴黎。巴黎人十分热情地欢迎国王陛下和王族，但是对于跟随国王的所有大人物，无论是从旧贵族出身的，还是从新贵族出身的，却表示十分冷淡。

我们当时自问：如果国王在驾返首都的时候，左右有本国的优秀数学家、优秀物理学家、优秀化学家、优秀生理学家和优秀力学家，有本国的最著名诗人、最著名画家、最著名雕刻家、最著名音乐家、最著名工程师和最著名建筑师，有本国的最卓越农场主、最卓越工厂主、最卓越商人和最卓越银行家，那么情况会怎么样呢？

我们深信，对于受这些人簇拥的国王的狂热欢迎，将达到沸腾的地步，使人类社会从前有过的类似欢迎盛况黯然失色。

从国王起，直到一般老百姓，都十分喜欢看到为国争光和为民造福的人士。

现在，法兰西民族所幻想的已经不是战争的胜利，他们所追求的财富已经不是侵略果实；他们希望在科学和艺术方面超过他国，并想用和平劳动和实业活动使自己富强。

幻想的时代已经一去不复返了。现在，人民可以冷静地衡量自己的利益了。权势的虚荣已经很少能够引诱他们，他们最喜欢看到能使他们致富的人围绕在国王的左右，而不喜欢看到使他们大量纳税和对社会的繁荣弊多利少的人包围国王。

对上述观点和各片段的结论

一种事业越重要和越复杂，就越要求更多的事先准备工作。建立一个使社会的一切成员都能够得到最大幸福的政治社会，是人们面临的一项最重大的和最难于完成的事业。因此，尽管我们的先驱者已经做了很多工作，但是我们仍然处在直接着手建立以提高人数最多阶级的福利为目的制度的大道上的出发点，这是不足为奇的。

为使社会组织能够通过它的主要机构提高无产者的福利，必须具备两个条件。

第一个条件是：一方面，构成社会的最低阶级的个人，应当把自己的文明水平提高到能够使人承认他们是够格的社会成员的程度；而为了达到这一目的，他们必须向人们表明自己能够管理财产。

另一方面，必须使所有制方面的革命带来使大多数无产者拥有财产的结果，以使无产者能够出色地管理财产，从而通过实验向人们证明：他们有足够的能力在新社会组织中成为权力平等的一员。

在革命时期，已经做过这种实验。我们在第二片段和第三片段里，也曾证明这种实验最后完全成功。

必须具备的第二个条件，在于建立凌驾于最高理论之上的体系。换句话说，就是必须使与我们的各种知识有关的一切体系，共同参加应当成为最高体系的公益体系的建立工作。

必须使科学体系、宗教体系、法律体系和艺术体系联合起来，在总的公益体系的指导下建立最有利于大多数人的社会组织，建立最有益于发展一切有益的才能的社会组织。

应当在这方面进行实验，而促使我写这部著作的，正是想在这方面显示身手的愿望。